Von der Kinderzucht bis zum Sterbenlernen

~ WORT-SCHÄTZE ~

MICHEL DE MONTAIGNE

Von der Kinderzucht bis zum Sterbenlernen

ESSAYS

area

Textgrundlage der vorliegenden Ausgabe
ist die Übersetzung von Johann Joachim Christoph Bode (1730–1793),
die vom Verlag behutsam dem heutigen Sprachgebrauch
angepaßt wurde.

Michel de Montaigne: Von der Kinderzucht bis zum Sterbenlernen

Einbandgestaltung: Kathrin Steigerwald, Hamburg
Einbandabbildung: AKG, Berlin
Satz und Layout: Roland Poferl Print-Design, Köln

Printed in Austria 2004
ISBN 3-89996-246-X

Inhalt

Vom Müßiggang oder der Untätigkeit

So wie wir an brachliegenden Äckern sehen, daß sie, wenn sie bereit und fruchtbar sind, tausenderlei wilde und unnütze Kräuter hervortreiben und, wenn wir sie urbar erhalten wollen, wir sie zu unserem Zweck an gewisse Gesäme binden und gewöhnen müssen: Ebenso ist es mit dem menschlichen Geiste. Beschäftigt man ihn nicht mit festgesetzten Dingen, die ihn in Zwang und Zaum halten, so schweift er wild umher und verirrt sich ins grenzenlose Feld der Einbildung. Und es ist keine Torheit, keine Grille zu erdenken, die er nicht in dieser Tummelei hervorbringen sollte.

Wenn die Seele kein festgesetztes Ziel hat, so verirrt sie sich; denn, wie man zu sagen pflegt: Der ist nirgend, der allenthalben ist.

Als ich mich letzthin in mein Hauswesen zurückzog, mit dem festen Entschlusse, mich hinfort soviel wie möglich mit nichts mehr abzugeben und meine übrige Lebenszeit in stiller Ruhe für mich hinzubringen: Da meinte ich, ich könnte meinem Geist nicht gütlicher tun, als wenn ich ihn von aller Beschäftigung befreite, damit er sich mit sich selbst unterhalten, sich selbst genießen und an sich selbst erlaben könne; und ich hoffte, das würde ihm jetzt um so leichter sein, da er mit der Zeit gesetzter und reifer geworden ist. Aber ich finde das Gegenteil: Wie ein Pferd, das den Reiter abgeworfen hat, galoppiert er noch ärger, bloß für sich, was er sonst für andere tat. Und er heckt aus keiner anderen Ursache so viel Ungeheuer aus und so viele Traumgestalten, ohne alle Ordnung und Schick, als damit ich die gepfuschten Wunderfratzen der Länge und Breite nach beschauen könne. Ich habe aber angefangen, ihn wieder aufzuschirren, und hoffe, ihn mit der Zeit dahin zu bringen, daß er sich des Unfugs selbst schämen soll.

Über die Kinderzucht

An Madame Diane de Foix, Gräfin de Gurson

Niemals hab' ich einen Vater gesehen, der seinen Sohn, wenn er auch gleich bucklig oder grindig war, nicht als sein Kind erkannt hätte; obwohl er, wenn er nicht ganz von Zärtlichkeit berauscht ist, schon merkt, wo's ihm fehlt; aber bei alledem ist es sein Kind. So geht's mir! Ich sehe besser als jeder andere, daß dies hier Träumereien eines Menschen sind, der von den Wissenschaften nur die äußere Rinde in seiner Kindheit gekostet hat und sich ihrer nicht weiter erinnert als nach ihren Hauptzügen, und das dazu nur undeutlich. Ein wenig von allem, auf gut französisch, und im ganzen nichts. Und alles läuft darauf hinaus, daß ich weiß, es gibt eine Arzneigelehrtheit, eine Jurisprudenz, vier Teile in der Mathematik und so im Bausch und Bogen die Anwendung, die man davon macht. Und so ungefähr weiß ich auch, was die Wissenschaften überhaupt für Nutzen fürs menschliche Leben verheißen; tiefer aber hineinzudringen, mir über den Aristoteles, den Monarchen der neuen Philosophie, die Nägel zu zerkauen oder auf irgendeine Lehre zu erpichen, das war nie meine Sache. Auch könnte ich von keiner einzigen der freien Künste die ersten Grundzüge zu Papier bringen. Und das müßte ein elender Tertianer sein, der sich nicht für gelehrter zu halten berechtigt wäre als ich! Denn ich würde schön dastehen, wenn ich ihn über seine Lektion examinieren sollte. Und wenn man mich mit Gewalt dazu zwänge, so wäre ich genötigt, ihm, schülerhaft genug, einige allgemeine Fragen vorzulegen, um bloß zu erfahren, ob er Menschenverstand und Mutterwitz hätte; das wäre aber eine Lektion, die unseren Tertianern ebenso fremd sein würde als mir die ihrigen.

Ich habe keinen ordentlichen Umgang mit irgendeinem unserer soliden Bücher betätigt, die Werke des Plutarch und des Seneca ausgenommen, aus denen ich schöpfe wie die Danaiden; ich füll' immer an, und es leert sich immer aus. Ich bringe zwar wohl etwas davon auf dies Blatt, auf mich selbst aber so gut wie nichts. Fürs Bücherlesen ist so mein Kasus die Geschichte oder die Poesie, die ich aus besonderer Neigung liebe; denn geradeso wie der Klang, der in die enge Röhre einer Trompete eingezwängt war, viel heller und stärker herausdringt, ebenso, deucht's mich, schwingt sich ein durch die Klangfüße der Dichtkunst beflügelter Gedanke schneller in meine Seele und reißt sie mit sich fort. Was die natürlichen Fähigkeiten betrifft, in deren Besitz ich bin (wovon ich hier ein Pröbchen vorlege), so fühle ich wohl, daß sie unter der Last erliegen. Mein Fassungsvermögen und meine Urteilskraft tappen im Blinden, schwanken, straucheln und stolpern; und selbst dann, wenn ich soweit gegangen bin, als ich gekonnt habe, so hab' ich mir doch niemals selbst ein Genügen getan. Ich sehe wohl immer vor mir das Feld sich öffnen; aber es liegt noch beständig in einem Nebel, den ich nicht durchdringen kann. Und wenn ich mich darauf einlasse, so ohne viel Federlesens von allem zu sprechen, was mir in den Sinn kommt, und dabei keine anderen Hilfsmittel anwende als meine eigenen und natürlichen Kräfte; wenn mir's begegnet, wie es oft geschieht, daß ich zufälligerweise bei guten Schriftstellern eben gerade solche Stellen finde, die zu behandeln ich mir vorgenommen habe, und ich mich dann im Vergleich mit diesen Leuten so schwach und so winzig, so schwerfällig und so schläfrig erkenne, so komme ich mir selbst als mitleids- und verachtenswert vor. Aber das macht mir gleichwohl ein Vergnügen, daß meine Meinungen die Ehre haben, oft mit den Meinungen jener Männer zusammenzutreffen, und daß ich ihnen wenigstens von ferne folge und das sage, was mich wahr dünkt. Auch freut mich's, das zu haben, was nicht jedermann hat: den himmelweiten Unterschied zu erkennen, der zwischen ihnen ist und mir; damit lasse ich gleichwohl meine Erfindungen hinlaufen, so schwach und geringfügig ich sie zur Welt bringe, ohne die Mängel, die mich dieser Vergleich daran entdekken läßt, zu bekleistern oder zu belappen. Man muß gar kräftige Schenkel haben, wenn man es unternehmen will, mit diesen Leuten Schulter an Schulter geschlossen gleichen Schritt zu halten. Die unbesonnenen Schriftsteller unserer Zeit, die in ihre leeren Werke ganze Stellen aus alten Autoren einschalten, um sich Ehre zu erwerben, tun gerade das Gegenteil. Denn dieser unendliche Abstich des Glanzes macht ihr eigenes Gesicht so bleich, so hager und so häßlich, daß sie weit mehr dadurch verlieren als gewinnen.

Vor einigen Tagen stieß ich eben auf eine solche Passage: Ich war ermüdet und ermattet, hinter so blut- und saftlosen französischen Worten herzujagen, die so leer an Sinn und Inhalt waren, daß man nichts Treffenderes von ihnen sagen konnte, als: französische Worte; nach einer langen und verdrießlichen Jagd traf ich auf eine entzückende Stelle, die sich majestätisch bis in die Wolken erhob. Hätte ich den Abhang ein wenig sanft gefunden und den Steig ein wenig linde, so wäre darüber nichts zu sagen gewesen. Aber es war eine so schroffe, abgeschnittene Anhöhe, daß ich bei den sechs ersten Worten gewahr wurde, wie ich in die andere Welt ausflog; von da an entdeckte ich die Schlucht, aus der ich kam, so tief, so tief, daß ich mich niemals habe überwinden können, wieder hinunter zu sinken. Hätte ich eine meiner Abhandlungen mit dem, was ich auf jener Höhe fand, ausgeschmückt, so würde solches die Dummheit der übrigen Stellen zu sehr ins Licht gestellt haben.

In anderen meine eigenen Fehler züchtigen, scheint mir ebenso erlaubt zu sein, wie an mir selbst, wie ich oft die Fehler anderer rüge. Man muß sie allenthalben vor Gericht ziehen und ihnen gar keine Freistatt zugestehen. Ich weiß auch, wie kühnerweise ich selbst es unternehme, jedesmal meine eigenen Fabrikwaren der eingeschwärzten gleich zu machen, so daß man keinen Unterschied merke; nicht ohne eine verwegene Hoffnung, das Auge des Kenners zu täuschen. Aber ich suche es ebensosehr durch die Anwendung, die ich davon mache, wie durch meine Erfindung und durch meine Kräfte zu bewerkstelligen. Übrigens ringe ich auch nicht in Bausch und Bogen mit jenen alten Kämpfern oder Faust gegen Faust, sondern in leichten Versuchen und kleinen, wiederholten Gängen. Ich lasse mich nicht ein auf Faustkampf, ich betaste sie bloß und gehe weder, noch lasse ich mich bereden zu gehn. Ja, könnte ich ihnen Fuß halten, ehrlicher Mann genug wäre ich: Denn ich packe sie nur da an, wo sie die stärksten Sehnen haben. Es zu machen, wie ich bei einigen wahrgenommen habe, die sich mit fremden Waffen dergestalt bedecken, daß sie nicht einmal eine Fingerspitze bloß geben; die ihr Vorhaben durchsetzen, wie das bei einer gemeinen Materie hinter den Meinungen der Alten für diejenigen leicht genug ist, die solche zusammenflicken, unkennbar machen und für ihr Eigentum ausgeben wollen: Dies ist erstlich ungerecht und niederträchtig, indem sie nichts im Vermögen haben, womit sie sich zeigen könnten, und sich also bloß mit fremden Schätzen breit machen; und ferner ist's eine plumpe Dummheit, indem sie sich durch solche Mausereien ein Lob des unwissenden Haufens erschleichen und sich bei Leuten von Verstand, die dieses erborgte Mosaik mit Hohnlachen anschauen, in üblen Ruf setzen, deren Lob doch nur allein von Bedeutung ist. Meinerseits möchte ich nichts so ungern tun als dies. Ich führe eines anderen Worte nur an, um sie mir um so nachdrücklicher zu sagen.

Dem sei wie ihm wolle; was ich sagen will, ist: Laß diese Possen noch so possierlich sein, ich bin nichts weniger als entschlossen, sie zu verheimlichen, sowenig wie ein Konterfei meines glatzigen, grauenden Kopfes, das der Maler nicht nach einem vollkommenen Modell, sondern nach meinem Kopf und meinem Gesicht gemacht hätte. Denn ebenso sind auch hier meine Launen und Meinungen: Ich gebe solche für das, was ich glaube; nicht für das, was man glauben müsse. Ich will damit weiter nichts als mich hergeben, wie ich bin; vielleicht bin ich morgen ganz anders, wenn sich meine Denkungsart ändert und bessert. Ich habe nicht das Ansehen, Glauben zu fordern, und verlang' es auch nicht. Denn ich fühle, daß ich zu wenig weiß, um andere zu unterrichten.

Jemand, der vor einiger Zeit das Kapitel »Von der Pedanterei« gesehen hatte, sagte mir, ich hätte mich ein wenig ausführlicher über die Kinderzucht auslassen sollen. Aber, Madame, wenn ich über diesen Gegenstand etwas Auszeichnendes zu sagen wüßte, wem könnte ich es besser zum Geschenk bestimmen als dem kleinen Manne, der Sie bedroht, nächstens durch einen wackeren Ausfall sich von Ihnen zu trennen. (Sie sind selbst zu wacker, um nicht Ihrer Nachkommenschaft einen tapferen Mann an die Spitze zu stellen!) Denn da ich an der Schließung Ihrer Vermählung so viel Anteil hatte, so hab' ich auch einiges Recht und einigen Anteil an dem Glück und dem Wohlergehen, die daraus entstehen werden. Außerdem daß die verjährten Ansprüche, die Sie auf meine dienstwilligste Ergebenheit haben, mich hinlänglich verbinden, zu allem, was Sie betrifft, Ehre, Vorteil und Wohlfahrt zu wünschen. Die Wahrheit aber ist: Ich weiß über den Gegenstand nichts weiter, als daß die größte Schwierigkeit und das Wichtigste des menschlichen Wissens da zusammentreffen, wo es auf die physische und moralische Erziehung der Kinder ankommt. Geradeso wie beim Ackerbau die Arbeiten, die vor dem Pflanzen hergehen, bestimmt und leicht sind und sogar das Pflanzen selbst – wenn aber nachher das Gepflanzte anfängt, zu bekleiben und aufzuwachsen, eine mächtige Verschiedenheit und Schwierigkeit der Behandlung eintritt: Ebenso ist es beschaffen mit dem Menschen. Ihn zu pflanzen bedarf's keines so großen Fleißes; ist er aber geboren, so übernimmt man eine ganz andere Aufsicht voller Sorge und Furcht, ihn zu nähren und zu erziehen. Die Anzeichen seiner Neigungen sind im kindischen Alter so schwach und undeutlich; was er verspricht, ist so ungewiß und unzuverlässig, daß es fast unmöglich ist, mit einigem Grunde darauf zu bauen. Man betrachte nur den Cimon, den Themistokles und tausend andere, wie ungleich ihre Kindheit ihren männlichen Jahren war. Die Jungen der Bären und der Hunde zeigen ihren natürlichen Hang. Die Menschen aber, die sehr früh zu Angewohnheiten in Meinungen und für Gesetze gebildet werden, ändern oder verstellen sich sehr leicht. Aber ebenso schwer ist es, den Hang der Natur zu zwingen; daher es denn kommt, daß man sich lange auf einem einmal unrichtig gewählten Wege vergebens zermartert und viele Zeit darauf verwendet hat, Kinder zu Dingen zu erziehen, wozu sie von der Natur nicht bestimmt sind. Indessen ist bei dieser Schwierigkeit meine Meinung, daß man sie immerhin zu den besten und nützlichsten Sachen anleite und nicht zu viel auf die Zeichen und Vorbedeutungen gebe, die wir aus den Bewegungen der Kinder zu ziehen pflegen. Die Wissenschaften, Madame, sind eine schöne Zierde und ein sehr nützliches Werkzeug, vorzüglich für Personen auf einer solchen Stufe des Glücks wie Sie. Um die Wahrheit zu sagen, sind solche in niedrigen, armen Händen nicht so anwendbar. Die Wissenschaften und Künste zeigen ihren hohen Wert lieber als Hilfsmittel, einen Krieg zu führen, ein Volk zu regieren, die Freundschaft eines Fürsten oder einer Nation zu erhalten, als einen logischen Schluß zu formieren, einen Appellationsprozeß zu führen oder eine Schachtel Pillen zu verschreiben. Also, ich bin überzeugt, Madame, daß Sie dies Feld bei der Erziehung der Ihrigen nicht vernachlässigen werden, da Sie selbst die Süßigkeit davon genossen haben und zudem selbst aus einem gelehrten Geschlechte sind. Also will ich Ihnen hierüber nur eine meiner Grillen sagen, die ich gegen die allgemeine Meinung hege: Das ist alles, was ich in dieser Sache zu Ihrem Befehle darlegen kann.

Das Amt des Privatlehrers, den Sie ihm geben werden, von dessen Wahl die ganze Wirkung der Erziehung abhängt, hat verschiedene andere wichtige Zweige, die ich aber nicht berühre, weil ich nichts Triftigeres darüber vorzubringen weiß; und von dem Artikel, worüber ich ihm meinen Rat zu erteilen mir erlaube, mag er mir so viel glauben, wie ihm davon glaubwürdig erscheint. Einem Kinde von vornehmem Haus, das man den Wissenschaften zuführen will (nicht aus Absicht auf Gewinn, – denn ein so niedriger Zweck wäre der Huld und Milde der Musen unwürdig und hängt dabei ab von Zufälligkeiten – auch eben nicht sowohl auf äußere Bequemlichkeiten als auf sein eigenes Wohl, um sein Inneres damit zu zieren und zu bereichern und um ihn vielmehr zu einem brauchbaren und gelehrten Mann zu bilden), wünschte ich, daß man mit Sorgfalt einen Führer wählte, dessen Kopf vielmehr hell und klar wäre als voll geschüttelt und gerüttelt; daß man zwar auf beides, aber mehr auf Sitten und Verstand als auf Gelehrsamkeit bei ihm achtete, und daß er sich in seinem Amt auf eine neue Art benähme. Man schreit uns immer in die Ohren, als ob man's in einen Trichter schüttete, und unser Tun dabei ist nichts anderes, als wieder sagen, was man uns gesagt hat. Nun wünscht' ich aber, daß er hierin eine Verbesserung machte und gleich anfangs, nach dem Maße der Fähigkeiten der Seele, die er zu bearbeiten hat, damit begänne, ihr die Dinge in ihrem eigenen Lichte vorzulegen, damit sie ihnen Geschmack abgewinnen und für sich selbst in die Sachen finden und für sich wählen möge. Zuweilen müßte er dem Zögling auf den Weg helfen, zuweilen ihn allein gehen lassen. Er muß nicht immer den Ton geben und allein reden; er muß ihn auch hören und ihn seinerseits sprechen lassen. Sokrates ließ erst seine Schüler reden, und erst hernach sprach er mit ihnen. Es ist gut, daß er ihn vor sich trottieren lasse, damit er seinen Gang kennen und beurteilen lerne, wie tief er sich zu ihm herablassen müsse, um sich seinen Kräften gleich zu halten. Versäumt man dieses Verhältnis, so verdirbt man alles. Dies zu treffen und sich aufs gemessenste danach zu richten, ist unter allen Pflichten, die ich von einem Hofmeister erfordere, die dringendste. Und es ist die Wirkung einer hohen und starken Seele, sich zu diesem kindischen Gange herablassen und ihn leiten zu können. Ich trete fester und sicherer auf, wenn ich bergan als wenn ich bergab gehe. Es ist kein Wunder, wenn nach heutiger Gewohnheit gewisse Erzieher, die es unternehmen, eine ganze Herde Kinder von so verschiedenen Geistesfähigkeiten und Gemütsarten in eine und dieselbe Lektion zu nehmen und nach einem Plane zu unterrichten, unter dem ganzen Haufen kaum zwei oder drei finden, die noch einigermaßen gute Früchte ihrer Zucht bringen! Der Hofmeister muß von seinem Zögling nicht bloß Rechnung über die Worte seiner Lektion fordern, sondern über ihren Sinn und ihren Inhalt. Er muß von dem Nutzen, den er daraus gezogen hat, nicht nach dem Zeugnis des Gedächtnisses seines Zöglings, sondern nach seinem Leben urteilen! Er muß ihn das, was er gelernt hat, unter tausenderlei Gestalten betrachten lassen, um es auf so mancherlei Art

Gegenstände anzuwenden und zu sehen, ob er es richtig gefaßt und sich zu eigen gemacht hat. Es ist ein Zeichen der Unverdaulichkeit, wenn man die Speisen wieder aus dem Magen gibt, wie man sie verschlungen hat. Der Magen hat dann sein Werk nicht vollbracht und hat das, was man ihm zum Verdauen gab, weder nach Materie noch Form verändert. Unsere Seele beugt und schmiegt sich gar zu gern auf guten Glauben, nach dem Willen und den Meinungen anderer; folgt gar zu gern den Steigen und Pfaden anderer und folgt gleichsam wie eine Gefangene dem Ansehen derer, die sich ihr als Lehrer und Führer aufdringen. Man hat uns so sehr an Leitseile gewöhnt, daß wir des freien Ganges fast nicht mehr gewohnt sind. Unsere Freiheit und eigene Kraft ist dahin. Ich habe in Pisa einen hübschen Mann sehr genau gekannt, der ein so arger Aristotelianer war, daß sein vornehmster Lehrsatz hieß: Der Probierstein aller gegründeten Meinungen, aller Wahrheiten sei die Übereinstimmung mit den Lehren des Aristoteles. Außerdem gäbe es weiter nichts als Chimären und Possen; denn Aristoteles habe alles ergründet und alles gesagt. Diese seine Meinung, die man etwas zu allgemein und zu ausgedehnt verstanden hatte, veruneinigte ihn ein wenig stark und lange mit der Inquisition zu Rom. Laßt den Hofmeister also jede Meinung durchs Sieb schlagen und nichts in den Kopf seines Zöglings setzen, was sich bloß auf Ansehen und Kredit fußt. Er muß ihn ebensowenig auf ein Prinzip des Aristoteles als auf ein Prinzip des Epikur oder der Stoiker schwören lassen. Man lege ihm die Verschiedenheit der Meinungen vor; kann er darunter wählen, um so besser; wo nicht, so laß ihn zweifeln.

Denn nimmt er die Meinung des Xenophon oder des Aristoteles an, nach seiner eigenen Erwägung, so sind es nicht mehr die ihrigen, sondern seine eigenen. Wer einem anderen folgt, folgt niemand; er findet nichts, weil er eigentlich nichts sucht. Laß ihn vor allen Dingen wissen, was er weiß. Er muß wenigstens ihren Ideengang kennenlernen, ihre Lehrsätze braucht er nicht zu beschwören. Laß ihn geradezu vergessen, wenn's ihm gut deucht, woher er seine Meinungen hat; laß ihn sich solche aber zu eigen machen. Wahrheit und Vernunft sind ein allgemeines Gut und kein auschließenderes Eigentum dessen, der sie zuerst, als dessen, der sie nachher gesagt hat. Sie sind kein Eigentum Platos oder das meinige, weil er und ich solche gleich richtig einsehen. Die Bienen sammeln hier und allerorten von Blumen, aber sie machen daraus Honig, der ihnen ganz eigen gehört. Es ist weder Thymian noch Majoran mehr. Ebenso wird der Zögling das, was er von anderen borgt, verändern und verwandeln, um ein ihm eigenes Werk daraus zu bilden; das heißt, sein Urteil, seine Erziehung, seine Arbeit und sein Studium wird dahin gehen, sich selbst zu bilden. Mag er immer verbergen, womit er sich ausgeholfen, und mir zeigen, was er selbst gemacht hat. Diejenigen, die borgen und stehlen, prunken mit ihren Gebäuden und Ankaufungen, ohne zu sagen, was sie von fremdem Gut dazu haben. Wir sehen nicht, was die Richter und Advokaten für Geschenke einnehmen, sondern nur, wie sich ihre Familie in Flor bringt und ihr Staat sich vermehrt. Niemand hält öffentliche Rechnung über seine Einnahme. Seine Ausgaben verheimlicht niemand; die gibt jedermann zur Schau. Der Gewinn unseres Studierens ist, wenn wir dadurch besser und weiser geworden sind.

Es ist ausgemachte Wahrheit, wir machen unseren Zögling dadurch träge und schüchtern, daß wir ihm nicht die Freiheit lassen, etwas für sich selbst und nach seinem eigenen Kopfe zu tun. Wer fragt jemals seinen Untergebenen, was er von der Rhetorik, von der Grammatik, von dieser oder jener Sentenz des Cicero halte? Man bläut uns diese Dinge ins Gedächtnis, nach der Länge aufgeschrieben, wie die Orakelsprüche, von welchen Buchstaben und Silben das Wesentliche ausmachen. Aber Auswendigwissen ist kein Wissen: Das heißt nur behalten, was man seinem Gedächtnis zum Aufbewahren gegeben hat. Das, was man gehörig weiß, darüber schaltet man, ohne den Lehnherrn zu fragen, ohne erst in sein Buch zu gucken. Büchergelehrsamkeit ist eine leidige Gelehrsamkeit. Ich verlange, daß sie zur Zierde diene, nicht zur Grundlage; nach der Meinung des Plato, welcher sagt, in Sündhaftigkeit, Treue und Aufrichtigkeit bestehe die wahre Philosophie; die übrigen Wissenschaften, die auf etwas anderes lenken, wären bloße Schminke. Ich möchte wohl sehen, daß die Tanzmeister ihre Kapriolen bloß durch Zusehen lehrten, ohne ihre Schüler von der Stelle zu bewegen, wie jene unseren Verstand unterrichten wollen, ohne ihn in Tätigkeit zu setzen. Oder daß man uns lehrte, ein Pferd zu regieren, eine Lanze führen, die Laute spielen, nach Noten singen, ohne uns darin zu üben, wie unsere Lehrer hier uns richtig urteilen und regelmäßig sprechen lehren wollen, ohne uns im Sprechen oder im Urteilen zu üben. Nun aber dient bei diesem Lernen alles, was sich unseren Augen darstellt, so gut wie ein gelehrtes Buch. Schalksstreiche eines Pagen, Tölpeleien eines Knechtes, Tischgespräche sind ebenso viele neue Materien. Dieserwegen ist der Umgang mit Menschen von so außerordentlichem Nutzen! So wie das Besuchen fremder Länder; nicht nur nach der Sitte unserer Noblesse sich zu belehren (wie viele Schritte das Pantheon im Umfang enthält oder wie fein die Leibwäsche der Signora Livia sei oder, wie andere, um aufs genaueste zu wissen, wieviel ein Nerokopf, der in einer Ruine gefunden wurde, breiter oder länger ist als eben derselbe auf einer ähnlichen Medaille), sondern um vorzüglich den Charakter dieser Nationen, ihre Sitten und Gesetze kennenzulernen, um unser Gehirn an dem ihrigen zu reiben und zu glätten! Ich wollte, daß man damit anfinge, den Zögling von Kindesbeinen an herumzuführen, und zwar zuerst, um zwei Fliegen mit einer Klappe zu schlagen, zu unseren benachbarten Nationen, bei denen die Sprache weit von der unsrigen abweicht, und für die, wenn man nicht beizeiten dazu tut, die Zunge die Biegsamkeit verliert. Auch findet der Satz allgemeinen Beifall: Es sei nicht gut, ein Kind im Schoße seiner Eltern zu erziehen. Die natürliche Liebe macht selbst die verständigsten Eltern zu weichherzig und nachgiebig. Sie sind unfähig, das Kind zu strafen, noch es mit einfacher Kost genährt zu sehen, welches doch ebenso nötig ist, als daß ein Kind nicht ewig gegängelt werde, sondern auch mit etwas Gefahr frei gehen und handeln lerne. Sie können nicht dulden, daß das Kind von seinen Übungen in Staub und Schweiß zurückkomme, daß es kalt trinke, heiß trinke; können nicht ansehen, daß es ein mutiges Pferd besteige oder im Kontrafechten tüchtige Florettstöße bekomme; oder daß es eine geladene Flinte abschieße, die stoßen möchte. Denn es gibt keine andere Hilfe: Wer es zum braven Manne erziehen will, muß es wahrhaftig in seiner Jugend nicht verweichlichen und muß oft die Regeln der Ärzte hintansetzen.

Es ist nicht genug, seine Seele festzumachen; man muß ihm auch die Muskeln stählen. Die Seele ist viel zu geschäftig, wenn sie keine Hilfe hat, und hat zu viel zu tun, wenn sie zwei Ämtern vorstehen soll. Ich weiß, wie sich die meinige in der Gesellschaft eines so weichen, fühlbaren Körpers plackt, der sich so sehr auf sie steift und stützt. Und ich werde bei meinem Bücherlesen oft gewahr, daß meine Meister, in ihren Schriften, in manchen Beispielen dasjenige für Größe der Seele und Stärke des Geistes ausgeben, was eigentlich mehr von der Dicke der Haut und der Härte der Knochen abhängt. Ich habe Männer, Weiber und Kinder gesehen, die so geboren waren, daß ihnen eine Tracht Prügel nicht soviel machte, wie mir ein Nasenstüber machen würde; die bei den Schlägen, die man ihnen gab, weder die Zunge bewegten noch die Augenbrauen zuckten. Wenn die Athleten hinsichtlich der Geduld die Philosophen nachäfften, so ist es mehr ein Beweis der Stärke ihrer Sehnen als ihres Geistes und Herzens. Denn sicherlich, die Gewohnheit, ohne Ermüdung zu arbeiten, ist einerlei mit der Gewohnheit, ohne Ungeduld Schmerz zu ertragen. Man muß den Zögling an die Mühseligkeiten der Arbeit und die Unbequemlichkeiten der Leibesübungen gewöhnen, um ihn gegen allerlei Schmerz unempfindlicher zu machen; dahin gehören Verrenkungen der Glieder, Schmerzen in den Eingeweiden, Brennmittel auf der Haut, sogar Gefängnis und Marter der Folter. Denn selbst den letzteren kann er zu gewissen Zeiten ausgesetzt sein, so gut wie die Bösewichter. Wir haben die Exempel! Wer die Gesetze bestreitet, droht dem Rechtschaffenen mit Geißel und Strick. Überdem noch wird das Ansehen des Hofmeisters, das über den Zögling uneingeschränkt sein soll, durch die Gegenwart der Eltern unterbrochen und geschmälert. Dazu genommen den Respekt, den das Hausgesinde dem jungen Herrn zeigt, und die Idee, die er sich von der Größe und Hoheit seiner Familie macht, so sind das nach meiner Meinung keine kleinen Hindernisse bei seinem Alter. In dieser Schule des Umgangs mit Menschen habe ich auch die Unbequemlichkeit bemerkt, daß, anstatt uns die Kenntnis von anderen zu erwerben, wir nur darauf arbeiten, uns anderen bemerklich zu machen und uns mehr Mühe geben, unsere Ware an den Mann zu bringen als neue einzusammeln. Stillschweigen und Bescheidenheit sind sehr schickliche Eigenschaften für den menschlichen Umgang. Man muß das Kind lehren, mit seinem Wissen sparsam und haushälterisch zu sein, wenn es bereits welches erworben hat, und sich über die Dummheiten und Fabeln nicht zu entrüsten, die etwa in seiner Gegenwart zu Markte gebracht werden.

Denn es ist eine unhöfliche Anmaßung, alles herabzuwürdigen, was nicht nach unserem Geschmacke ist. Laß es ihm genügen, sich selbst zu bessern; und nicht anderen darüber Vorwürfe zu machen, was es sich selbst zu tun versagt; noch die öffentlichen Sitten reformieren zu wollen. Es vermeide das Bild eines anmaßenden und ungesitteten Reformators der Welt; den kindischen Ehrgeiz, feiner zu scheinen, weil es anders denkt, und (als ob es eine so schwere Sache wäre zu tadeln) neue Sachen vorzubringen und sich dadurch einen großen Namen zu erwerben. So wie es nur großen Dichtern anständig ist, sich poetischer Freiheiten zu bedienen, so ist es auch nur bei großen und vorzüglichen Seelen erträglich, wenn sie sich die Freiheit nehmen, sich über die Gewohnheit hinwegzusetzen.

Man muß es lehren, sich in kein Gespräch oder in Wortstreit einzulassen, nur wenn es einen Gegner findet, der es mit ihm aufnehmen kann, und selbst alsdann sich nicht aller Wendungen zu bedienen, die ihm zustatten kommen könnten, sondern bloß der tauglichen. Man flöße ihm Delikatesse ein in der Wahl und Darlegung seiner Gründe und Liebe zum Zweckdienlichen, folglich zur Kürze. Vorzüglich bringe man es dahin, daß es vor der Wahrheit die Waffen strecke und sich ihr ergebe, sobald es sie erblickt, sei es, daß es sie auf seiten seines Gegners gewahr werde oder in seinem eigenen Geiste vermittelst eines lichtvollen Augenblicks. Denn man wird es ja auf keinen Lehrstuhl stellen, um eine vorgeschriebene Rolle herzusagen. Es hänge keiner Sekte an, nur weil es sie billigt. Auch wird es keiner Profession angehören, in der man mit baren Pfennigen die Freiheit bezahlt, seine Fehler zu erkennen und zu bereuen. Ist der Hofmeister meines Sinnes, so wird er den Willen des Zöglings dahin lenken, ein treuer, anhänglicher und tapferer Dienstmann seines Fürsten zu werden, wird ihm aber die Begierde abkühlen, ihm aus anderer Rücksicht zu dienen als aus öffentlicher Staatsbürgerpflicht. Außer verschiedenen anderen Unbequemlichkeiten, die durch diese besonderen Verbindlichkeiten unsere Freiheit kränken, ist das Urteil eines gemieteten oder gekauften Menschen entweder weniger unbefangen und weniger frei, oder es hat den Schein der Unbesonnenheit und Undankbarkeit gegen sich. Ein wahrer Hofmann kann kein anderes Gesetz, keinen anderen Willen haben, als vorteilhaft von seinem Herrn zu sprechen und zu denken, der ihn unter so viel tausend Untertanen gewählt hat, um ihn zu nähren und mit seiner Hand zu erhöhen. Diese Gunst, dieser Nutzen bestechen nicht ohne alle Ursache seine Offenherzigkeit und blenden sein Urteil. Gleichwohl sieht man gewöhnlicherweise, daß die Sprache dieser Leute von der Sprache anderer in einem Staate sehr verschieden und in dergleichen Materien nicht sehr zuverlässig ist. Aus den Reden des Zöglings müssen sein Gewissen und seine Tugend hervorleuchten; und sie müssen bloß die Vernunft zur Führerin haben. Man mache es ihm einleuchtend, daß die Fehler gestehen, die er in seinen eigenen Schlüssen entdeckt – würden sie auch von niemand als von ihm selbst bemerkt – eine Wirkung der verbesserten Einsicht und Aufrichtigkeit sei, die die vornehmsten Dinge sind, wonach er strebt; daß Eigensinn und Widersprechungsgeist niedrige Eigenschaften sind und sich meistens nur bei kleinen Seelen zeigen. Hingegen sich besinnen, seine Meinung bessern, in der Hitze des Streits selbst eine schlechte Sache aufgeben seltene, starke und philosophische Eigenschaften bezeichnen. Man muß ihn darauf aufmerksam machen, daß er die Augen überall habe, wenn er in Gesellschaft ist. Denn ich finde, daß die ersten Stühle gewöhnlich von Personen eingenommen werden, welche die wenigsten Fähigkeiten haben, und daß die größten Glücksgüter nicht gar oft mit den aufgeklärtesten Köpfen vereinigt sind. Ich habe indessen gesehen, daß man sich am oberen Ende einer Tafel über die Schönheit einer Tapete oder über den Geschmack des Malvasiers unterhielt, und daß viele schöne Züge des Gesprächs vom anderen Ende der Tafel verloren gingen. Er muß die Tiefe eines jeden erforschen; Hirten, Handwerker, Reisende, alles muß er hervorziehen und von jedes Waren etwas nehmen; denn in der Haushaltung ist alles zu gebrauchen. Selbst Dummheit und Schwachheit anderer werden ihm zur Lehre gereichen. Wenn er auf die Manieren und das Betragen eines jeden fleißig achtet, so wird er Lust bekommen, sich die guten zu eigen zu machen, und wird die schlechten verachten. Man flöße ihm eine bescheidene Neugier ein, nach allem zu fragen: Alles, was um ihn her sonderbar ist und sich auszeichnet, muß er besehen. Ein Gebäude, einen Springbrunnen, einen Menschen, die Walstätte einer ehemaligen Schlacht, den Zug Cäsars oder Karls des Großen.

Er muß sich erkundigen nach den Sitten, den Einkünften und den Verbindungen dieses und jenes Fürsten. Das sind Dinge, die sehr angenehm zu erfahren und sehr nützlich zu wissen sind. In diesem Umgang mit Menschen will ich auch und zwar hauptsächlich jene mit eingeschlossen wissen, die nur noch in den Büchern leben. Vermittelst der Geschichte wird er sich mit den großen Seelen der besten Zeitalter bekannt machen. Es ist ein eitles Studium, wird vielleicht einer oder der andere sagen; es ist aber, richtig genommen, ein Studium von sehr schätzbarem Nutzen und das einzige, das die Lacedämonier sich vorbehalten hatten. Welchen Vorteil wird er nicht in diesem Fache vom Lesen der Lebensbeschreibungen unseres Plutarch ziehen! Aber laß unseren Hofmeister auch nicht vergessen, was eigentlich der Zweck seines Amtes ist, und laß ihn so seinem Untergebenen nicht nur Jahr und Tag der Zerstörung von Karthago als die Charaktere Hannibals und Scipios bekannt machen. Nicht nur, wo Marcellus starb, sondern warum es nicht mit seiner Pflicht bestand, dort zu sterben. Er lehre ihn nicht nur die Begebenheiten selbst, als richtig darüber urteilen. Dies ist nach meiner Meinung unter allem gerade die Materie, womit sich unser Geist in einem höchst verschiedenen Maße beschäftigt. Ich habe im Livius hundert Dinge gelesen, die dieser oder jener nicht darin gefunden hat. Plutarch hat noch hundert andere darin gelesen, die wieder mir entwischt sind und die vielleicht Livius nicht hineingelegt hatte. Einige lesen ihn bloß, um aus ihm Grammatik zu lernen; andere die philosophische Zergliederungskunst, vermöge der man in die verborgenen Teile unserer Natur eindringt. Man findet beim Plutarch viele gründlich ausgearbeitete Abhandlungen, die es sehr verdienen, daß man sich damit bekannt mache; denn nach meiner Meinung ist er darin Altmeister. Er hat aber tausend Dinge nur ganz leicht berührt. Er winkt bloß mit dem Finger, welchen Weg wir zu nehmen haben, wenn wir ihm folgen wollen; und zuweilen begnügt er sich, mitten im wärmsten Vortrag abzubrechen und es bei einem leichten Hinwurf bewenden zu lassen. Diese Winke muß man sammeln und in einem Magazin aufbewahren. Wie seinen Ausspruch: Die Bewohner Asiens wären nur *einem* Despoten untertan, weil sie *eine* Silbe nicht aussprechen könnten! Das Wort Nein nämlich. Zuweilen stellt er in dem Leben eines Mannes eine Handlung oder ein Wort, die unbedeutend schienen, in ein solches Licht, daß sie einen wichtigen Sinn bekommen. Es ist schade, daß die Menschen von so großem Verstand so sehr die Kürze lieben! Unstreitig gewinnt dadurch ihr Ruhm; aber wir verlieren dabei. Plutarch will lieber, daß wir ihn seines richtigen Verstandes wegen rühmen als seiner Gelehrsamkeit. Er will uns lieber sein Begehren lassen, als uns sättigen. Er wußte, daß man selbst von guten Dingen zu viel sagen könne; und daß Alexandrides demjenigen, der den Ephoren einen guten, aber zu langen Vortrag hielt, mit Recht den Verweis gab: O Fremdling, gute Sachen sagst du, du sagst sie nur nicht gut. Wer einen mageren Leib hat, trägt gern ein ausgestopftes Wams, und denen, welchen die Materie schwindet, schwellen die Worte.

Man zieht eine unvergleichliche Klarheit für den menschlichen Verstand aus dem fleißigen Umgang mit Menschen. Wir sind alle in Haufen zusammengedrängt und sehen nicht weiter, als unsere Nasen reichen. Als Sokrates befragt wurde, woher er gebürtig sei, antwortete er nicht: aus Athen, sondern: aus der Welt. Dieser Weise, dessen Geist besser genährt und weniger umgrenzt war, umfaßte die ganze Welt wie seine Vaterstadt; weihte seine Kenntnis, seinen Umgang und sein Wohlwollen dem ganzen Menschengeschlechte; nicht wie wir: Wir sehen nur unter uns herab. Wenn in meinem Dorfe der Weinstock erfriert, so zieht mein Pfarrer daraus den Schluß, daß Gott über das ganze Menschentum zürne, und urteilt, daß den Kannibalen davon schon das Zäpflein geschossen sei. Wer schreit beim Anblick unserer bürgerlichen Kriege nicht, daß die Maschine zu Trümmern gehe und daß uns der Jüngste Tag schon bei der Kehle fasse! Ohne sich zu besinnen, daß man schon weit ärgere Dinge erlebt hat, und daß zehntausend Teile der Welt sich's indessen weidlich wohl sein lassen. Wenn ich hingegen die Ausgelassenheit und Ungestraftheit dieser Kriege betrachte, so bewundere ich vielmehr, daß sie so menschlich sind und so mild. Wem es um den Kopf herum hagelt, den dünkt das Gewitter über die ganze Himmelssphäre zu wüten, und jener Savoyard sagte: Wenn der einfältige König von Frankreich sein Glück recht zu brauchen gewußt hätte, so wäre er der Mann danach, der bei meinem Herzog hätte Haushofmeister werden können. Seine Imagination konnte sich bis zu keiner größeren Höhe erheben als der seines Fürsten und Herrn.

Wir sind alle, weniger oder mehr, in diesem Irrtume. Ein Irrtum von großem und nachteiligem Einfluß. Wer sich aber das große Bild unserer Mutter Natur gleichsam wie in einem Gemälde in ihrer ganzen Majestät vorstellt; wer in ihrem Gesichte eine so allgemeine, so beständige Abänderung sieht; wer sich darin betrachtet, und nicht bloß sich selbst, sondern ein ganzes Reich, wie den Strich von einer sehr zarten Spitze – nur der schätzt die Dinge nach ihrer wahren Größe. Diese große Welt, die einige noch wie Spezies unter ein Genus multiplizieren, ist der Spiegel, in den wir schauen müssen, um unseren wackeren Balken wahrzunehmen. Kurz, ich verlange, daß sie das Buch meines Schülers sein soll. So vielerlei Charaktere, Sekten, Urteile, Meinungen, Gesetze und Gewohnheiten lehren uns, richtig von unseren eigenen zu urteilen, und überzeugen unseren Verstand von seiner Unvollkommenheit und von seiner natürlichen Schwäche; und das ist keine leichte Lektion. So manche Staatsrevolutionen und Umkehrungen der öffentlichen Glückseligkeit so mancher Reiche lehren uns, aus unserem eigenen kein so großes Wunderwerk zu machen. So viele Heldennamen, so viele Siege und Eroberungen, die in der Vergessenheit begraben liegen, machen die Hoffnung lächerlich, durch Gefangennehmung von zehn Landmilizen und die Eroberung eines mit Zaun und Schlagbaum befestigten Ortes, den vor der Einnahme kein Mensch dem Namen nach kannte, unseren Namen zu verewigen. Der Hochmut und Dünkel mancher fremden Prunkgepränge, die so aufgeblasene Majestät mancher Höfe und Großen befestigt und stärkt unsere Sehkraft, daß sie den schimmernden Glanz der unsrigen ausstehn kann, ohne zu blinzeln. So viele Millionen, die vor uns begraben sind, machen uns beherzt, uns nicht davor zu fürchten, so guter Gesellschaft in die andere Welt zu folgen; und so im übrigen. Unser Leben, sagt Pythagoras, ist gleich einem Zuge zu der großen und volkreichen Versammlung bei den olympischen Spielen. Einige üben den Körper, um dadurch den Preis zu erringen, einige sind darunter (und das sind nicht die verächtlichsten), die dort keinen anderen Vorteil suchen, als zu sehen, wie und warum jede Sache so und nicht anders gemacht wird, die sich bloß als Zuschauer bei dem Leben anderer Menschen verhalten, um danach ihr eigenes zu beurteilen und einzurichten. Mit den Beispielen kann man sehr füglich die anwendbarsten Vorschriften der Philosophie verbinden, an welchen man die Handlungen der Menschen, wie das Gold am Probierstein, reiben muß. Man muß ihm sagen: was Wissen ist und was Unwissenheit; was der Endzweck alles Lernens ist; was Tapferkeit ist, was Mäßigkeit und Gerechtigkeit; was sich zwischen Ehrgeiz und Geldgeiz bemerken läßt; was zwischen Knechtschaft und Folgsamkeit, zwischen Zügellosigkeit und Freiheit. An was für Kennzeichen man die wahre und dauernde Zufriedenheit erkennt. Inwieweit man Tod, Schmerz und Schande zu fürchten hat. Was für Triebfedern uns in Bewegung setzen, und was uns auf so mancherlei Art wünschen und handeln läßt. Denn nach meiner Meinung müssen die ersten Weisheitslehren, womit man seinen Verstand erquickt, darin bestehen, daß sie seine Sitten lenken und seine Empfindungen; daß sie ihn lehren, sich selbst zu erkennen, gut zu leben und gut zu sterben. Unter den freien Künsten laß uns mit der Kunst anfangen, die uns frei macht. Sie dienen freilich alle, ohne Widerrede, auf gewisse Weise zum Unterricht für unser Leben und dessen Anwendung; wie alle anderen Dinge gewissermaßen dazu ebenfalls dienen. Aber laß uns diejenigen wählen, die uns geradeswegs und vermöge ihrer Natur dienen. Wenn wir die Bedürfnisse unseres Lebens in ihre richtigen und natürlichen Grenzen einzuschränken wüßten, so würden wir finden, daß der größte Teil der Wissenschaften, die im Gebrauche sind, für uns von keinem Gebrauche sind. Und daß selbst bei denen, die es sind, es solche unnütze Ausdehnungen und Vertiefungen gibt, über die wir besser täten, hinweg zu sehen; und daß wir, nach dem Rat des Sokrates, uns mit unserem Studieren bloß an die halten sollen, die nützen.

Es ist eine Herzenseinfalt, unsere Kinder die Wissenschaft der Gestirne und Kenntnis des Ganges der achten Sphäre zu lehren, ehe sie noch ihre eigenen kennen. Anaximenes schrieb an Pythagoras: Aus welcher Absicht könnte ich mich mit dem Geheimnis der Gestirne befassen, da ich Tod und Knechtschaft beständig vor meinen Augen schweben sehe? Denn damals rüsteten sich die persischen Könige zum Kriege gegen sein Vaterland. Ein jeder muß so sagen, der von Ehrfurcht, Geldgeiz, Übermut, Aberglauben bekämpft wird und in seinem Inneren noch dergleichen andere Feinde des Lebens hegt: Soll ich mich um den Lauf der Dinge dieser Welt bekümmern?

Nachdem man den Zögling gelehrt hat, was nötig ist, um ihn weiser und besser zu machen, so mag man ihn mit der Logik, Physik, Geometrie und Rhetorik bekannt machen: Und welche Wissenschaft er dann auch wählt, da einmal sein Verstand gebildet worden ist, so wird er darin bald Meister werden. Sein Unterricht werde ihm bald durch trauliche Gespräche, bald durch Bücher beigebracht. Zuweilen gebe ihm der Lehrer die Schriftsteller selbst in die Hände, die zu diesem Zwecke tauglich sind; zuweilen gebe er ihm daraus Saft und Mark ganz zubereitet. Sollte der Lehrer selbst nicht hinlängliche Bekanntschaft mit den Büchern haben, um die zu seiner Absicht dienlichen Stellen auffinden zu können, so muß man ihm einen Literator zugeben, der, so oft es nötig tut, die erforderliche Munition herbeischaffe, um solche seinem Zögling zuzuteilen.

Es ist seltsam, daß es in unserem Jahrhundert mit uns dahin gekommen ist, daß selbst bei Leuten von Verstand die Philosophie bis zu einem bedeutungsleeren Worte, ohne allen Nutzen, ohne allen Wert, weder in Meinung noch in Wirkung, herabgesunken ist. Ich glaube, die Schwätzer, die sich ihrer Zugänge bemächtigt haben, sind schuld daran. Man hat groß unrecht, sie den Kindern als unzugänglich vorzumalen und ihnen solche mit mürrischem, grämlichem und schreckendem Gesicht abzubilden. Wer hat sie in diese bleiche, runzlige Larve vermummt? Nichts ist heiterer, munterer, fröhlicher, fast möcht ich sagen scherzhafter! Sie predigt nichts als Frohsinn und Wohlleben. Trübe und finstere Mienen sind ein Zeichen, daß sie da nicht herbergt. Als Demetrius, der Grammatiker, im Tempel zu Delphos einen Haufen Philosophen beisammen sitzen sah, sagte er: Entweder ich betrüge mich, oder euere so heiteren, friedlichen Gesichter sagen mir, daß ihr eben in keiner wichtigen Unterredung begriffen seid. – Worauf einer unter ihnen antwortete: Mögen diejenigen, die untersuchen, ob das Futurum von βάλλω ein doppeltes λλ hat, oder welche die Abstammung der Komparative χεῖρον und βέλτιον oder der Superlative χείριστον und βέλτιστον ausfindig machen wollen, die Stirnen runzeln, wenn sie sich von ihrer Wissenschaft unterhalten; was aber die philosophischen Untersuchungen anlangt, so machen solche gewöhnlich diejenigen froh und munter, die sich damit abgeben, und nichts weniger als finster und mürrisch.

Eine Seele, in der die Philosophie ihre Wohnung genommen hat, muß durch ihre Gesundheit auch ihren Körper gesund machen. Sie muß ihre Ruhe und ihr Wohlbehagen selbst von außen scheinen und leuchten lassen; muß das Betragen des Körpers nach dem ihrigen abmessen und es folglich mit einem angenehmen, festen Mute bewaffnen, mit lebhaften, frohen Bewegungen und mit einem zufriedenen und gefälligen Anstande. Der sicherste Stempel der Weisheit ist ein ununterbrochener Frohsinn: Ihr Anblick ist wie der Luftraum über dem Monde, beständig heiter. Die Spitzfindigkeiten der Logik aber machen ihre Leute so schmutzig und räucherig, nicht die Weisheit; denn die kennen sie nur vom Hörensagen. Wie? Ihr Geschäft ist, die Stürme in der Seele zu legen und Hunger und Fieber lachen zu lehren: nicht durch Täuschung und Vorspiegelung, sondern durch vernünftige, faßliche Gründe. Sie leitet gerade hin zur Tugend, die nicht, wie die Schule lehrt, auf der Spitze eines steilen, schroffen, unzugänglichen Berges gepflanzt ist. Diejenigen, die bis zu ihr gelangt sind, sagen im Gegenteil, sie wohne in einer fruchtbaren, lieblichen Ebene, von wo aus sie zwar alle Dinge in der Tiefe unter sich sieht, zu der man aber gleichwohl, wenn man richtige Anweisung hat, durch schattige, von Blumenduft umwehte, leicht sich hebende, eben gebahnte Wege (wie die Wege am Gewölbe des Himmels) gelangen kann. Weil sie keine Bekanntschaft mit dieser erhabenen Tugend gemacht haben, die so schön, so mächtig, so lieblich, so reizend und zugleich so mutvoll, eine offenbare und unversöhnliche Feindin alles Haders, alles Mißvergnügens, aller Furcht und alles Zwanges ist, deren Führer Natur, deren Begleiter Glück und Wonne sind: So haben sie in ihrer Schwachheit sich beigehen lassen, jenes dumme Bild, das so trübselig, zänkisch, hämisch, drohend und grinsend aussieht, zu formen und es aus einem abwärts gelegenen Felsen, zwischen Dornen und Hecken als ein Scheusal aufzustellen, um die Menschen zu schrecken. Mein Edukator, der weiß, daß er den Willen seines Zöglings mit ebensoviel oder noch mehr Zuneigung zur Tugend als Ehrerbietung für sie anfüllen muß, wird ihm sagen, daß die Dichter dem Hange des großen Haufens folgen, und er wird es ihm einleuchtend machen, daß die Götter den Steig zu den Lauben der Göttin Venus viel beschwerlicher gemacht haben als zum Tempel der Pallas, und wenn der Jüngling beginnt, sich zu fühlen, so wird er ihm Ariosts Bradamante oder Angelika zu Gegenständen seiner verliebten Sehnsucht vorschlagen: die eine von ungekünstelter Schönheit, Munterkeit und erhabenem Geiste, zwar nicht von männlichem Wuchse, aber doch von männlicher Seele; auf Kosten einer zärtlichen Schönheit, die geziert ist und von erkünsteltem Reize; die eine verkleidet als Jüngling im blanken Helm, die andere verkleidet als Buhlerin, den Haarschmuck mit Perlen durchflochten. Er wird des Zöglings Liebe selbst für männlich erkennen, wenn solcher gerade umgekehrt wählt als der weibische Paris. Er wird ihm diese neue Lehre beibringen, daß Preis und Würde der wahren Tugend in der Leichtigkeit, Nützlichkeit und Beharrlichkeit bei ihrer Ausübung besteht; so entfernt von aller Schwierigkeit, daß Kinder wie auch Männer, die Einfältigen wie auch die Klugen dazu die Fähigkeit haben. Sie wirkt mehr durch richtige Anwendung der Werkzeuge als durch Stärke. Sokrates, ihr vornehmster Liebling, entsagt wissentlich seiner Stärke, um desto behender und zwangloser in ihr weiter zu kommen. Sie ist die Pflegerin menschlicher Freuden. Sie bestimmt ihr Maß und macht sie dadurch sicher und rein. Sie hält solche in ihren Grenzen und erhält sie dadurch frisch und von lieblichem Geschmack. Sie versagt uns solche, die sie uns verweigern muß, und schärft dadurch unser Verlangen nach jenen, die sie uns vergönnt; und vergönnt uns alle diese in reichem Maße, die die Natur uns nicht verbietet; wo nicht zum Überdruß, doch wie eine gütige Mutter bis zur Sättigung. Da wir doch auch wohl nicht sagen wollen, daß die Mäßigkeit, die dem Säufer vor dem Rausch, dem Fresser vor der Überladung des Magens, dem Wollüstling vor der Glatze noch Einhalt tut, eine Feindin unseres Vergnügens sei. Wenn das gemeine Glück ihr nicht gewogen ist, entflieht sie seinem Dienste oder weiß sein zu entbehren und schmiedet eines, das ganz nach seinem Sinn und nicht wankend ist und unbeständig. Sie hat den Verstand dazu, reich zu sein und mächtig und auf weichen Polstern zu schlafen. Sie liebt das Leben, sie liebt die Schönheit, den Ruhm und die Gesundheit. Ihr eigentlicher und besonderer Dienst aber besteht darin, daß sie lehrt, diese Dinge zu gebrauchen und ohne Schmerz zu verlieren. Ein Dienst, der viel edler ist als beschwerlich, ohne den der ganze Lauf des Lebens Unnatur, Unheil und Unfügigkeit ist, dem man mit Recht Klippen, Dornen und Ungeheuer zuschreiben kann.

Sollte der Zögling von so sonderbarem Gemüt sein, daß er lieber ein Märchen als die Erzählung einer schönen Reise hören möchte oder sonst ein vergnügtes Gespräch, das nicht über seine Begriffe ginge; oder sollte er beim Schall der Trommel, die seine jungen Spießgesellen mit Mut anfüllt, auf den Ton einer anderen horchen, die zur Gaukelbude lockt; sollte er etwa nicht mehr Lust und Freude daran finden, bestaubt und als Sieger aus einem Gefechte, als vom Tanz oder Fechtboden mit den bei diesen Übungen gewöhnlichen Preisen zurückzukommen: nun, so weiß ich keinen besseren Rat, als man tu ihn in irgendeiner Stadt zu einem Pastetenbäcker, und wär's auch der Sohn eines Grafen und Herrn.

Weil es die Philosophie ist, die uns lehrt, wie wir leben sollen, und sie auch der Jugend ebensowohl Lehren erteilt als dem Alter, warum macht man sie nicht mit ihr bekannt?

Man lehrt uns die Kunst zu leben, wenn unser Leben dahin ist. Hundert Schüler haben sich Krankheiten der Unzucht zugezogen, bevor sie in ihrem Aristoteles bis an das Kapitel der Mäßigung gekommen waren. Cicero sagt, wenn er auch das Alter zweier Menschen leben sollte, würde er sich doch nicht die Zeit nehmen, die lyrischen Dichter zu studieren. Und ich halte die philosophischen Klopffechter auf eine weit kläglichere Weise für unnütz. Mit unserem Kinde hat es größere Eile: Nur die ersten fünfzehn oder sechzehn Jahre des Lebens gehören der Schulerziehung, das übrige bleibt fürs Handeln. Eine so kurze Zeit müssen wir auf den *notwendigen* Unterricht verwenden. Man schaffe den Mißbrauch aus dem Wege! Man entferne die verworrenen Spitzfindigkeiten der Disputierkunst, die unser Leben nicht bessern können, und halte sich an die einfachen Sätze der Philosophie; nur verstehe man, sie richtig zu wählen und vorzutragen; sie sind leichter zu fassen als eine Erzählung des Boccaccio. Ein Kind, das eben der Amme entnommen wird, kann sie begreifen, weit leichter als Lesenlernen oder Schreiben. Die Philosophie hat Lehren für die Kindheit des Menschen wie für sein hinfälliges Alter. Ich bin der Meinung Plutarchs, daß Aristoteles seinen großen Zögling nicht allein dabei aufhielt, ihn künstliche Syllogismen drechseln zu lassen oder geometrische Aufgaben zu berechnen, daß er ihm vielmehr sichere Anleitung zur Herzhaftigkeit, Tapferkeit, Größe der Seele, Mäßigung und Unerschrockenheit gab. Mit diesen Eigenschaften ausgerüstet, schickte er ihn noch als Kind hin, die Welt zu erobern, mit nicht mehr als dreißigtausend Mann zu Fuß und viertausend zu Roß, mit bloß zweiundvierzigtausend Talern im Kriegsschatz. Die übrigen Künste und Wissenschaften, sagte er, ehrte Alexander zwar und rühmte ihre Vortrefflichkeit und Vorzüge, allein, so viel Vergnügen er daran fand, so war es doch nicht leicht, ihm die Lust beizubringen, sich mit ihrer Ausübung selbst zu befassen.

Das ist es, was Epikur im Anfange seines Briefes an Menicäus sagt: laß den Jüngling sich nicht weigern zu philosophieren, noch den Ältesten, darob zu ermüden. Wer das Gegenteil tut, scheint dadurch zu sagen, seine Zeit glücklich zu leben sei noch nicht gekommen oder sie sei für ihn dahin. Gleichwohl will ich mit diesem allem nicht sagen, daß man den Jüngling einkerkern solle. Ich verlange nicht, daß man ihm dem Zorn und der düsteren Laune seines Schulmeisters überlasse; meine Meinung ist nicht, seinen Geist ins Joch oder auf die Folter zu spannen oder ihn, nach der Weise einiger, seine vierzehn bis fünfzehn Stunden des Tages wie einen Lastträger unter den Büchern schwitzen zu lassen. Ich würde es nicht einmal billigen, wenn er aus düsterem, melancholischem Temperamente unmäßigerweise über den Büchern läge und man ihn darin bestärken wollte. Dergleichen macht junge Leute ungeschickt zum artigen Umgang und hält sie ab von besseren Beschäftigungen. Wie manchen Menschen hab' ich in meinem Leben wegen zu großer Gier nach Wissenschaft verdummen sehen! Auch möchte ich unserem Jüngling nicht gern die großmütigen Sitten durch die Rauheit und Grobheit anderer verderben. Ehemals war die französische Lebensart zum Sprichwort geworden als eine Lebensart, die sich früh bei jungen Leuten äußerte, aber nicht lange aushielt. In der Tat sehen wir noch, daß nichts so artig sei wie die kleinen Kinder in Frankreich; gewöhnlich aber täuschen solche die Hoffnung, die man sich von ihnen machte, und zeigen als erwachsene Menschen gar keine Vortrefflichkeit. Von gar verständigen Leuten hab' ich sagen hören, daß die Erziehungsanstalten, wohin man sie zu senden pflegt, und deren es in Frankreich so viele gibt, sie so verdummen sollen. In der unsrigen müssen ihm immer Garten, Tisch, Bett, Einsamkeit, Gesellschaft, Vormittag, Nachmittag, alle Stunden einerlei sein. Jeder Ort gut zum Studieren; denn die Philosophie, die als eine Bildnerin des Verstandes und der Sitten sein hauptsächlichstes Studium ist, hat das Privilegium, allenthalben gegenwärtig zu sein.

Also wird er auch gewiß weniger Feierstunden machen als ein anderer. Aber gleich wie die Schritte, die wir in einer Galerie spazierend tun, uns nicht so ermüden, täten wir ihrer auch dreimal so viel als auf einem vorgeschriebenen Wege: Ebenso werden unsere Lektionen, die wir bei allem unserem Tun so gleichsam wie zufälligerweise mitnehmen, ohne an Zeit und Ort gebunden zu sein, hingehen, ohne uns im geringsten zu ermüden. Selbst unsere Spielstunden und unsere Leibesübungen, Laufen, Ringen, Musik, Tanzen, Reiten, Fechten und die Jagd, werden einen guten Teil unseres Studierens ausmachen. Ich will, daß ein äußerer Anstand des Körpers, ein gefälliges Wesen der Person im Umgang zu gleicher Zeit gebildet werde wie die Seele. *Es ist nicht eine Seele, nicht ein Körper, den wir erziehen; es ist ein Mensch.* Aus dem müssen wir keine zwei machen. Wie Plato sagt: Man muß den einen nicht abrichten ohne den anderen, sondern sie beide gleich führen und leiten, wie ein Paar an eine Deichsel gespannter Pferde. Und scheint es nach seiner Meinung nicht mehr Zeit und Mühe zu erfordern, den Körper auszubilden als den Geist, und nicht umgekehrt? Übrigens muß bei unserer Erziehungsmethode mit strenger Sanftmut verfahren werden und nicht, wie es wohl bisher gewöhnlich war. Anstatt den Kindern Lust zum Lernen einzuflößen, machte man ihnen davor Furcht und Grauen. Weg mit Zwang und Gewalt! Nichts erniedrigt und verdummt nach meiner Meinung so arg eine sonst gut geartete Natur. Verlangt ihr, daß ein Zögling Schimpf und Strafe fürchtet, so verhärtet solchen nicht dagegen. Härtet ihn ab gegen Schweiß, Kälte, Wind, Sonne und Zufälligkeiten, die er nicht achten lernen muß. Entwöhnt ihn aller Weichlichkeit und Verzärtelung in Kleidung, Essen, Trinken und Schlafen. Gewöhnt ihn an alles. Macht aus ihm kein schönes Söhnchen und Jungferngesichtchen, sondern einen derben, kräftigen Jüngling. Als Kind, Mann und Greis habe ich immer gleich geglaubt und geurteilt. Unter anderen aber hat mir die innere Einrichtung der meisten Erziehungsanstalten beständig mißfallen. Man hätte gewiß nicht weniger Unheil gestiftet, wenn man mehr der Nachsicht Raum gegeben hätte. Es sind wahre Kerker der gefangenen Jugend. Man macht sie faul und liederlich, indem man sie als faul und liederlich bestraft, bevor sie es noch sind. Man komme nur in die Klassen beim Verhör der Lektionen! Da hört man nichts als Schreien der Kinder unter Schlägen und sieht nichts als zorntrunkene Präzeptoren. Eine vortreffliche Art, den zarten und furchtsamen Seelen der Kinder Lust zum Lernen zu machen, sie mit fürchterlicher Kupfernase dazu anzuleiten, die Hände bewaffnet mit der gottlosen Rute von abscheulicher Gestalt! Viel anständiger wäre es, wenn die Klassen mit Blumen und Blättern bestreut wären als mit Fasern von blutigen Birken. Ich würde die Munterkeit, die Freude, Flora und Grazien zu den Lehrstunden einladen. Wo ihr Gewinn liegt, da laß auch ihr Geschäft walten. Dem Kinde muß man gesunde Speisen verzukkern, solche aber, die ihm schädlich sind, vergällen. Es ist fast unglaublich, wie Plato in den Gesetzen für seine neue Republik so äußerst sorgfältig auf die Fröhlichkeit und den Zeitvertreib der Jugend bedacht ist und wie lange er sich bei ihren Wettläufen, Spielen, Gesängen, Springen und Tänzen aufhält. Er breitet sich aus über tausenderlei Vorschriften für die gymnastischen Spiele. Über die gelehrten Wissenschaften sagt er nur sehr wenig und scheint besonders die Dichtkunst nur bloß der Musik wegen zu empfehlen. Alles Affektierte und Sonderbare in unseren Sitten und Ständen ist zu vermeiden, weil es der bürgerlichen Gesellschaft nachteilig ist. Ich habe Leute gekannt, die vor dem Geruch von Äpfeln schneller flohen als vor Flintenschüssen; andere, die vor einer Maus erschraken; noch andere, die sich übergaben, wenn sie Milch abrahmen, andere, wenn sie ein Federbett wärmen sahen. Dergleichen Abscheu mag vielleicht in verborgenen Eigenschaften gegründet sein: Man würde ihn aber tilgen, bin ich überzeugt, wenn man früh genug dazu täte. Über mich hat die Erziehung so viel vermocht, freilich nicht ohne alle Mühe, daß ich, Bier ausgenommen, alles übrige, was eß- und trinkbar ist, ohne Ekel essen und trinken kann. Noch ist der Körper biegsam, deswegen muß man ihn in alle Falten und Gewohnheiten bringen, und wenn man nur den Willen und die Begierden im Zaume halten kann, so darf man den jungen Menschen dreist für alle Nationen und für alle Gesellschaften zustutzen, selbst, falls es nötig sein sollte, zur Unregelmäßigkeit und Ausschweifung. Er füge sich den Sitten und der Gewohnheit. Er muß alles mitmachen können, nie aber gern etwas mitmachen, was nicht gut und heilsam ist. Ich verlange sogar, daß er selbst in einer Schwelgerei seinen Gesellen in Festigkeit und Ausdauer überlegen sein soll, und daß er nicht aus Mangel an Kraft oder Mangel an Wissen tolle Streiche vermeide, sondern aus bloßem Mangel an Willen. Ich meinte wirklich einen Herrn vom Stande, der so wenig wie nur irgendein Mensch in ganz Frankreich zur Unmäßigkeit geneigt war, dadurch zu ehren, daß ich ihn in guter Gesellschaft fragte, wie oft er sich wohl in Deutschland, aus Notwendigkeit wegen der Geschäfte des Königs, betrunken hätte? Er nahm es auch im rechten Sinn auf und antwortete, es sei dreimal geschehen, und erzählte dabei die Umstände. Ich kenne Personen, die aus Mangel dieser Fähigkeit sich, weil sie mit dieser Nation zu verhandeln hatten, in schlimmer Verlegenheit befunden haben. Oft habe ich mit großer Bewunderung die vortreffliche Natur des Alcibiades bemerkt, der sich so geschmeidig in ganz verschiedene Lagen fügen konnte, ohne daß seine Gesundheit dabei litt; indem er zuweilen die persische Pracht und Üppigkeit übertraf und zuweilen die Mäßigkeit und Strenge der Lacedämonier, ebenso nüchtern in Sparta war wie schlemmend in Ionien.

So sind meine Lehren beschaffen. Der hat sie besser studiert, der sie ausübt, als der sie auswendig gelernt hat. Wenn man ihn sieht, so hört man ihn: Wenn man ihn hört, so sieht man ihn. Man machte dem Diogenes den Vorwurf, daß er als ein Ungelehrter sich mit der Philosophie abgäbe. Eben darum, sagte er, bin ich dazu fähiger. Hegesias bat ihn, er möchte ihm aus einem Buche vorlesen. Du bist doch sonderbar, sagte er zu ihm, du wählst wahre, natürliche und nicht gemalte Feigen: Warum wählst du nicht zu deiner Geistesnahrung wahre, natürliche und nicht geschriebene Sachen? Mein Schüler soll seine Lektion nicht nur aufsagen, sondern auch ausüben. Er wird solche durch Handlungen in sein Gedächtnis prägen. Man wird sehen, ob er bei seinen Unternehmungen Klugheit braucht; ob bei seinem Betragen Güte und Gerechtigkeit vorwaltet; ob in seinen Reden Verstand und Anmut herrscht; ob Standhaftigkeit in seinen Krankheiten; ob Bescheidenheit in seinen Spielen; ob Mäßigkeit in seiner Wollust; Ordnung in seiner Haushaltung; ob Gleichgültigkeit in seinem Geschmack an Fleisch oder Fischen, an Wein oder Wasser. Der wahre Spiegel unserer Vernunft ist der Lauf unseres Lebens. Zeuxidamus antwortete jemand, der ihn fragte, warum die Lacedämonier die Verordnungen über die Kriegszucht nicht schriftlich abfaßten und ihrer Jugend zu lesen gäben, das geschehe deswegen nicht, weil sie solche an Taten und nicht an Worte gewöhnen wollten. Hiermit vergleiche man nach fünfzehn oder sechzehn Jahren einen von diesen Latinisten aus den Schulklassen, der ebensoviel Zeit dazu verwendet hat, bloß sprechen zu lernen. Die Welt treibt nichts als Schwatzen, und ich habe noch keinen Menschen gesehen, der nicht eher mehr denn weniger gesprochen hätte als nötig war. Gleichwohl geht unsere halbe Lebenszeit damit hin. Man hält uns fünf bis sechs Jahre dabei auf, Worte verstehen zu lernen und solche aneinander zu reihen; noch ebenso lange, einen großen Haufen derselben, der in vier oder fünf Teile ausgedehnt wird, in ein richtiges Verhältnis zu stellen. Nun noch andere fünf, aufs wenigste, um die Kunst zu wissen, sie behende und geschickt durcheinander zu mischen und zu verweben. Das können wir aber denen überlassen, die davon ausdrücklich Profession machen. Eines Tages, als ich nach Orleans reiste, traf ich in der Ebene diesseits Clery fünfzig Schritte entfernt hintereinander zwei Schullehrer an, die nach Bordeaux gingen; weiter hinter ihnen sah ich einen Haufen Reiter mit einem Offizier an der Spitze, welches der Comte de Rochefoucault war. Einer meiner Leute erkundigte sich bei dem ersten Schulmann, wer dieser Kavalier sei. Dieser, der den Trupp nicht gesehen hatte, der hinter ihm war, und meinte, man spräche von seinem Kollegen, antwortete gar drollig: Es ist kein Kavalier; er ist ein Grammatikus, und ich bin ein Logikus. Wir nun aber, die wir nicht darauf aus sind, einen Grammatikus oder einen Logikus zu bilden, sondern einen wackeren Edelmann, wir wollen sie ihre Muße mißbrauchen lassen, wie sie wollen; wir haben wohl sonst was zu tun! Wenn unser Zögling nur einen guten Vorrat von Sachen hat, die Worte werden von selbst kommen, und wollen sie nicht kommen, so wird er sie schon herbeiholen. Ich höre einige sich damit entschuldigen, daß sie sich nicht gehörig ausdrücken können, wobei sie merken lassen wollen, als hätten sie den Kopf voll schöner Sachen, die sie aber aus Mangel an Beredsamkeit nicht von sich geben könnten. Das sind Luststreiche! Soll ich sagen, was ich davon halte? Es sind Wolkenbilder, die sie sich von dunkeln Begriffen in den Kopf setzen, die sie nicht in ihrer Seele auseinandersetzen, sich nicht deutlich machen und folglich anderen nicht mitteilen können. Sie verstehen sich selbst noch nicht. Man sehe sie nur ein wenig darüber stottern, wenn sie solche zur Welt bringen wollen, so wird man leicht urteilen, daß es nicht Schmerzen der Geburt sind, sondern der Schwangerschaft, und daß sie höchstens an ein Mondkalb heranreichen.

Meinerseits halt' ich dafür, und Sokrates behauptet, daß jedermann, der in seinem Geiste eine lebhafte, deutliche Idee hat, solche darstellen wird, sei's durch Provinzialismen, sei's auch nur durch Gebärden, wenn er stumm ist.

Er weiß so wenig von Ablativ, Konjunktiv, Substantiv oder Grammatik wie sein Schuhputzer oder die Heringshökerin an der Ecke eines Gäßchens, und doch werden uns diese genug vorschwatzen, wenn uns danach gelüstet, und werden sich vielleicht dabei ebensowenig von den Regeln ihrer Muttersprache entfernen wie der beste Schulmagister im Lande. Er weiß nichts von der Redekunst, nicht, wie man eingangsweise das Wohlwollen des günstigen Lesers erschleichen müsse, und weiß auch nicht, wozu es nötig wäre. Im Ernste, diese ganze schöne Malerei verbleicht gar schnell vor dem Glanze einer ungeschmückten Wahrheit. Dergleichen Kußhandkünste dienen zu nichts weiter, als dem großen Haufen Honig ums Maul zu schmieren, der noch nicht imstande ist, kräftigere und derbere Speisen zu verdauen. Die Abgeordneten von Samos waren zum König Cleomenes von Sparta gekommen, vorbereitet auf eine schöne lange Rede, die ihn zum Kriege gegen den Tyrannen Polykrates aufreizen sollte. Nachdem Cleomenes solche der Länge nach angehört hatte, gab er ihnen zur Antwort: Des Anfangs und Eingangs eurer Rede erinnere ich mich nicht mehr; folglich auch nicht des Hauptteils derselben; was aber euren Beschluß anlangt, so kann ich mich darauf nicht einlassen. – Das war, deucht mich, eine schöne Antwort und machte die Nasen der Redner um viele Zoll länger. Und wie ging's jenen anderen? Die Athenienser hatten einen großen Bau auszuführen und versammelten sich, unter zwei Baumeistern einen zu wählen. Der erste davon, voller Anmaßungen, trat mit einer wohlstudierten Rede auf über den Gegenstand dieser Unternehmung und riß das Urteil des Volkes für sich dahin. Der andere aber hatte nur drei Worte: Ihr Herren von Athen, sagte er, was mein Mitwerber da gesagt hat, das will ich leisten.

Als Cicero einst eine wohlausgearbeitete Rede hielt, traten viele mit Bewunderung auf seine Seite. Cato aber tat dabei nichts als lachen und sagte: Wir haben da einen redseligen Konsul. – Vor oder nachher gesagt, ein nützlicher Spruch, ein schöner Zug stehen immer am rechten Orte. Schicken sie sich nicht auf das Vorgehende oder Nachfolgende, so sind sie doch schön an und für sich selbst. Ich bin keiner von denen, die dafür halten, der hübsche Reim mache das gute Gedicht. Mag unser junger Mann eine lange Silbe kurz brauchen, was hängt daran? Wenn seine Erfindung sinnreich ist, wenn Witz und Verstand dabei ihre Pflicht getan haben, so werde ich sagen: Es ist ein guter Dichter, obgleich ein schlechter Versemacher.

Man nehme, sagt Horaz, seinem Gedichte Silbenmaß und Klangfuß, dadurch wird es nicht aufhören, Poesie zu sein; selbst die einzelnen Brocken davon werden schön bleiben. Das ist es, was Menander dem antwortete, der ihn ausforschen wollte, als der Tag nahte, zu dem er ein Schauspiel versprochen, an das er aber noch keine Hand gelegt hatte: Das Schauspiel ist fertig und bereit; ich muß nur erst noch die Verse dazu machen. Nachdem er Materie und Plan in seinen Gedanken geordnet hatte, hielt er das übrige für sehr leicht. Seitdem Ronsard und Bellay unsere französische Dichtkunst in Aufnahme gebracht haben, wüßte ich nicht den geringsten Lehrling, der nicht Worte aufbliese und, ungefähr wie jene, einen Vers auf seine Füße stellte. Aber es ist Theaterdonner. Für den großen Haufen haben wir niemals so viele Dichter gehabt. So leicht es ihnen aber geworden ist, ihre Reime nachzuklingeln, so weit sind sie zurück, wenn sie die unerschöpfliche Darstellungskunst des einen und die so große Feinheit der Erfindungen des anderen nachahmen wollen.

Recht gut! Aber was wird unser Jüngling tun, wenn man ihm mit der Spitzfindigkeit sophistischer Syllogismen auf den Leib rückt? Wie z. B. Schinken essen reizt zum Trinken; trinken löscht den Durst: Ergo löscht Schinkenessen den Durst! Laß ihn darüber lachen; drüber lachen ist viel gescheiter als drauf antworten. Laß ihn vom Aristippus die spaßhafte Gegenlist borgen: Warum sollte ich *euer* Rätsel auflösen, da es mir gebunden schon so viel zu schaffen macht? – Chrysippus sagte zu jemand, der den Cleanthes mit logischen Spitzfindigkeiten zerren wollte: Necke die Kinder mit deinen Foppereien, aber komm damit den ernsthaften Gedanken eines verständigen Mannes nicht in die Quere!

Wenn solche gelehrten Schwänke ihm Unwahrheit zur Wahrheit machen sollten, so wären sie freilich gefährlich. Wenn sie aber ohne Wirkung abglitschen und ihm bloß zu lachen geben, so seh' ich nicht, warum er dagegen so ängstlich auf seiner Hut zu sein braucht. Es gibt so dumme Hänse, die zu halben Meilen von ihrem geraden Wege abschweifen können, um einen witzigen Einfall zu haschen. Ich mag lieber einem anderen einen brav gesagten Gedanken abdrehen und solchen den meinigen einflikken, als den Faden meiner eigenen auftrieseln, um ihn einzudrillen. Umgekehrt sag' ich, die Worte müssen nachtreten und das Buch tragen, und, wenn der Franzose nicht dahin reichen kann, der Gaskonier kann alles. Ich fordere, daß ein Hörer oder Leser von den Sachen überwältigt und seine Imagination davon solchermaßen angefüllt werde, daß er sich der Worte darüber gar nicht bewußt sei. Die Sprache, die ich vorzüglich lieb habe, ist eine Sprache ohne künstliche Ziererei, aber von natürlichem Ausdruck, ganz gleich ob geschrieben oder gesprochen, eine kräftige, nachdrückliche Sprache, kurz und gedrungen, nicht so sehr zart, geschmückt und gekrümmt, als andringlich und herzhaft, lieber schwer als langweilig, ohne Affektation, ohne Rute, den Zügel der Regel leicht tragend und kühn. Jeder Wurf muß darin seine Stelle füllen; sie muß nicht pedantisch sein, nicht mönchisch, nicht zungendrescherisch, sondern vielmehr soldatisch. Ich habe mit Fleiß diese Ungebundenheit nachgeahmt, die man an unserer Jugend, in ihrer Art die Kleidung zu tragen, wahrnimmt. Man trägt seinen Mantel quer über Brust und Rücken, läßt die Kappe herunterhängen bis auf die Schultern und die Strümpfe am Beine schlottern und zeigt dann in dieser sonderbaren Zier und künstlichen Nachlässigkeit so ein gewisses stolzes Freiheitsgefühl. Ich finde diese Ungebundenheit aber noch besser angebracht in der Form der Sprache.

Eine Affektation, besonders bei der französischen Lebhaftigkeit und Freiheit, kann einem Hofmann wohl anstehen; und in einer Monarchie muß jeder von Adel auf den Hofton gestimmt sein. Deshalb tun wir wohl, ein wenig auf der Seite des Ungezwungenen und des Kopfwerfens zu hinken. Ich habe ein Gewebe nicht gern, worin die Weberknoten und Nähte sichtbar sind; so wenig wie man an einem schönen Körper die Knochen und Adern muß zählen können.

Die Beredsamkeit, die uns auf sich selbst zieht, tut den Sachen Gewalt und Unrecht. So wie es bei unseren Kleidungen kindisch ist, sich durch irgend etwas Besonderes und Auffallendes auszuzeichnen, so ist es auch mit der Sprache; das Haschen nach neuen Wendungen und wenig bekannten Worten bezeichnet einen schülerhaften kindischen Ehrgeiz. Möchte mir doch nie ein ander Wort oder andere Redensarten entfahren, als die man in der Residenz auf dem Fischmarkte versteht! Das Nachahmen der Sprache ist so leicht, daß es sich ohne Anstand unter einem ganzen Volke verbreitet. Mit dem Nachahmen im Urteilen, im Erfinden geht es nicht so geschwind. Die meisten Leser irren gewaltig, wenn sie meinen, sie hätten einerlei Körper, weil sie Kleider von einerlei Schnitt tragen. Mark und Sehnen borgt man nicht, wie man wohl Mantel und Kleid borgt. Die meisten Personen, mit denen ich umgehe, sprechen wie mein Buch. Ob sie aber ebenso denken wie ich, das weiß ich nicht.

Womit ich aber nicht sage, es sei nicht eine recht hübsche Sache mit der Reinheit und Richtigkeit der Sprache! Nur ist es nicht so wichtig, wie man's macht, und ich ärgere mich nur darüber, daß wir unser ganzes Leben darauf verwenden sollen.

Ich würde erstlich meine Muttersprache und die Sprache meiner Nachbarn, mit denen ich gewöhnlich den meisten Verkehr habe, gut kennen wollen. Es ist allerdings ein fein und lieblich Ding um das Griechische und das Latein, nur kauft man es gar zu teuer. Ich will hier eine Art und Weise sagen, wie man es wohlfeileren Kaufs als gewöhnlich haben kann. Man hat solche mit mir selbst eingeschlagen. Wer will, mag sich derselben bedienen. Nachdem sich mein Vater seliger auf alle menschenmögliche Weise bei gelehrten und sachkundigen Männern nach einer vorzüglichen Erziehungsart erkundigte, wurde er von dem Nachteil belehrt, der sich bei der gewöhnlichen Weise befindet, und es wurde ihm gesagt, daß diese Länge der Zeit, die wir darauf verwenden, die Sprachen der Griechen und Römer zu lernen, die sie nichts kostete, die einzige Ursache sei, warum wir uns nicht bis zur Größe der Seele und der Höhe der Wissenschaften erheben könnten, die man bei diesen alten Völkern wahrnähme. Ich glaube gleichwohl nicht, daß das die einzige Ursache sei. Indessen war das Mittel, das mein Vater ergriff, folgendes: Noch als ich an der Brust lag und noch bevor sich meine Zunge gelöst hatte, übergab er mich einem Deutschen, der nachmals als ein berühmter Arzt in Frankreich starb. Dieser verstand gar kein Französisch, aber um so besser das Lateinische. Er hatte ihn ausdrücklich verpflichtet und sehr gute Bedingungen gemacht, und dieser hatte mich beständig auf den Armen. Neben sich hatte er noch zwei andere von minderer Wissenschaft, die beständig um mich sein mußten, um es dem ersten zu erleichtern. Diese nun sprachen kein anderes Wort mit mir als Latein. Für die übrigen Personen des Hauses war es eine unverbrüchliche Regel, daß weder mein Vater noch meine Mutter, weder männliche noch weibliche Bediente in meiner Gegenwart ein Wort sprechen durften als die paar lateinischen Brocken, die jeder gelernt hatte, um mit mir zu pappeln. Groß bis zum Bewundern waren die Fortschritte, die ein jeder darin machte. Mein Vater und meine Mutter lernten darüber Latein genug, um es zu verstehen, und selbst genug, um sich im Notfall darin auszudrücken, ebenso wie diejenigen von den Bedienten, die am meisten mit mir zu tun hatten. Kurz, wir latinisierten uns dermaßen, daß noch für die Dörfer um uns her etwas abkrümelte, woselbst man noch Überbleibsel findet, und wo es zur Gewohnheit geworden ist, verschiedene Handwerker und ihr Gerät mit lateinischen Namen zu nennen. Mich selbst anlangend, so wußte ich in meinem siebenten Jahr ebensowenig von der französischen oder perigordischen Sprache als von der arabischen; und ohne Kunst, ohne Buch, ohne Grammatik oder Vokabelbuch, ohne Rute und ohne Tränen hatte ich ein so echtes, reines Latein gelernt, wie mein Lehrer es wußte; denn wodurch hätte ich es vermischen oder verderben sollen? Wenn man mir zur Übung, wie es in Schulen gebräuchlich ist, ein Thema aufgeben wollte, so gab man es mir, wie sonst den anderen auf französisch, in schlechtem Latein, um es in gutes zu bringen. Große Gelehrte wie Buchanan und meine Hauslehrer haben mir oft erzählt, daß ich in meiner Kindheit diese Sprache solchergestalt am Schnürchen gewußt habe, daß sie sich fürchteten, mir zu nahe zu kommen. Buchanan, den ich nachher wieder im Gefolge des verstorbenen Marschalls de Brissac gefunden habe, sagte mir, er arbeite an einem Plan der Erziehung der Kinder und nehme die meinige zum Muster; denn ihm war damals die Erziehung dieses Grafen de Brissac aufgetragen, der sich hernach so brav und so tapfer bewiesen hat.

Betreffend das Griechische, das ich nun fast ganz wieder ausgeschwitzt habe, so machte mein Vater den Plan, solches mich durch einen Sprachmeister lehren zu lassen, jedoch nach einer neuen Methode, spielend und im Spazierengehen. Wir warfen uns die Deklinationen zu, so wie diejenigen zu tun pflegen, die vermittelst des Dambrettspiels die Arithmetik und die Geometrie lernen. Denn unter anderem war meinem Vater auch geraten worden, meinen Willen ohne Zwang so zu leiten, daß ich aus eigenem Antrieb die Wissenschaften und meine Pflichten liebte, und meine Seele mit Liebe und Sanftmut zu bilden, ohne Strenge und Härte. Das ging bis zu der, möcht' ich sagen, Schwärmerei, daß, weil einige Menschen der Meinung sind, es schade dem zarten Gehirne der Kinder, wenn man sie des Morgens plötzlich und mit Gewalt aus dem Schlafe wecke, indem sie tiefer und fester schlafen als erwachsene Personen, er mich immer durch Musik aufwecken ließ und also beständig jemand im Dienste hatte, der ein Instrument spielen konnte.

Dieser Zug mag hinreichend sein, um vom übrigen zu urteilen und auch die Fürsorge und zärtliche Liebe eines so guten Vaters zu preisen, dem man die Schuld nicht beimessen kann, wenn er keine Früchte eingeerntet hat, die einer so sorgfältigen Kultur entsprächen. Das lag an zwei Ursachen: Die erste war die Unfruchtbarkeit und Ungeschlachtheit des Ackers; denn obgleich ich von guter und fester Gesundheit war und dabei zugleich von mildem und biegsamem Naturell, so war ich doch mitunter so träge, weichlich und schläfrig, daß man mich dem Müßiggang nicht zu entreißen vermochte, nicht einmal, um zu spielen. Das, was ich sah, sah ich richtig; und unter dieser schwerfälligen Komplexion unterhielt ich kühne Ideen und solche Meinungen, die über mein Alter gingen. Mein Witz war nicht behende und ging nicht weiter, als man ihn leitete; von Begriff war ich langsam, meine Erfindungskraft war schlaff, und dabei war noch mein Gedächtnis unglaublich schwach. Zweitens: So wie diejenigen, die ein heftiger Wunsch treibt, von irgendeinem Übel zu genesen, endlich jeden Rat ohne Unterschied befolgen, so ließ sich endlich mein guter Vater bei seiner gewaltigen Furcht, ich möchte ihm mit einer Sache fehlschlagen, die ihm so sehr am Herzen lag, vom allgemeinen Wahne hinreißen, der immer demjenigen nachschlendert, der vorangeht (wie die Kraniche), und fügte sich in die gewöhnliche Weise; denn er hatte die Männer nicht mehr um sich, die ihm den ersten Erziehungsplan an die Hand gegeben hatten, den er aus Italien mitgebracht hatte, und sandte mich, da ich ungefähr sechs Jahre alt war, in die Guyenner öffentliche Schule, die damals sehr blühend und die beste in Frankreich war. Hier wendete er alle mögliche Sorgfalt an, sowohl um mir die gelehrtesten Privatlehrer auszuwählen als die übrigen Umstände meines Unterhalts einzurichten, worin er sich verschiedene besondere Punkte vorbehielt, die in der Schulanstalt nicht gewöhnlich waren. Unterdessen war's und blieb's eine öffentliche Schule. Mein Latein wurde von Stund an verdorben, und nachher hab' ich all meine Fertigkeit darin aus Mangel an Übung verloren. Und meine bisherige ungewöhnliche Erziehung diente weiter zu nichts, als mich gleich bei meiner Ankunft den Sprung in die ersten Klassen tun zu lassen. Denn mit dreizehn Jahren, da ich die Schule verließ, hatte ich meinen Kursum (wie sie es nennen) vollendet; und zwar ohne irgendeinen Nutzen, den ich gegenwärtig in Rechnung zu bringen wüßte.

Die erste Neigung, die ich zum Lesen bekam, entsprang aus dem Vergnügen an den Fabeln der Ovidischen Verwandlungen. Denn in meinem siebenten oder achten Jahre entzog ich mich jedem anderen Vergnügen, um solche zu lesen; um so mehr, da die Sprache gleichsam meine Muttersprache war und das Buch das leichteste für mich, das ich kannte, und zugleich, wegen seines Inhalts, für mein Alter das angemessenste. Denn die Lanzelots vom See, die Amadis, die Hüons von Bordeaux und dergleichen alte Tröster von Romanen, woran sich die lesehungrige Jugend ergötzte, kannte ich nicht einmal dem Titel nach, wie ich solche noch bis auf diese Stunde dem Inhalte nach nicht kenne; so genau war die Einteilung meiner Zeit. Ich wurde dadurch nachlässiger, meine anderen mir vorgeschriebenen Lektionen zu treiben. Hierbei kam es mir außerordentlich zustatten, daß ich es mit einem verständigen Manne von Präzeptor zu tun hatte, der bei dieser und ähnlichen Ausschweifungen auf eine sehr feine Art ein Auge zuzudrücken wußte. Denn dadurch las ich die Aeneide des Vergil in einem Zuge ganz durch und dann den Lucrez, hierauf den Plautus und italienische Komödien, die mich alle durch den Reiz der Fabel anlockten. Wäre er töricht genug gewesen, mich in diesem Gang zu stören, so hätte ich, wie ich glaube, aus dem Collegio nichts mitgebracht als die Bücherscheu, wie es fast mit unserem ganzen Adel der Fall ist. Er betrug sich dabei sehr geschickt und tat, als ob er davon nichts merkte; er verschärfte meinen Hunger, indem er mich diese Bücher nur verstohlenerweise verschlingen ließ und mich sanft zu meiner Schuldigkeit für die übrigen regelmäßigen Studien anhielt. Denn das vornehmste, was mein Vater bei denjenigen suchte, denen er mich anvertraute, war Gutmütigkeit und ein sanfter Charakter; auch hatte mein eigener keine anderen Fehler als Langsamkeit und Trägheit. Es war nicht zu erfahren, daß ich etwas Böses täte, sondern daß ich nichts täte. Niemand prophezeite, daß ich ein schlechter Mensch werden würde, aber wohl ein unnützer Mann. Man sah voraus, ich würde ein Faulenzer werden, aber kein böser Mensch. Ich fühle wohl, daß es so eingetroffen sei. Die Klagen, die mir in den Ohren gellen, laufen darauf hinaus: Er tut nichts; er ist kalt in den Pflichten der Freundschaft, der Verwandtschaft und des bürgerlichen Lebens; ist zu eigenwillig, zu wegwerfend. Die Beleidigendsten selbst sagen nicht: Warum hat er gekauft, warum hat er nicht bezahlt? sondern: Warum quittiert er nicht, warum gibt er nicht? – Ich würde es für eine große Güte aufnehmen, wenn man keine anderen Wirkungen von meinen verdienstlichen Werken verlangte. Aber sie sind ungerecht, daß sie, was ich nicht schuldig bin, viel strenger fordern, als sie von sich selbst fordern, wofür sie Schuldner sind. Indem sie mich dazu verdammen, tilgen sie den Wert der Handlung und den Dank, der mir dafür gebührte, da erzeigte Wohltaten von meiner lässigen Hand um so wichtiger sein sollten, in Rücksicht dessen, daß die Reihe des Nehmens noch niemals an mir gewesen ist. Ich kann um so freier über das Meinige schalten, weil es mehr mein ist, und über mich selbst, weil ich mehr der Meinige bin. Wäre ich indessen der Mann, der sein Tun hübsch herausstreichen möchte, so könnte ich vielleicht diese Vorwürfe zurückgeben und einigen der guten Leute begreiflich machen, daß sie eigentlich nicht darüber böse sind, daß ich nicht genug tue, sondern darüber, daß ich mehr tun könnte, als ich wirklich tue.

Meine Seele war nichtsdestoweniger dabei für sich, in der Stille, ganz geschäftig und urteilte sicher und frei über die Dinge, die sie kannte, und dachte für sich selbst nach, ohne sich gängeln zu lassen. Und unter anderem glaub' ich wirklich, daß sie ganz und gar unfähig gewesen sein würde, der Gewalt und dem Zwange nachzugeben. Darf ich aus meiner Kindheit dies noch anführen, daß es mir leicht war, ohne Blödigkeit aufzutreten, und daß ich Biegsamkeit genug in Stimme und Gebärden besaß, um die Rollen gut auszuführen, die ich übernahm?

Ich habe die Hauptrollen aus Buchanans, aus Guerents und Murets lateinischen Tragödien gespielt, die in unserem Collegio zu Guyenne mit Würde vorgestellt wurden. In diesem Punkte war Andreas Goveanus, wie in allen übrigen seines Amtes, ohne allen Vergleich der größte Schuldirektor in Frankreich; und mich hielt man darin für einen Meister oder wenigstens für einen Altgesellen. Es ist eine Übung, auf welche ich für vornehmer Leute Kinder nichts zu sagen habe; und ich habe seitdem unsere Prinzen sich selbst damit abgeben sehen; nach edlem, ehrlichem und löblichem Beispiel einiger unter den Alten, bei denen es Leuten von Stand und Ehre sogar erlaubt war, daraus ein Gewerbe zu machen. Denn ich habe immer die Leute für unbesonnen gehalten, die diese Ergötzlichkeit verdammen, und diejenigen für ungerecht, die solchen Schauspielern, die Verdienste haben, keine Erlaubnis erteilen wollen, in unseren guten Städten zu spielen, und den Einwohnern diese öffentlichen Lustbarkeiten nicht gönnen.

Gute Polizeianstalten sorgen dafür, die Bürger zu versammeln und zu vereinigen, sowohl zur feierlichen Übung der öffentlichen Andacht als auch zur Übung fröhlicher Spiele; dadurch wird Geselligkeit und Freundschaft gefördert, und überdem könnte man dem Volke keinen besser geordneten Zeitvertreib gestatten als einen solchen, der in aller Gegenwart und selbst unter den Augen obrigkeitlicher Personen stattfindet. Ich würde es nicht mehr als billig finden, wenn der Landesherr zuweilen, zum Zeichen seiner väterlichen Huld und Gewohnheit, auf seine Kosten den Untertanen damit ein Vergnügen machte, und wenn man in volkreichen Städten besondere Anstalten und Gebäude für solche Schauspiele errichtete; dadurch würden schlimmere Gelage und heimliche Lustarten sich vermindern. Aber wieder auf meine Materie zu kommen: Man muß hauptsächlich darauf hinarbeiten, Lust und Liebe zum Studieren zu erregen; sonst erzielt man weiter nichts als mit Büchern bepackte Esel. Man gibt ihnen mit Karbatschenhieben den ganzen Schulbeutel voll Wissenschaft zum Aufheben und Bewahren, die man, um es recht zu machen, nicht bloß bei sich zur Herberge nehmen, sondern als trautes Gemahl heimführen muß.

Über Demokrit und Heraklit

Die Urteilskraft dient als Werkzeug überall und mischt sich auch in alles. Eben deswegen nutze ich zu diesen Versuchen, die ich hier damit mache, allerlei Gelegenheiten. Wenn es eine Materie ist, wovon ich nichts verstehe, so mache ich eben deswegen damit einen Versuch, um von ferne zu erforschen, wo hindurch zu waten sein möchte, und wenn ich dann die Tiefe für mein Maß zu groß finde, so halte ich mich am Ufer. Und diese Kenntnis, daß ich nicht durchhin kann, ist schon ein Beweis der Wirkung des Verstandes, und zwar einer, deren sie sich am meisten zu rühmen hat. Zuweilen versuche ich, ob ich nicht etwas ersehen könne, wodurch ich einem nichtigen, leeren Gegenstande eine Wesenheit erteilen und solchen auf etwas gründen und mit irgend etwas stützen und bepfählen möchte. Zuweilen laß ich diese Urteilskraft nach einem wichtigen und oft versuchten Gegenstand lustwandeln, mit dem sie, für sich selbst, nichts machen kann und zu dem der Weg so gebahnt ist, daß sie in fremden Fußstapfen einhergehen muß. Hierbei macht sie ihr Spiel daraus, den Weg zu wählen, der sie der beste deucht. Und unter hundert Fußsteigen, sagt sie, ist dieser hier oder jener dort am besten gewählt. Ich nehme auf gut Glück das erste beste Argument. Sie sind mir alle gleich gut, und niemals nehme ich mir vor, sie völlig zu erschöpfen; denn ich übersehe von keinem Dinge das Ganze. Übersehen es denn aber jene, die es uns zu zeigen versprechen? Von hundert Gliedern und Seiten, die eine jede Sache hat, nehme ich eins, zuweilen, um nur ganz leise darüber hinzustreicheln; zuweilen, um nur die Oberfläche aufzuritzen; und zuweilen, um mit der Sonde bis auf die Knochen zu fahren. Dann mache ich eine Öffnung, zwar nicht die weiteste, aber doch die tiefste, die ich machen kann; und dabei mag ich gern die Seiten in einem nicht gewohnten Lichte betrachten. Ich würde es wagen, eine oder die andere Materie gründlich zu behandeln, wenn ich mich weniger kennen würde und mich über mein Unvermögen täuschte. So lasse ich hier ein Wort fallen, dort werfe ich ein anderes hin, als abgerissene Pröbchen vom ganzen Stück, die mir ohne Absicht und ohne Versprechungen in die Hände geraten. Ich bin nicht verbunden, dafür einzustehen oder mich selbst unveränderlich daran zu halten, wenn es mir anders gefällt; bin nicht verbunden, mich auf Zweifel und Ungewißheiten einzulassen oder von meiner eigentümlichen Form abzugehen, welche die Unwissenheit ist.

Jede Bewegung entdeckt uns dem fremden Auge. Eben die Seele Cäsars, die sich in der Anordnung und Stellung der Schlacht bei Pharsalos sehen läßt, zeigt sich auch in der Anordnung eines Festes, der fröhlichen Muße oder der Liebe geweiht. Man beurteilt ein Pferd nicht bloß nach seiner Kunst auf der Reitbahn, sondern auch nach seinem freien Gange, ja selbst nach seiner Ruhe im Stalle. Unter den Verrichtungen der Seele gibt es auch niedrige. Wer sie nicht auch darin bemerkt, bringt seine Urteile von ihr nicht ins reine. Und vielleicht läßt sie sich da am besten beobachten, wo sie in ihrem freien Schritt geht. Die Winde der Leidenschaften fassen sie eher in ihrem höheren Schwunge; denke man sich hinzu, daß sie sich auf jede Materie ausschließlich einläßt und sich aus allen Kräften damit beschäftigt und immer nur mit einer allein und nicht mit mehreren zugleich, und daß sie solche nicht nach Beschaffenheit der Materien, sondern nach ihrer eigenen behandelt. Die Sachen haben vielleicht ihre eigene

Zahl, Maß und Gewicht; inwendig aber in uns erteilt ihnen die Seele solche nach ihrem Wohlgefallen. Der Tod ist schrecklich für Cicero, wünschenswert für Cato und gleichgültig für Sokrates. Die Gesundheit, das Bewußtsein, die Wichtigkeit des Verstandes, die Wissenschaft, die Reichtümer, die Schönheit und ihre Gegensätze entkleiden sich beim Eintritt in die Seele und empfangen von ihr neue Kleidung von der Farbe, die sie ihnen zu geben beliebt: dunkle, helle, mittlere, einfache, schreiende, sanfte, echte oder unechte oder wie es jeder dieser Seelen gefällt. Die Seelen haben keine allgemeine Übereinkunft über Sprache, Stil, Regeln und Formen getroffen. Jede ist Königin in ihrem Staate. Warum sollten wir denn noch Entschuldigungen gelten lassen, die vom äußeren Zustande und von Eigenschaften der Sachen hergenommen sind? Wir haben uns selbst davon Rechenschaft abzulegen. Unser Wohl und Weh steht bei uns. Uns also selbst und nicht der Göttin Fortuna laßt uns Opfer und Gelübde bringen! Sie vermag nichts über unsere Sitten. Umgekehrt, die Sitten ziehen das Glück in ihrem Gefolge nach sich und erziehen es in ihrer Form und bilden es nach ihrer Gestalt.

Warum sollte ich über den Alexander nicht danach urteilen, wie er bei Tische schwatzt und sein Glas Wein trinkt? Oder wenn er Schach spielt? Denn welche Saiten setzt nicht dieses einfältige kindische Spiel in Vibration? Ich flieh' und hasse es, weil es nicht Spiel genug ist und uns viel zu ernsthaft beschäftigt, und weil ich mich schäme, so viel Aufmerksamkeit daran zu wenden, die zu einer besseren Beschäftigung hinreichte. Es beschäftigte ihn eben nicht mit mehr Nachdenken, seinen berühmten Übergang nach Indien zu berechnen, eben wie auch jenen anderen, eine neue Fahrt zu entdecken, wovon das Heil der Menschen abhing. Man sehe doch, wie dieser lächerliche Zeitvertreib unsere ganze Seele in Anspruch nimmt, ob er nicht alle ihre Nerven anspannt. Wie sehr die Seele hierin jedermann die Regeln angibt, sich selbst zu erkennen und sich selbst richtig zu beurteilen. Ich sehe und fühle mich bei keiner anderen Beschäftigung so allgemein richtig als beim Schachspiele; was sich dabei für Leidenschaften hervortun! Zorn, Verdruß, Haß, Ungeduld und eine brennende Begierde zu gewinnen; und das bei einem Spiele, wobei es mehr zu entschuldigen wäre, wenn man eine Ehre darin suchte, sich besiegen zu lassen. Denn die überwiegende und im seltenen Grade über das Gewöhnliche hinausgehende Geschicklichkeit in nichts bedeutenden Dingen kleidet keinen Mann von Ehre und Verdiensten. Jedes Teilchen Zeit, jede geringfügige Beschäftigung des Menschen zeigt, wie er lebt und denkt.

Demokrit und Heraklit waren zwei Philosophen. Der erste fand jeden Zustand der Menschlichkeit ärmlich und lächerlich und ließ sich deshalb niemals unter Menschen sehen, ohne ein höhnisches Gesicht zu machen und zu lachen. Heraklit, der über eben diesen Zustand der Menschheit Mitleid und Erbarmen fühlte, zeigte darüber ein betrübtes Gesicht und Augen voll Tränen.

Ich bin mehr für die erste Gemütsart; nicht eben, weil es lustiger ist, zu lachen als zu weinen; sondern weil mehr Selbst- und Kraftgefühl dabei ist und sie uns härter als die andere verdammt, und mich deucht, daß wir nach unseren Verdiensten niemals genug verachtet werden können.

Das Beklagen und Bemitleiden führt immer etwas von Hochschätzung desjenigen bei sich, was man beklagt. Worüber man aber spottend lacht, darauf legt man keinen Wert. Ich denke nicht, daß so viel Unglück darin liege, wie wir Eitelkeit besitzen; noch daß wir ebenso boshaft wären wie dumm; wir sind nicht so elend wie unbedeutend; nicht so bedauernswürdig wie verächtlich!

Also war Diogenes, der in sein eigenes Fäustchen lachte, seine

Tonne wälzte und über den großen Alexander die Nase rümpfte, der uns für Schmeißfliegen hielt oder für Blasen voller Wind, ein bitterer und also schärferer Richter; und daher nach meiner Meinung gerechter als Timon. Derjenige Timon nämlich, den man den Menschenhasser nannte; denn das, was man haßt, ist uns nicht gleichgültig. Dieser wünschte uns alles Übel an den Hals, war leidenschaftlich in dem Verlangen, uns zu verderben, floh unseren Umgang als gefährlich, hielt uns für boshaft und von Natur verderbt. Der andere schätzte uns so gering, daß wir durch unsere Seuchen ihn weder beunruhigen noch anstecken könnten; er vermied unsere Gesellschaft nicht aus Furcht, sondern aus Geringschätzung unseres Umgangs: Er hielt uns für unvermögend, weder zu frommen noch Schaden zu tun. Von eben dem Schlage war die Antwort des Statilius, als Brutus mit ihm redete, um ihn in die Verschwörung wider Cäsar zu ziehen. Er fand das Unternehmen gerecht, aber er fand die Menschen nicht wert, daß man sich ihrethalben die geringste Mühe gäbe. Das stimmte überein mit der Sittenlehre des Hegesias, der sagte, der Weise müsse nichts tun als für sich, um so weniger, da er allein würdig sei, daß etwas für ihn geschehe. Und mit der Meinung des Theodorus: Es sei ungerecht, daß der Weise sich fürs Wohl seines Vaterlandes wage und daß er die Weisheit in Gefahr bringe für Narren.

Kurz, der Mensch ist nicht nur ein lachendes, sondern auch ein ebenso lächerliches Tier.

Von der Angewohnheit und von der Mißlichkeit, gewohnte Gesetze zu ändern

Derjenige hat meiner Meinung nach die Macht der Gewohnheit sehr richtig eingesehen, welcher zuerst die Erzählung erfand: Eine Bauersfrau habe ein Kalb in der Stunde, da es geboren worden, auf den Arm genommen und gestreichelt, und da sie mit diesen Liebkosungen täglich fortgefahren sei, sei sie durch die Gewohnheit dahin gelangt, daß sie dasselbe Tier noch auf den Armen getragen habe, zu einem so großen Ochsen es auch herangewachsen war.

Denn sie ist wahrlich eine heftige und listige Schulmeisterin, diese Gewohnheit! Ganz unvermerkt setzt sie sich bei uns auf den Fuß der Herrschaft; hat sie aber mit Hilfe der Zeit diesen sanften und unvermerkten Anfang genommen, so zeigt sie uns nach und nach ein trotziges und tyrannisches Gesicht, gegen das wir nicht einmal ferner die Freiheit behalten, unsere Augen aufzuschlagen. Bei jeder Gelegenheit sehen wir sie die Regeln der Natur überwältigen. Dies macht es mir begreiflich, wie die Ärzte so oft, ihrer Herrschaft zufolge, die Gründe ihrer Kunst beiseite setzen können, und wie jener König durch ihre Hilfe seinen Magen dergestalt einzurichten vermochte, daß er endlich vom Gifte sich nähren konnte, und wie das Mädchen, von dem Albertus erzählt, sich gewöhnen konnte, von Spinnen zu leben.

Diese wundersamen Beispiele verlieren ihr Wundersames, wenn wir beherzigen, wie es uns ganz gewöhnlich geht und wie die Gewohnheit unsere Sinne stumpft. Die Schmiede, Tischler, Blechschläger und Faßbinder könnten das Geräusch, das sie machen, nicht aushalten, wenn es ihnen ebenso stark gellte wie uns.

Mein Riechkissen dient meiner Nase; wenn ich es aber bloß drei Tage hintereinander im Busen getragen habe, so dient es nur den Nasen meiner Gesellschafter. Dies hier ist noch seltsamer, daß ungeachtet der langen Zwischenzeiten und großen Lücken die Angewohnheit ihre Eindrücke auf unsere Sinne fortpflanzen und erhalten kann; wie es diejenigen erfahren, die in der Nähe eines Glockengeläutes wohnen. Ich habe meine Wohnung in einem Turme, worin eine große Glocke hängt, die bei jedem Auf- und Niedergang der Sonne zum Gebet läutet. Mein Turm selbst fährt zusammen von dem Getöne, und mir schien es die ersten Tage unausstehlich. Nicht lange, so war ich dergestalt daran gewöhnt, daß ich's höre, ohne darauf zu achten, und oft nicht einmal davon aufgeweckt werde.

Ich finde, daß unsere größten Laster schon in unserer zartesten Kindheit ihre Falten legen, und daß unsere hauptsächlichste Erziehung in den Händen der Säugammen liegt. Den Müttern ist's ein Zeitvertreib, mit anzusehen, wie ein Kind einem Hundchen den Hals umdreht oder sich brav tummelt, um einen Hund oder eine Katze zu prügeln oder zu plagen; und mancher Vater ist so dumm, es für ein Zeichen einer kriegerischen Seele zu halten, wenn sein Sohn einen Bauern oder einen Lakaien mißhandelt, die sich nicht wehren dürfen, und für feinen Verstand, wenn er seine Gespielen durch Bosheit und Ränke überlistet. Dies sind gleichwohl die wahren Keime und Wurzeln der Grausamkeit, der Tyrannei und der Treulosigkeit; sie bestocken sich, wachsen lustig in die Höhe und gedeihen gewaltig unter den Händen der Gewohnheit.

Es ist eine gefährliche Lage, dergleichen schändliche Neigungen mit der Schwäche des kindischen Alters oder mit seinem Leichtsinn zu entschuldigen. Erstlich, so ist es die Natur, die spricht; deren Stimme in diesem Alter um so reiner und inniger tönt, je feiner und unausgebildeter sie ist. Zweitens liegt die Scheußlichkeit des Betruges nicht in dem Verhältnis eines Talers zu einer Nadel, sie liegt im Betruge selbst. Ich halte es für richtiger, folgendermaßen zu schließen: Warum sollte er nicht bei Talern betrügen, wenn er sogar bei Nadeln betrügt, als so wie sie tun: Er betrügt ja nur um Nadeln, bei Talern wird er sich wohl davor hüten! Man muß die Kinder sorgfältig lehren, die Laster zu hassen ihrer selbst wegen, und ihnen ihre Häßlichkeit recht anschaulich machen, damit sie vor ihnen fliehen, nicht nur im Handel allein, sondern vorzüglich auch solche im Herzen verabscheuen; daß ihnen selbst der Gedanke daran zuwider sei, was für eine Larve sie auch vornehmen mögen.

Ich weiß recht gut, daß, weil ich mich in meinen Knabenjahren daran gehalten habe, beständig meinen geraden gebahnten Weg fortzugehen, und keinen Spaß daran fand, in meinen kindischen Spielen Pfiffe oder Kniffe zu gebrauchen (wie man denn in der Tat wohl zu merken hat, daß Kinderspiele keine Spiele, sondern an sich betrachtet für Kinder die ernsthaftesten Beschäftigungen sind), es noch jetzt keinen leichten Zeitvertreib gibt, bei dem ich nicht, ohne Nachdenken und aus bloß natürlichem Hange, mit Aufrichtigkeit und vollem Widerwillen gegen List zu Werke gehe. Ich spiele meine Karten mit eben so viel Überlegung um bloße Marken und rechne so scharf, als ob ich um Goldstücke spielte; selbst dann, wenn es beim Spielen mit meiner Frau und meinen Kindern gleichgültig ist, ob ich gewinne oder verliere, bin ich so genau, als wenn es im Ernst ginge. Es ist mir durchgängig genug an meinen eigenen Augen, mich vor bösen Künsten zu hüten. Keine Fremden können mich so genau in Aussicht halten. Es gibt auch keine anderen, für die ich größeren Respekt hätte.

Ich habe noch neulich einen kleinen Mann, gebürtig aus Nantes, in meinem Hause gehabt, der ohne Arme geboren ist, der seine Füße dergestalt auf den Dienst abgerichtet hat, den ihm seine Hände leisten sollten, daß sie wirklich darüber die Hälfte ihrer natürlichen Verrichtungen vergessen haben. Im übrigen nennt er sie seine Hände; er schneidet damit mit Scheren und Messern, er lädt eine Pistole und schießt sie los. Er fädelt eine Nadel ein, näht und schreibt; er nimmt seinen Hut ab, kämmt sich, spielt Karten und Würfel und rüttelt sie im Becher, mit ebenso viel Geschicklichkeit wie irgendein Spieler. Das Geld, das ich ihm gab, nahm er mit einem Fuße, wie wir's in die Hand zu nehmen pflegen. Ich erinnere mich eines anderen, der, schon als Kind noch, da ihm die Hände fehlten, zwischen Kinn und Hals einen Degen und eine Hellebarde führte, sie in die Luft warf und wieder auffing, einen Dolch warf und mit der Peitsche knallte wie der beste Fuhrmann im Reiche.

Man entdeckt aber die Wirkung der Gewohnheiten weit besser an den sonderbaren Eindrücken, die sie auf unsere Seele macht, wo sie nicht so viel Widerstand zu überwinden hat. Was vermag sie nicht über unser Urteil und unseren Glauben! Gibt's wohl eine Meinung, die seltsam genug sei – ich spreche nicht von den groben Täuschungen, womit sich große Nationen und sehr klug dünkende Männer haben trunken machen lassen (denn, da dieser Teil außerhalb der Grenzen unserer menschlichen Vernunft liegt, so ist es zu entschuldigen, wenn man sich hier verirrt, insofern einer nicht außerordentlicherweise darin durch göttlichen Beistand erleuchtet worden ist), sondern von anderen Meinungen nur –, gibt es wohl welche, die seltsam genug gewesen wären, um sich nicht allenthalben, wo man es darauf anlegte, als Gesetz, als Wahrheit festzusetzen und fortzupflanzen?

Ich bin überzeugt, es falle in die menschliche Einbildung keine so sinnlose Grille, die nicht hier oder dort öffentlich im Schwange gehe und die also nicht gewissermaßen von unserer Vernunft gebilligt und gutgeheißen werde. Es gibt Nationen, bei denen man sich mit dem Rücken gegen denjenigen kehrt, welchen man grüßen will, und den, den man ehren will, niemals ansieht. Es gibt andere, wo, wenn der König ausspuckt, die Dame an seinem Hofe, die am meisten seine Gunst hat, ihm ihre Hand vorhält; und noch eine andere Völkerschaft, wo die Vornehmsten, die ihn umgeben, sich zur Erde beugen, um in Leinwand aufzufangen, was er verdaut fallen läßt.

Ich bitte hier um Raum, eine Erzählung einzuschalten: Ein Französischer vom Adel, der wegen seiner witzigen Ausreden berühmt war, schneuzte sich beständig mit der Faust, eine Gewohnheit, die sich mit unseren Sitten gar nicht verträgt. Als er sich eines Tages darüber mir gegenüber rechtfertigen wollte, fragte er mich, was für ein Privilegium dieser schmutzige Auswurf hätte, daß wir selbigem ein sauberes Stück Leinwand bereit hielten, um ihn aufzufangen, und ihn nachher einwickelten und sorgfältig in unseren Taschen aufbewahrten? Das müßte einem Menschen doch mehr Ekel erregen als anzusehen, daß man ihn hinwürfe, wo man Platz dafür fände, wie wir es mit allen übrigen Unreinlichkeiten hielten. Ich fühlte, daß er nichts weniger als unvernünftig sprach und daß nur die Gewohnheit mich das Seltsame im Gebrauch übersehen lasse, das wir gleich so höchst abscheulich finden, wenn es von fremden Ländern erzählt wird.

Die Wunderwerke und Wunderbegebenheiten bestehen in der Unwissenheit, in welcher wir uns über die Natur befinden, und nicht in der Natur selbst. Was wir immer vor Augen haben, schläfert unser Urteil ein. Die ungesitteten Nationen wundern sich ebensosehr über uns, wie wir uns über sie wundern, und zwar mit ebensoviel Recht, wie ein jeder eingestehen würde, wenn er, nachdem er die Beispiele aus der Fremde durchlaufen hätte, nun auch die einheimischen durchzuprüfen und unparteiisch gegeneinander zu halten verstünde.

Die menschliche Vernunft ist eine Färberlauge, die ungefähr in gleichem Maße allen unseren Meinungen und Sitten beigemischt ist, von welcher Art solche sein mögen. Unendlich in der Materie, unendlich in der Abweichung.

Es gibt Völker, wo niemand mit dem Könige redet, seine Frau und Kinder ausgenommen, als durch ein Sprachrohr. Eine Nation, wo die Jungfrauen ihre Geburtsteile öffentlich zur Schau tragen, die verheirateten Weiber solche hingegen sorgfältig bedekken und verbergen. Dahin gehört denn auch die andere mit ihr verwandte Sitte, wobei die Keuschheit nur im Ehestand geschätzt wird; denn die Jungfrauen dürfen sich jedem überlassen, und wenn sie befruchtet sind, dürfen sie nach eigenem Gefallen durch dienliche Mittel die Frucht abtreiben. Und wieder anderwärts werden, wenn derjenige, der eine Frau nimmt, ein Kaufmann ist, alle Kaufleute zur Hochzeit geladen, um vor dem Bräutigam die Braut zu erkennen, und die Braut gewinnt um so mehr Ehre und Ansehen wegen ihrer Dauer und Fähigkeit, je größer die Anzahl der Gäste ist. Ist nun der Bräutigam ein Offizier, nun so werden die Gäste von deinen Kameraden genommen. Ebenso, wenn es einer vom Adelstande ist; und so immer fortan. Ausgenommen, wenn es ein Bauer oder sonst einer aus der niederen Volksklasse ist; denn in diesem Falle liegt das Werk dem Gutsherrn ob. Bei alledem wird bei diesem Volke die eheliche Treue im Ehestande aufs nachdrücklichste empfohlen.

Man weiß von Ländern, wo man Jünglinge auf der Streu hält, ja von Ehen zwischen Mann und Mann. Von Ländern, wo die Weiber ebensogut wie ihre Männer in den Krieg ziehen und ihren Rang haben, nicht nur in der Schlacht, sondern auch zu Befehlshaberstellen; bei denen man nicht nur in der Nase, in den Lippen, in den Wangen, an den Zehen Ringe trägt, sondern goldene Spangen von schwerem Gewicht durch die Brüste und Lenden; wo man beim Essen die Finger an den Hüften, an gewissen behaarten Teilen und an den Fußsohlen abwischt. Bei anderen erben die Kinder nicht, sondern die Brüder und Vettern; und anderwärts allein die Vettern, ausgenommen bei der Erbfolge des Fürsten; von anderen noch, wo, um die Gemeinschaft der Güter, die bei ihnen eingeführt ist, in Kraft zu erhalten, gewisse hohe, obrigkeitliche Personen gesetzt sind, die Aufsicht über den gesamten Ackerbau zu führen und die Früchte des Landes nach eines jeden Bedürfnis zu verteilen. Wo man über den Tod der Kinder trauert und über den Tod der Greise Freudenfeste veranstaltet. Wo ihrer zehn oder zwölf mit ihren Weibern in einem Bett schlafen. Wo die Weiber, die ihre Männer durch einen gewaltsamen Tod verlieren, wieder heiraten dürfen, die anderen aber nicht. Wo man den Zustand der Weiber für so elend achtet, daß man die Mägdlein, die unter ihnen geboren werden, tötet und von den benachbarten Nationen die Weiber kauft, die man benötigt. Wo die Männer sich von ihren Weibern scheiden können, ohne eine Ursache anzugeben, die Weiber aber gar nicht, was für Ursache sie auch hätten. Wo die Männer nach dem Gesetze ihre Weiber verkaufen können, wenn sie unfruchtbar sind.

Länder, wo sie die Leichname der Verstorbenen kochen und hernach so lange stampfen, bis es eine Art von Brühe gibt, die sie zu ihrem Weine mischen und trinken. Wo das wünschenswürdigste Begräbnis ist, von Hunden gefressen zu werden, so wie anderwärts von den Vögeln. Wo man glaubt, daß die Seelen der Verstorbenen in aller Freiheit leben, in angenehmen Gefilden, mit allen erwünschten Bequemlichkeiten versehen, und daß diese es sind, die das Echo machen, das wir hören. Wo sie im Wasser fechten und schwimmend mit ihren Pfeilen sicher treffen. Wo man, zum Zeichen der Untertänigkeit, die Schultern in die Höhe ziehen, den Kopf senken und die Schuhe von den Füßen ziehen muß, wenn man in die Wohnung des Königs tritt. Völker, die den Beschnittenen, so ihre Priesterinnen bewachen, auch noch Nase und Lippen wegschneiden, damit sie nicht geliebt werden können, und bei denen die Priester sich die Augen ausstechen, um Geister zu sehen und die Orakel fragen zu können.

Völker, wo jedermann aus jedem ihm beliebigen Ding einen Gott machen kann. Der Jäger aus einem Löwen oder aus einem Fuchs; der Fischer aus gewissen Fischen, und Götzenbilder aus jeder Handlung und Leidenschaft des Menschen. Sonne, Mond und Erde sind die vornehmsten Götter. Wo die Eidesformel darin liegt, daß man die Erde berührt und die Sonne anschaut; wo man Fleisch und Fisch roh und ungekocht ißt. Wo der heiligste Eid darin besteht, daß man den Namen eines Verstorbenen ausspricht, der im Lande einen guten Nachruhm hat, und sein Grab mit der Hand berührt.

Wo das Neujahrsgeschenk, das der König jedesmal seinen Prinzen und Großen des Reiches sendet, in Feuer besteht, bei dessen Ankunft alles alte Feuer ausgelöscht werden muß und alles Volk umher gehalten ist, davon für sich zu holen, bei Strafe des Verbrechens der beleidigten Majestät.

Wo, wenn der König sich ganz der Andacht widmen will und den Zepter niederlegt, wie oft der Fall ist, sein erster Thronerbe genötigt ist, eben dasselbe zu tun, und der Thron, nach dem Rechte, auf den dritten Erben fällt. Wo man die Reichsverfassung verändert, je nachdem es die Umstände zu erheischen scheinen. Wo man den König absetzt, wenn es gut zu sein scheint; wo man an seiner Statt Älteste ernennt, um das Staatsruder zu führen, und es gar zuweilen in den Händen der Gemeinde läßt. Wo Männer und Weiber beschnitten und ebenfalls getauft werden. Wo ein Soldat, der in einer oder mehr Schlachten es so weit gebracht hat, dem Könige sieben feindliche Köpfe zu überreichen, in den Adelstand erhoben wird. Wo man unter der so ungeselligen und so seltenen Meinung von der moralischen Würde der Seele lebt, daß man sie für sterblich hält. Wo die Weiber ohne Klagen und ohne Furcht gebären.

Wo das Frauenzimmer an beiden Beinen Stiefel von Kupfer trägt und aus Pflicht der Seelengröße verbunden ist, wenn es eine Laus beißt, solche wieder zu beißen, und sich nicht unterwinden darf, zu heiraten, bevor es dem König, wenn er's verlangt, seine Jungfernschaft angeboten hat.

Wo man grüßt, indem man mit dem Finger die Erde berührt und ihn darauf wieder gegen den Himmel ausstreckt. Wo die Mannspersonen Lasten auf dem Kopf, Frauenzimmer solche aber auf den Schultern tragen. Wo die Weiber stehend, die Männer aber hockend die Blasen erleichtern. Wo man zum Zeichen der Freundschaft etwas von seinem eigenen Blute schenkt und denjenigen wie einen Gott räuchert, den man ehren will. Wo man nicht nur bis zum vierten Grad, sondern auch bis zu allen ferneren Graden der Verwandtschaft die Heirat verbietet. Wo man die Kinder vier Jahre an der Brust läßt, oft auch zwölf, und ebendaselbst es für tödlich hält, das Kind den ganzen ersten Tag an die Brust zu nehmen. Wo die Väter das Amt haben, die Söhne zu züchtigen, und die Mütter allein wieder die Töchter, und die Strafe darin besteht, die mutwilligen bei den Beinen aufgehängt zu beräuchern. Wo man das weibliche Geschlecht beschneidet. Wo man alle Arten von Kräutern ißt, ohne anderen Unterschied, als daß man nur die verwirft, die schlecht zu riechen scheinen. Wo alles offen steht; wo in den Häusern, sie mögen noch so prächtig sein, weder Fenster noch Türen sind, auch keine Schränke oder dergleichen, was man verschließen könnte; und wo die Diebe doppelt bestraft werden wie anderwärts. Wo sie die Läuse mit den Zähnen töten, gleich Hunden und Affen, und es für grausam halten, sie mit dem Daumen zu knicken. Wo man sich lebenslang weder Haar noch Nägel beschneidet, und anderwärts, wo man die Nägel nur an der Rechten abschneidet und aus Staat die an der Linken wachsen läßt.

Wo man das Haupthaar an der rechten Seite des Körpers verpflegt, zum besten Wachstum, und an der anderen Seite unterm Schermesser hält. Wo, in benachbarten Provinzen, diese hier das Haupthaar vorne, jene das hintere wachsen lassen und die Gegenseite scheren. Wo die Väter ihre Kinder und die Männer ihre Eheweiber ihren Gästen gegen Bezahlung zum Gebrauch verleihen. Wo man seine eigene Mutter mit allen Ehren fruchtbar machen kann und die Väter sich mit ihren Töchtern und Söhnen begatten. Wo sie bei festlichen Versammlungen einander ihre Kinder leihen und keine Rücksicht auf Verwandtschaft nehmen.

Hier lebt man von Menschenfleisch, dort ist es kindliche Pflicht, seinen Vater in einem gewissen Alter zu töten. Anderwärts verordnen die Väter über ihre noch ungeborenen Kinder, die auferzogen und erhalten und die davon ausgesetzt oder getötet werden sollen. Bei anderen Völkern verleihen die alten Ehemänner ihre Weiber der Jugend zum Gebrauch, und bei wieder anderen sind solche ohne Sünde allen gemeinschaftlich. Ja in einigen Provinzen tragen sie als Ehrenzeichen so viele Troddeln auf dem Saum ihrer Röcke, als Mannspersonen ihrer Gunst teilhaftig geworden sind.

Hat die Gewohnheit nicht auch ein öffentliches bloßes Weiberregiment eingeführt? Hat solche ihnen nicht die Waffen in die Hände gegeben? Haben sie nicht Kriegsheere errichtet und Schlachten geliefert? Und lehrt sie nicht durch ihre bloße Anordnung den gröbsten gemeinen Haufen, was alle Philosophie den weisesten Köpfen nicht einprägen kann? Denn wir wissen von ganzen Nationen, wo der Tod nicht bloß verachtet, sondern gefeiert wird; wo die Kinder von sieben Jahren sich auf den Tod peitschen ließen, ohne eine Miene zu verziehen. Wo der Reichtum in solcher Verachtung war, daß der ärmlichste Bürger der Stadt nicht die Hand ausgestreckt hätte, um einen Beutel voll Gold aufzuheben. Wir wissen von Ländern, die sehr ergiebig an allerlei Lebensmitteln waren, wo gleichwohl die gewöhnlichste und schmackhafteste Nahrung in bloßem Brot, Kümmel und Wasser bestand. Tat sie nicht noch das Wunder in Chios, daß daselbst siebenhundert Jahre verflossen, ohne daß man erfuhr, daß eine Frau oder ein Mädchen einen Fehltritt gegen ihre Ehre gemacht hätte! Kurz, nach meinem Dafürhalten kann sie alles tun und tut alles. Und Pindar nennt sie daher mit Recht die Königin und Herrscherin der Welt.

Derjenige, den man dabei antraf, daß er seinen Vater schlug, verantwortete sich damit: Es sei in seiner Familie so Gewohnheit; also habe sein Vater seinen Großvater und sein Großvater seinen Urgroßvater geschlagen; der dort, indem er auf seinen Sohn wies, wird auch mich schlagen, wenn er zu meinem Alter gelangt sein wird. Und der Vater, den der Sohn auf die Gasse schleppte und mit Füßen trat, befahl ihm an einer Ecke einzuhalten, denn weiter habe er es mit seinem Vater auch nicht getrieben! Hier wäre die Grenze der erblichen Mißhandlungen, welche die Kinder in ihrer Familie an ihren Vätern zu verüben pflegten. Aristoteles sagt, die Weiber reißen sich ebensowohl aus Gewohnheit als wegen Krankheit ihr Haupthaar aus und kauen an ihren Nägeln und essen Kreide, Kohlen und Erde; und es ist mehr aus Gewohnheit als Naturtrieb, daß der Mann sich zum Manne tut.

Die Gesetze des Gewissens, die nach unserer Sage in der Natur liegen, entspringen aus der Gewohnheit. Ein jeglicher Mann, der in seinem Inneren die Meinungen und Sitten verehrt, die um ihn her gebilligt werden und im Schwange gehen, kann sich ihnen nicht entziehen, ohne daß ihn sein Gewissen darüber bestrafte, noch sich denselben gemäß betragen, ohne daß er ihnen Beifall gäbe. Wenn vor alters die Cretenser jemand verfluchen wollten, so baten sie die Götter, ihn in eine böse Gewohnheit fallen zu lassen. Die vornehmste Wirkung aber ihrer Macht ist, uns dergestalt zu unterwerfen und zu beherrschen, daß wir kaum das Vermögen behalten, uns ihr wieder zu entreißen und uns der Freiheit zu bemächtigen, über ihre Verordnungen nachzudenken und vernünftige Betrachtungen anzustellen. In Wahrheit, weil wir solche von unserer Geburt an mit der Muttermilch einsaugen und sich das Antlitz der Welt unserem Blicke also darstellt, wie wir zuerst die Augen eröffnen: So scheint es, als ob wir dazu geboren seien, in diesem Joch zu gehen. Und die allgemeine Einbildung, die wir um uns her in Ansehen erblicken und die schon in dem Samen wirkte, aus dem wir erzeugt wurden, kann uns wohl nicht anders als natürlich und verbindend vorkommen. Daher es denn auch kommt, daß alles, was nicht in die Fugen der Gewohnheit paßt, auch nicht geglaubt wird; obgleich, Gott weiß, dieser Glaube oft sehr vernünftig wäre.

Wenn ein jeder, der einen Sittenspruch hört, wie wir, die wir uns selbst studieren, zu tun gelernt haben, alsobald nachforschte, von welcher Seite ihn derselbe eigentlich treffe, so würde ein jeder finden, daß dieser nicht allein eine hübsch gerundete Maxime als vielmehr ein Peitschenhieb sei, der auf die träge Dummheit seines Urteils fällt. Aber wir nehmen die Lehren der Wahrheit und ihre Warnungen als ans Volk gerichtet und gar nicht an uns selbst; und anstatt solche auf die eigenen Sitten anzuwenden, faßt sie jedermann bloß ins Gedächtnis, und das ist ebenso dumm, wie es unnütz und vergebens ist. Aber laß uns zurückkehren zur Macht der Gewohnheit.

Die Völker, die an die Freiheit gewöhnt sind, sich selbst zu beherrschen, halten jede andere Regierungsform für ungeheuer und der Natur zuwider. Solche Völker aber, die an die monarchische Regierung gewöhnt sind, machen es gerade ebenso. Und welche günstige Veranlassung ihnen Glück und Umstände an die Hand geben mögen: Selbst dann, wenn sie mit großen Schwierigkeiten sich eines Despoten entledigt haben, haben sie nichts Angelegentlicheres am Herzen, als einen anderen mit ebenso großen Schwierigkeiten auf den Thron zu pflanzen; weil sie sich nicht entschließen können, die Gewalt des Despotismus zu hassen. Es ist die Macht der Gewohnheit, die es bewirkt, daß ein jeder gern an dem Ort bleibt, wo er geboren wurde. Die Wilden in Schottland bekümmern sich wenig um das südliche Frankreich, und die Skythen machten sich nichts aus Thessalien.

Darius richtete an einige Griechen die Frage: Um wieviel sie wohl die Gewohnheit der Indianer annehmen würden, ihre verstorbenen Väter zu essen? Denn dies war dort der Brauch, nach der Meinung, sie könnten solchen kein ehrenvolleres Begräbnis geben als in ihren eigenen Eingeweiden. Die Griechen antworteten: Um keinen Preis in der Welt würden sie das tun. Als er aber bei den Indianern versucht hatte, sie zu bereden, sie möchten ihren Brauch fahren lassen und dafür den griechischen annehmen, der darin bestand, die Leichen ihrer Väter zu verbrennen, erregte es bei diesen einen noch größeren Greuel. So geht es mit allem! Um so mehr, da uns die tägliche Gewohnheit den wahren Gesichtspunkt der Sachen verbirgt.

Als ich einst die Beobachtung gewisser Sitten einführen sollte, die weit und breit um uns her in der Nachbarschaft in voller Achtung standen, und doch, wie wohl zu geschehen pflegt, nicht mit bloßer Gewalt der Gesetze oder Beispiele dabei verfahren wollte, so forschte ich sehr emsig nach ihrem ersten Ursprung und fand sie bei diesem Forschen auf so schwachen Gründen, daß sie mich fast anekelten; mich, der ich sie doch anderen anpreisen sollte. Dies Rezept ist es, wodurch Plato sich zutraut, die widernatürliche und heillose Knabenliebe zu verbannen, die er zu seiner Zeit für allgemein und herrschend hält. Nämlich, sie durch die öffentliche Meinung zu verschreien. Die Dichter, und wer sonst noch könnte, sollten schlimme Erzählungen davon machen. Ein Rezept, vermittelst dessen jetzt die lieblichsten Töchter nicht mehr ihre Väter, noch die schönst gewachsenen Jünglinge ihre Schwestern zur Liebe reizen. Selbst die Fabeln von Thyestes und Oedipus hätten, meint er, neben dem Vergnügen an den Versen, dem biegsamen Gehirn der Kinder diesen nützlichen Glauben eingeprägt. Wirklich ist die züchtige Schamhaftigkeit eine schöne Tugend, deren nützlicher Einfluß auf die Sitten anerkannt genug ist. Solche aber nach ihrer natürlichen Beschaffenheit abzuhandeln und anzupreisen, das ist ebenso schwer, als es leicht ist, sie durch eingeführte Gewohnheiten, Gesetze und Vermahnungen im Gange zu erhalten. Die ersten und allgemeinen Grundursachen sind schwer zu entwickeln. Auch fahren unsere Pädagogen ganz leise darüber hin und getrauen sich kaum, sie zu berühren, stürzen sich aber um so zuverlässiger auf allgemein bekannte Gewohnheiten; da blähen sie sich dann mit ihrem leichten Siege. Diejenigen, die aus diesem seichten Grund des Ursprungs nicht herausgehen, und diejenigen, die in größerer Tiefe gehen wollen, fehlen noch ärger und unterwerfen sich eingebildeten Meinungen.

Wer sich von diesem mächtigen Vorurteil der Gewohnheit lossagen will, der wird auf manche Dinge stoßen, die mit unbezweifelbarem Entschluß aufgenommen sind und gleichwohl keine andere Stütze haben als den grauen Bart und die Stirnrunzeln der Gewohnheit, die sie begleitet. Hat er aber diese Larve abgerissen, indem er jedes Ding auf Wahrheit und Vernunft zurückführt, so wird er sein Urteil wie auf den Kopf gestellt und dennoch viel sicherer und fester befinden. Zum Beispiel, ich würde ihn in jener Lage fragen, was wohl befremdlicher sein könne, als zu sehen, daß ein Volk genötigt sei, sich nach Gesetzen richten zu lassen, die es nicht einmal versteht; das in allen seinen häuslichen Geschäften, Eheverbindungen, Vermächtnissen, Testamenten, Kauf und Verkauf an Vorschriften gebunden ist, die es nicht wissen kann, weil sie in seiner Landessprache weder abgefaßt noch bekannt gemacht worden sind, und die es also genötigt ist, sich für Geld, um nicht dagegen zu sündigen, bekanntmachen und erklären zu lassen? Nicht etwa nach der scharfsinnigen Meinung des Isokrates, der seinem König den Rat gab, Handel und Gewerbe seinen Untertanen ganz frei zu geben und so einträglich zu machen als möglich; hingegen auf ihre Streitigkeiten starke Lasten zu legen und solche beschwerlich zu machen, sondern nach einer unbegreiflichen Meinung, die Vernunft selbst zu einer verkäuflichen Ware zu machen und die Gesetze zu Artikeln aus der Preiskurrente. Ich weiß dem Glück viel Dank, das, wie unsere Geschichtsschreiber sagen, einen gaskognischen Edelmann aus meiner Gegend erweckte, daß er der erste wurde, der sich Karl dem Großen widersetzte, als er uns die römischen, in Latein verfaßten Gesetze geben wollte.

Findet man etwas Wilderes als eine Nation, bei der nach wohl hergebrachter Gewohnheit das Richteramt gekauft wird und die Urteile mit barem Gelde bezahlt werden, und wo es gesetzlich ist, daß demjenigen die Gerechtigkeit versagt werde, der nicht vermögend ist, sie zu bezahlen? Und daß dieser Handel in solchem Ansehen stehe, daß er von den Leuten, welche die Prozesse handhaben, eine vierte Ordnung im Staat mache, um solche den drei alten der Kirche, des Adels und des Volks anzuschließen? Und daß diese Ordnung, weil sie über die Anwendung der Gesetze gesetzt ist und die höchste Macht über Eigentum und Leben ausübt, einen verschiedenen Stand von Adel ausmache? Woraus folgt, daß es zweierlei Gesetze gibt, Gesetze der Ehre und Gesetze der Gerechtigkeit, die in verschiedenen Dingen einander widersprechen. Jene verdammen ebenso streng das Nichtahnden einer beschuldigten Lüge als diese die Rache wegen einer beschuldigten Lüge. Nach den Gesetzen der Ehre und der Waffen geht derjenige seines Adels und seiner Ehrenstellen verlustig, wer eine Beleidigung einsteckt; und nach den bürgerlichen Gesetzen ist derjenige, der deswegen Rache nimmt, Leib und Lebensstrafen ausgesetzt. Wer sich an die Gesetze wendet und für eine seiner Ehre zugefügte Beleidigung Genugtuung begehrt, beschimpft sich, und wer vorbei geht und sich die Genugtuung selbst nimmt, den strafen und züchtigen die Gesetze! Und daß von diesen zwei so verschiedenen Ständen, die gleichwohl in einem einzigen Oberhaupt zusammenlaufen, der eine den Auftrag des Friedens, der andere des Krieges habe? Die von dem einen den Gewinn, die vom anderen die Ehre, jene Gelehrsamkeit, diese die Tugend, jene die Worte, diese die Taten, jene die Gerechtigkeit, diese die Tapferkeit, jene die Vernunft, diese die Gewalt, jene den langen Mantel, diese die kurze Uniform zum Anteil haben? In Rücksicht auf gleichgültigere Dinge, wie zum Beispiel Kleidung – wer solche auf ihre wahre Bestimmung zurückführen will: Das die bequeme Deckung des Körpers ist, wovon ihre ursprüngliche Zierlichkeit und Schicklichkeit abhängt, sie mag auch, nach meiner

Meinung, noch so seltsam ausgedacht und erfunden sein, so verweise ich ihn unter anderem auf unsere viereckigen Mützen; auf diese lange Schleppe von gefaltetem Samt, die nebst anderen seltsamen Zieraten an den Köpfen unserer Damen flattert; und auf den eitlen, unnützen Bausch eines Gliedes, das wir nicht einmal mit Ehren nennen können und womit wir gleichwohl in öffentlichen Gesellschaften einher stolzieren. Diese Betrachtungen halten indessen keinen verständigen Menschen ab, dem gemeinen Brauch zu folgen; im Gegenteil dünkt mich, daß jede Abweichung von der eingeführten Mode mehr hochmütige und törichte Ziererei verrate als einen gesunden Verstand, und daß der Weise seine Seele in sich selbst, aus dem Gedränge zurückziehen müsse, um ihr die Freiheit und das Vermögen zu erhalten, über alle Dinge unbefangen zu urteilen; daß er aber, in Hinsicht auf das Äußerliche, ohne weiteres den eingeführten Moden und Formen folgen müsse. Was geht die öffentliche Gesellschaft unsere Art zu denken an? Im übrigen aber sind wir schuldig, unsere Handlungen, unsere Bemühungen, unser Vermögen und unsere Lebensart ihrem Dienst zu widmen und nach der allgemeinen Meinung zu bequemen, wie der gute und große Sokrates es ausschlug, sein Leben zu retten, wenn er der Obrigkeit ungehorsam würde – obgleich einer sehr ungerechten und gottlosen Obrigkeit. Denn das ist die Regel aller Regeln und das Hauptgesetz aller Gesetze, daß ein jeglicher sich denen unterwerfe, die in dem Lande gelten, wo er sich befindet.

Laß uns ein anderes Faß anstecken. Es ist äußerst zweifelhaft, ob sich ein so großer und reiner Gewinn dabei findet, irgendein eingeführtes Gesetz zu verändern, sei es beschaffen wie es wolle, als Nachteil aus seiner Veränderung entsteht: Um so mehr, da es mit einer Landesverfassung ist wie mit einem Gebäude, das aus verschiedenen Stücken zusammengesetzt worden und in so genauer Verbindung steht, daß es unmöglich ist, eins zu verrücken, ohne daß es das Ganze empfinde. Der Gesetzgeber von Thurien verordnete, daß ein jeder, der ein altes Gesetz abgeschafft oder ein neues eingeführt wissen wollte, sich mit dem Strick um den Hals dem Volk darstellen solle, damit, wenn sein neues Gesetz nicht von jedermann gebilligt würde, er auf der Stelle erdrosselt würde. Und Lykurg setzte sein Leben daran, um von seinen Mitbürgern die feste Zusage zu erhalten, daß sie von seinen Verordnungen keine übertreten wollten. Der Ephorus, der so unerbittlich die zwei Musikintervalle wegschnitt, die Phrinys dem alten Modus hinzutun wollte, bekümmerte sich nicht darum, ob die Modulation dadurch wohlklingender würde oder die Akkorde zusammenhängender; ihm war es genug, um sie zu verwerfen, daß es eine Veränderung in der alten, bekannten Tonleiter sei.

Ich habe eine Abneigung vor aller Neuerung, unter welcher Gestalt sie auch auftritt; und meine nicht unrecht zu haben, nachdem ich davon so schädliche Folgen erlebt habe.

Diejenigen, die einen Staat aus den Fugen heben, sind gewöhnlich die ersten, denen er auf den Kopf stürzt. Die Frucht der Verwirrung ist selten der Lohn dessen, der sie angestiftet hat; er rührt und trübt das Wasser für andere Fischer. Um so schädlicher aber die Erfinder sind, um so schändlicher sind die Nachahmer, daß sie sich auf Beispiele einlassen, deren Nachteil und Abscheulichkeit sie empfunden und bestraft haben. Und wenn noch selbst beim Unheilstiften ein gewisser Grad von Ehre stattfindet, so müssen diese letzten den ersten den Ruhm der Erfindung und Herzhaftigkeit beim ersten Wagen überlassen. Alle Arten von neuer Zügellosigkeit schöpfen leicht und lustig aus dieser ersten unversiegbaren Quelle die Bilder und Muster zur Störung unserer Staatsverfassung.

Mich deucht, um es frei herauszusagen, es sei ein gut Teil Eigenliebe und nicht wenig Eigendünkel erforderlich, seine eigene Meinung für wichtig genug zu halten, um solche auf Gefahr des öffentlichen Friedens einzuführen und dagegen die mannigfaltigen, unvermeidlichen Übel und diese tiefe Verderbnis der Sitten für nichts zu achten, die bürgerliche Kriege nach sich ziehen, und also seine Meinungen für wichtiger anzusehen als die Umkehrung der Staatsverfassung in so wichtigen Dingen.

Die christliche Religion trägt alle Kennzeichen einer großen Gerechtigkeit und Nützlichkeit an sich. Das deutlichste darunter aber ist die angelegentliche Empfehlung des Gehorsams gegen alle weltliche Obrigkeit und Befolgung aller bürgerlichen Gesetze. Welch ein bewunderungswürdiges Beispiel hat uns davon die göttliche Weisheit gegeben, die, um das Heil des menschlichen Geschlechts zu begründen und den glorreichen Sieg über Sünde und Tod hinauszuführen, keine gewalttätige Umkehrung der Reiche und Regierungen zugelassen, sondern vielmehr ihre Führung und Leitung eines so großen und heilsamen Werkes der Blindheit und Ungerechtigkeit unserer Gewohnheiten und Gebräuche unterworfen hat; das Blut so mancher auserwählten Lieblinge ließ sie fließen und gab zu, daß eine lange Reihe von Jahren verrinne, bevor die unschätzbare Frucht zur Reise gediehe. Die Sache desjenigen, der den Gewohnheiten und Gesetzen seines Landes folgt, ist von der Sache desjenigen sehr unterschieden, der solche zu meistern und abzuändern sich erkühnt. Jener führt Einfalt, Gehorsam und Beispiel zu seiner Entschuldigung an, und bei seinem Tun, es bestehe worin es wolle, mag Unglück stattfinden, aber Bosheit nie. Wobei noch das Zuwenig sich näher an die Mäßigung fügt als das Zuviel. Dieser andere wandelt einen viel höckerigeren Weg. Denn wer sich's anmaßt, zu wählen und zu ändern, greift nach dem Ansehen des Richteramtes und muß beweisen, daß er das Fehlerhafte dessen, was er verdrängen will, erkennt, so wie das Bessere in dem, was er einführt.

Mich deucht es Verwegenheit, wenn man öffentlich eingeführte und eingewurzelte Gewohnheiten und Verfassungen der schwankenden Phantasie eines einzelnen Menschen unterwerfen will. Wenn die göttliche Vorsehung zuweilen über die Regeln hinausgegangen ist, an die sie notwendigerweise ihre Gesetze hat binden müssen, so geschah das nicht, um uns davon freizusprechen. Das sind Verfügungen ihres unerforschlichen Ratschlusses, die wir nicht nachzuahmen, sondern zu bewundern haben, es sind außerordentliche Beispiele einer besonderen und eigenen Zulassung. Es ist dies eine Art von Wundern, welche die Hand Gottes uns darlegt, um ihre Allmacht zu beweisen, die über unsere Einrichtungen und Kräfte hinausreicht und die nachzuahmen zu suchen Gottlosigkeit und Narrheit wäre; der wir nicht folgen, sondern mit Erstaunen nachsinnen wollen. Es sind Handlungen der Gottheit, nicht der Menschheit.

Gott mag wissen, wie viele bei unserem gegenwärtigen Zwist, wo hundert Artikel, und zwar sehr wichtige und schwer zu entscheidende, wegzuschaffen und einzuführen sind, wie viele sich finden mögen, die sich rühmen können, die Ursachen und Gründe der einen und der anderen Partei reiflich erwogen und erforscht zu haben.

Es ist ein Haufen, wenn's einmal ein Haufen wäre, der eben nicht sonderlich imstande ist, uns zu beunruhigen. Die andere Schar aber, was beginnt sie? Unter was für einem Panier zeichnet sie sich aus? Mit ihrer Arznei geht es geradeso wie mit anderen unkräftigen, übel angebrachten Abführungsmitteln: Die verdorbenen Säfte, die sie aus unserem Körper schaffen sollte, hat sie aufgerührt, verschärft und in Gärung gesetzt und ist selber im Körper steckengeblieben. Sie war zum Abführen zu schwach und hat uns gleichwohl entkräftet, so daß wir sie selbst nicht wieder loswerden können und von ihrer Wirkung nichts weiter haben als langes schmerzliches Bauchgrimmen. Die Sache ist, daß das Glück, das immer sein Ansehen über unsere Klugheit behauptet, uns zuweilen in solche dringende Notwendigkeit versetzt, die es unvermeidlich macht, daß die Gesetze einigen Spielraum zulassen müssen; und daß, wenn man einer überhandnehmenden Neuerung widersteht, die sich mit Gewalt uns aufdrängen will, man in allen Stücken und durchaus gegen diejenigen gerade und behutsam verfahren müsse, welche die Gewalt in Händen haben und denen alles das erlaubt ist, was ihr Vorhaben befördern kann; die keine anderen Gesetze oder Verordnungen haben, als ihrem Vorteil nachzujagen.

Um so mehr, da die gewöhnliche Verfassung eines Staates, in seiner Gesundheit, keine Vorkehrungen gegen solche außerordentlichen Zufälle zu machen pflegt. Sie setzt einen Körper voraus, der sich in seinen vornehmsten Gliedern und Wirkungen festhält und im allgemeinen Einverständnis über Folgsamkeit und Gehorsam. Der gesetzmäßige Gang ist kalt, bedächtig und abgemessen und verträgt sich nicht mit dem ausgelassenen Gang der Zügellosigkeit. Es ist bekannt, wie man den zwei großen Männern, Octavius und Cato, noch jetzt darüber Vorwürfe macht, daß sie in den bürgerlichen Kriegen gegen Sulla und Cäsar ihre Partei lieber in die äußerste Gefahr laufen lassen, als solche auf Kosten der Gesetze retten und Änderung in der Staatsverfassung leiden wollten.

In Wahrheit wäre es doch wohl weiser gehandelt, den Kopf zu bücken und dem Streich ein wenig auszuweichen, als gegen die Unmöglichkeit anzurennen, nichts nachgeben zu wollen und lieber der Gewalttätigkeit Anlaß zu geben, alles mit den Füßen zu treten. Und es wäre doch auch wohl besser, die Gesetze das wollen zu lassen, was sie können, weil sie nicht können, was sie wollen.

Selbst die Lacedämonier, diese so strengen Bewahrer der Verordnungen ihres Landes, als ihnen das Gesetz, das verbot, einen und denselben Mann zweimal zum Admiral zu wählen, im Wege stand und auf der anderen Seite ihre Lage es als die höchste Notwendigkeit erforderte, daß Lysander diese Stelle abermals bekleidete, so machten sie zwar einen gewissen Arachus zum Admiral, setzten aber Lysander zum Oberaufseher über das Seewesen.

Mit eben der Gewandtheit riet einer ihrer Gesandten bei den Atheniensern (der eine Änderung in gewissen Verordnungen bewirken sollte) dem Perikles, der zur Entschuldigung der Weigerung anführte, es sei im Gesetz verboten, eine Tafel wegzunehmen, worauf ein einmal gegebenes Gesetz geschrieben stände, er solle sie dann nur umwenden, denn das sei nicht verboten. Plutarch lobt am Philipömen, daß er zum Regieren geboren gewesen und nicht nur nach den Gesetzen, sondern, wenn es die Not des Gemeinwesens erforderte, selbst die Gesetze zu regieren verstanden habe.

Es ist Torheit, das Urteil über Wahrheit und Irrtum von unserem Dünkel abhängig zu machen

Es ist vielleicht nicht ohne Grund, wenn wir der Einfalt und Unwissenheit die Leichtigkeit, zu glauben und sich allerlei Dinge aufheften zu lassen, zuschreiben; denn mich deucht, ehedem gehört zu haben, der Glaube sei gleichsam ein Eindruck, den man in unsere Seele mache, und nach dem Maße, wie sie weicher sei und von minderem Widerstande, sei es leichter, ihr eine Meinung einzuprägen. Um so leerer die Seele ist und ohne Gegengewicht, um so leichter wird sie von dem Gewicht der ersten Überredung in die Höhe geschnellt. Da steckt die Ursache, warum die Kinder, das gemeine Volk, Weiber und Kranke sich so leicht etwas aufheften lassen. Auf der anderen Seite aber ist es auch eine dumme Anmaßung, alles für falsch und irrig zu erklären und zu verwerfen, was uns nicht wahrscheinlich dünkt; das ein gewöhnlicher Fehler derjenigen ist, die meinen, etwas mehr gelernt zu haben als der große Haufen. Ehedem ging mir's nicht besser, und wenn ich reden hörte von Gespenstern und von Vorhersagungen zukünftiger Dinge, von Bezauberungen, von Hexereien oder solchen Erzählungen, denen ich keinen Geschmack abgewinnen konnte, so wandelte mich das Mitleiden über das arme Volk an, dem man solche Possen weismachte. Und gegenwärtig finde ich, daß ich selbst wenigstens ebensosehr zu bedauern war. Nicht als ob mich die Erfahrung von Dingen überzeugt hätte, die meinen ersten Glauben überstiegen, und dennoch hat es mir nicht an Neugierde gemangelt; sondern die Vernunft hat mich gelehrt, daß eine Sache so vor der Faust weg für falsch und unmöglich erklären so viel heißt, wie sich den Vorzug zuschreiben, man habe in seinem Kopfe die Schranken und Grenzen des Willens Gottes und der Macht unserer Mutter Natur. Und gleichwohl gibt es keine größere Narrheit in der Welt, als solche nach dem Maße unserer Kräfte und unseres Wissens messen zu wollen. Wenn wir dasjenige für Ungeheuer, für Wunder erklären, was wir mit unserem Verstande nicht erklären können: Wieviel dergleichen haben wir dann nicht unaufhörlich vor unseren Augen! Laß uns nur bedenken, durch welche Wolken und finstere Nebel man uns zur Kenntnis der meisten solchen Dinge hintappen läßt, die wir sozusagen unter Händen haben! Gewiß, wir werden finden, daß es weit mehr die Gewohnheit ist als die Erkenntnis, die uns daran das Befremdende aus den Augen rückt, und daß uns jene Dinge, wenn man uns solche von neuem vorstellte, ebenso unglaublich, wo nicht noch unglaublicher vorkommen würden als irgend andere. Jener, der niemals einen Fluß gesehen hatte, dachte, als er zum erstenmal einen erblickte, es sei der Ozean. Und solche Sachen, die nach unserer Kenntnis die größten sind, die halten wir für das äußerste Größenmaß von allem, was die Natur in der Art hervorbringe.

Die Neuheit der Dinge reizt uns mehr, nach ihrem Ursprung zu forschen, als ihre Größe. Man muß mit mehr Ehrfurcht von der unbegrenzten Macht der Natur urteilen und mit richtiger Kenntnis unserer Unwissenheit und Schwäche! Wie manche fast unwahrscheinliche Fakta nicht von sehr glaubwürdigen Personen bescheinigt sind, die, wenn wir uns auch nicht davon überzeugen können, wir wenigstens dahingestellt sein lassen müssen; denn sie geradezu als unmöglich zu verwerfen, hieße sich verwegenerweise anmaßen, die Grenzen zwischen dem Möglichen und Unmöglichen genau zu ziehen. Wenn man den Unterschied genau beherzigte zwischen dem Unmöglichen und Ungewöhnlichen und zwischen demjenigen, was dem ordentlichen Laufe der Natur und demjenigen, was nur der gewöhnlichen Meinung der Menschen zuwider ist, so würde man ebensowenig schnellgläubig als zweifelsüchtig sein und sich an die Regel halten, die Chilon empfiehlt: Tut keinem Dinge zuviel.

Wenn man beim Froissard liest, daß der Comte de Foix die Niederlage des Königs Johann von Kastilien bei Jüberoth schon den Tag nachher, daß sie vorgefallen war, in Bearn wußte, und auf welche Art und Weise er's erfahren hat, so mag man darüber lachen; ebenso wie darüber, wenn unsere Annalen sagen, der Papst habe an ebendemselben Tage, an dem der König Philipp August in Mons starb, ein öffentliches Leichenbegängnis bestellt und befohlen, dasselbe durch ganz Italien zu tun: Denn die Glaubwürdigkeit dieser Zeugen ist vielleicht nicht wichtig genug, um uns Ehrfurcht zu gebieten. Wie aber, wenn Plutarch, außer anderen vielen Beispielen, die er aus alten Zeiten beibringt, uns sagt, er wisse es mit zuverlässiger Gewißheit, daß die Schlacht, die Antonius unter der Regierung Domitians gegen die Deutschen in einer Entfernung von vielen Tagreisen von Rom verlor, an eben dem Tage, da sie vorgefallen, in Rom bekannt geworden sei und diese Nachricht sich in der ganzen Welt verbreitet habe! Und wenn Cäsar glaubt, es sei oft der Fall gewesen, daß sich die Nachricht von einer Begebenheit verbreitet habe, bevor sich solche zugetragen – werden wir dann auch sagen, daß diese einfältigen Männer sich haben vom großen Haufen etwas anheften lassen, weil sie nicht so hellsichtig waren wie unsereiner? Kennt man etwas Delikateres, Zierlicheres und Lebhafteres als den Verstand im Urteilen des Plinius, wenn er sich desselben zu bedienen aufgelegt ist? Kennt man jemand, der entfernter ist von aller Eitelkeit als er? Die Vortrefflichkeit seiner Einsichten übergehe ich, weil ich mir daraus nicht soviel mache; in welcher von beiden vorigen Eigenschaften sollten wir ihn wohl übertreffen? Gleichwohl erdreistet sich der geringste Schulbube, ihn der Lügen zu zeihen, und will ihn über den Gang der Werke der Natur zurechtweisen und lehren.

Wenn wir beim Bouchet die Mirakel lesen, die von den Reliquien des Sankt Hilarius bewirkt worden sind – nun, nun! Bouchets Ansehen ist nicht groß genug, um uns freimütigen Widerspruch zu verwehren; aber so ohne alle Umstände alle übrigen ähnlichen Geschichten zu verdammen, das scheint mir eine sonderbare Unverschämtheit zu verraten. Der große Heilige, Augustinus, bezeugt, gesehen zu haben, daß ein blindes Kind durch Berühren der Reliquien der Heiligen Gervasius und Protasius zu Mailand das Gesicht wieder erlangt habe; daß eine Frau zu Karthago durch das Zeichen des heiligen Kreuzes, das eine neulich getaufte Frau über ihr schlug, von einem Krebsschaden geheilt worden sei; daß Hesperius, einer seiner Hausgenossen, die Geister vertrieben habe, die sein Haus beunruhigten, und zwar mit ein wenig Erde aus dem Grabe Jesu, und daß diese Erde, die nachher in die Kirche gebracht worden sei, einen Mann augenblicklich von der Gicht geheilt habe; daß eine Frau, die bei einer Prozession den Sarg des heiligen Stephanus mit einem Blumenstrauß berührt und sich mit diesem Strauß die Augen gerieben habe, ihr längst verlorenes Gesicht wieder erhalten habe; und verschiedene andere Mirakel mehr, wobei er selbst gegenwärtig gewesen zu sein versichert.

Wessen wollen wir ihn und zwei andere heilige Bischöfe, die er als seine zwei Zeugen anführt, beschuldigen? Der Unwissenheit, der Einfalt, der Leichtgläubigkeit oder der List und des Betruges? Sollte es zu dieser Zeit einen so schamlosen Menschen geben, der sich ihnen in seinem Sinne gleichsetzen wollte, sei's nun an Tugend und Frömmigkeit, sei's an Wissen, Verstand und Gelehrsamkeit?

Es ist eine Verwegenheit mit gefährlichen Folgen und dabei noch lächerlich wegen ihrer Dummdreistigkeit, alles zu verachten, was wir nicht verstehen. Denn wenn es, nachdem ihr nach eurem großen Verstand die Linie zwischen Wahrheit und Lügen gezogen habt, sich dennoch so fände, daß ihr notwendigerweise Dinge glauben müßtet, die noch viel befremdlicher wären als die, welche ihr verneint, so hättet ihr euch ja schon vorher verbindlich gemacht, sie nicht anzunehmen! Nun aber, was mir bei den Unruhen, darin wir uns der Religion wegen befinden, unsere Gewissen unsicher zu machen scheint, ist eben diese Dispensation, welche die Katholiken von ihren Glaubenssätzen erteilen. Sie dünken sich sehr tolerant, gemäßigt und klug zu verfahren, wenn sie ihren Gegnern den einen oder den anderen streitigen Artikel zugeben. Aber außerdem, daß sie übersehen, welch ein Vorteil es für denjenigen ist, der euch angreift, wenn ihr anfangt zu weichen und euch zurückzuziehen, und wie sehr ihn das anfeuert, euch zu verfolgen, so sind diese Artikel, die sie als die leichtesten auswählen, zuweilen sehr wichtig. Entweder muß man sich der Entscheidung unserer Kirche völlig unterwerfen oder sich ganz von ihr lossagen. Uns gebührt es nicht, vorzuschreiben, wie weit sich unser Gehorsam gegen sie erstrekken soll. Und noch mehr (ich darf es sagen, weil ich es versucht habe): Nachdem ich vormals mich meiner Freiheit bediente und nach meinem eigenen Sinn zu Werke ging – in Beiseitsetzung gewisser Punkte unserer Kirchengesetze, die mir entweder unbedeutend oder sonderbar vorkamen – und da ich endlich mit gelehrten Männern darüber gesprochen habe, so habe ich gefunden, daß jene Punkte auf sehr festen und sicheren Gründen beruhen, und daß es Dummheit und Unwissenheit anzeigt, wenn wir solche mit minderer Ehrerbietung annehmen als die übrigen. Warum erinnern wir uns nicht der vielen Widersprüche in unserem eigenen Urteile, wie viele Dinge uns gestern als Glaubensartikel vorkamen, die wir heute für Fabeln erkennen?

Eitelkeit und Neugierde sind die Geißeln unserer Seele. Diese treibt uns, die Nase allenthalben zu haben; jene verbietet uns, irgend etwas unaufgelöst und unentschieden zu lassen.

Vom Lügenstrafen

Schon recht, sagt man mir, das Vorhaben, sich seiner selbst zum Gegenstande, worüber man schreibt, zu bedienen, sei an großen, berühmten Leuten zu entschuldigen, die durch ihren großen Ruf den Wunsch rege gemacht haben, sie näher kennenzulernen. Es ist gewiß, ich gestehe es und weiß wohl, daß, um einen Menschen von gemeinem Schlage zu sehen, ein Handwerker kaum die Augen von seiner Arbeit aufschlägt, wohingegen, um einen großen und ausgezeichneten Mann, der in einer Stadt ankommt, zu beschauen, Werkstätten und Krambuden verlassen werden. Keinem anderen ziemt es, sich bekannt zu machen, als demjenigen, der sich zur Nachahmung darstellen kann und dessen Leben und Meinungen zum Muster dienen können. Cäsar und Xenophon haben Stoff genug, auf die Größe ihrer Taten als auf einen richtigen und festen Grund ihrer Erzählungen zu bauen und zu gründen. Ebenso sind die Tagebücher des großen Alexander, die Kommentarien, die Augustus, Cato, Sulla, Brutus und andere von ihren Taten hinterlassen haben, wünschenswürdige Schriften. Dergleichen Männer liebt und studiert man, selbst in schlechten Kupfern und Statuen von Sandstein.

Diese Bemerkung ist allerdings sehr wahr: Mich aber geht sie nur sehr wenig an. Ich bilde hier keine Statue, um solche auf einem Marktplatz oder in einer Kirche oder sonst an einem öffentlichen Orte zu errichten. Es ist für den Winkel eines Bücherbords und zum Zeitvertreibe eines Nachbarn, eines Verwandten, eines

Freundes, dem es Vergnügen machen wird, von mir zu erzählen und mich in diesem Bilde vertraulich zu kennen.

Andere haben ein Herz gefaßt, von sich zu reden, weil sie darin einen würdigen und reichen Gegenstand gefunden haben: ich hingegen, weil ich ihn so ungeschlacht und mager befunden habe, daß dabei kein Argwohn von Prahlerei stattfinden kann. Ich urteile gern über die Handlungen anderer: Von den meinigen gebe ich wenig zu beurteilen, wegen ihrer Nichtigkeit. Ich finde nicht so viel Gutes an mir, daß ich es nicht ohne Erröten sollte erzählen können. Welch ein Vergnügen würde es mir aber sein, jemand zu hören, welcher mir die Sitten, die Gestalten, das Betragen, die gemeinsten Reden und die Begebenheiten meiner Voreltern erzählte; wie aufmerksam würde ich ihm zuhören! Wahrlich, es würde von einer bösen Natur zeugen, die Gemälde unserer Freunde und Vorfahren verächtlich zu halten, selbst die Form ihrer Kleidung und ihrer Waffen. Ich hebe von ihnen die Handschriften auf und ihre Siegel, wie auch noch eine besondere Art von Degen, und habe noch nicht die langen Spießgerten hinausgeworfen, die mein Vater gewöhnlich in der Hand zu führen pflegte. Wenn indessen meine Nachkommenschaft hierin anders gesinnt ist, so weiß ich es schon recht gut, wie ich es wettmachen kann: Denn sie soll sich nicht weniger aus mir machen können, als ich mir zu jener Zeit aus ihr machen werde. Aller Verkehr, den ich hierin mit dem Publikum habe, ist, daß ich sein Schreibgeräte borge, weil solches leichter und schneller schreibt. Zur Vergeltung bin ich später vielleicht das Mittel, daß ein oder das andere Stück Butter aus dem Markte nicht wegschmilzt, oder werde etwa, wie Catull sagt, dem eingesalzenen Hecht zur Windel dienen.

Und wenn mich kein Mensch liest, habe ich deswegen meine Zeit verloren, daß ich so manche müßige Stunde auf so nützliche und angenehme Gedanken verwendet habe? Da ich diese Figur nach mir schnitzelte, habe ich mich so oft befühlen und betasten müssen, um das Verhältnis herauszubringen, daß sich das Muster dadurch befestigen und einigermaßen selbst hat bilden müssen. Indem ich mich für andere malte und so mir selbst gesessen bin, habe ich dem Urbilde ein reineres Kolorit verschafft, als das war, das es zuerst hatte. Ich habe mein Buch ebensowenig gemacht, wie mein Buch mich gemacht hat: Es ist ein Buch, das gleichen Wesens mit seinem Autor ist; es war eine schickliche Beschädigung, ist ein Glied meines Lebens; war keine Beschäftigung, die auf fremden unbestimmten Zweck abzielte wie alle anderen Bücher. Habe ich meine Zeit damit verloren, daß ich mir so unablässig, so sorgfältig von mir selbst Rechenschaft abgelegt habe? Denn diejenigen, die sich bloß, wenn sie einmal die Lust anwandelt, ein wenig überschauen und einmal ein Stündlein davon sprechen, gehen nicht so tief in sich hinein und untersuchen sich nicht so gründlich, wie derjenige, der daraus sein Studium, sein Werk und sein Geschäft macht, der sich mit aller Treue und mit allem Vermögen darauf einläßt, ein vollständiges Register über sich selbst anzufertigen. Die empfindlichsten Vergnügungen, die der Mensch in sich selbst genießt, vermeiden es, eine Spur von sich zurückzulassen, und fliehen den Blick nicht nur des Volks, sondern eines jeden anderen. Wie sehr hat mich dies Geschäft vor langweiligen Gedanken bewahrt, und für langweilig muß man alle rechnen, die auf nichts hinausgehen. Die Natur hat uns mit einer großen Fähigkeit beschenkt, uns mit uns selbst zu unterhalten, und fordert uns oft dazu auf, um uns zu lehren, daß wir uns zum Teil der Gesellschaft, dem größeren Teile nach aber uns selbst schuldig sind. Um meine Einbildungskraft unter der Schere zu halten und selbst mit einiger Ordnung und Absicht zu phantasieren und die Imagination zu hüten, daß sie sich nicht in Wind und

Wolken verliere: Dazu ist nichts dienlicher, als so vielen flüchtigen Gedanken, die sich ihr vorstellen, einen Gehalt zu geben und sie zu Register zu bringen. Ich gebe meinen Phantasien Gehör, weil ich sie zum Protokoll zu fassen habe. Zuweilen, wenn ich über eine meiner Handlungen unzufrieden war, die öffentlich zu tadeln mir Höflichkeit und Vernunft untersagten, hab' ich mich hier darüber erleichtert, nicht ohne die Absicht einer öffentlichen Belehrung, und diese poetischen Ruten:

> hau' übers Aug', hau' übern Rüssel,
> hau' übern Buckel dem Schweinehund!

hinterlassen noch bessere Striemen auf dem Papier als auf der lebendigen Haut. Wie, wenn ich nun ein wenig mehr Aufmerksamkeit auf die Bücher verwende, seitdem ich darauf ausgehe, ob ich ihnen etwas absehen kann, wodurch ich das Meinige firnissen und mit dauerhaftem Schmelz überziehen kann? Ich habe gar nicht deswegen studiert, um ein Buch zu schreiben:Ich habe das ein wenig studiert, was ich darinnen geschrieben habe, sofern man es studieren heißen kann, wenn man bald diesen bald jenen Autor, bald mit dem Kopfe bald mit den Füßen, obenhin durchläuft und bald hie und bald da etwas aufschnappt, gar nicht um eine Meinung aufzufassen, sondern um ihr zu Hilfe zu kommen und ihr dienstbar zu sein, wenn ich sie bereits gefaßt hatte.

Aber wem werden wir zu einer so verderblichen Zeit glauben, wenn er von sich selbst spricht, da es so wenige, vielleicht niemanden gibt, dem wir glauben können, wenn er von anderen redet, wobei doch weniger Eigennutz im Lügen stattfindet? Der Hauptzug der Sittenverderbnis ist die Verbannung der Wahrheit: Denn wie Pindar sagte, Wahrhaftigkeit ist der Anfang einer großen Tugend und der erste Artikel, den Plato bei seiner Republik zur Bedingung macht. Unsere Wahrheit heutigentags besteht nicht in dem, was ist, sondern wovon man andere überredet: So wie wir nicht nur das Münze nennen, was gesetzesmäßig ausgeprägt ist, sondern auch die falsche, die mit unterläuft. Man hat unserer Nation schon seit langer Zeit dieses Laster vorgeworfen; denn Salvianus Massiliensis, der zur Zeit des Kaisers Valentinian lebte, sagte: Unter den Franzosen gelten Lügen und Meineid als kein Laster, sondern nur als »Redensarten«. Wer dieses Zeugnis ein wenig stärker ausdrücken wollte, der könnte sagen, daß es bei ihnen heutzutage Tugenden sind: Man wird dazu erzogen, dazu gebildet, wie zu einer ehrenvollen Übung. Verstellungskunst wird unter die vorzüglichsten Eigenschaften des Jahrhunderts gezählt.

Deswegen habe ich oft darüber nachgedacht, woher die Gewohnheit entstanden sein möge, auf die wir so pünktlich halten: Daß wir uns ganz besonders beleidigt fühlen, wenn man uns dieses Laster vorwirft, das uns doch gewöhnlicher ist als irgendein anderes, und daß es die ärgste Verbalinjurie ausmacht, wenn man zu jemand sagt: Du hast gelogen. Hierüber meine ich nun, es sei natürlich, sich am hitzigsten wegen solcher Fehler zu verteidigen, die uns am meisten ankleben. Es scheint, wenn man sich über eine Beschuldigung ereifert und in Zorn gerät, daß man solche gewissermaßen von sich ablehne; wenn wir das Gebrechen an uns haben, so verdammen wir es doch wenigstens dem Scheine nach; vielleicht auch deswegen, weil dieser Vorwurf zugleich Feigheit und Niederträchtigkeit des Herzens in sich zu fassen scheint. Gibt es eine ausdrücklichere Niederträchtigkeit, als sein eigenes Wort zur Lüge zu machen? Sich mit Bedacht Lügen zu strafen? Es ist ein häßliches Laster ums Lügen, und ein alter Schriftsteller stellt es in seiner ganzen Schändlichkeit dar, wenn er sagt, es heiße ein

Zeugnis ablegen, daß man Gott verachte und zu gleicher Zeit die Menschen fürchte. Es ist nicht möglich, mit treffenderen Farben die Abscheulichkeit, die Niederträchtigkeit und Verworfenheit dieses Lasters abzuschildern; denn kann man sich was Elenderes denken, als in Hinsicht auf die Menschen feige und verzagt und in Hinsicht auf Gott keck und kühn zu sein? Da wir untereinander unsere Gedanken bloß durch Worte mitteilen, um danach unsere Handlungen einrichten zu können, so wird derjenige an der bürgerlichen Gesellschaft zum Verräter, welcher seine Worte verfälscht. Es ist das einzige Werkzeug, wodurch wir unser Verlangen und unsere Gedanken mitteilen. Es ist der Dolmetscher unserer Seele. Fehlt uns dieser, so ist weiter kein Zusammenhalt, wir kennen einander nicht mehr: Betrügt es uns, so stört es allen unseren Umgang und zerschneidet alle geselligen Bande. Gewisse Völkerschaften des neueren Indien (ihr Name ist nicht nötig anzumerken; sie sind nicht mehr vorhanden, denn bis zur gänzlichen Vertilgung der Namen und der vorigen Lage der Orte hat sich die Verwüstung dieser eroberten Länder erstreckt; ein unerhörtes schreckliches Beispiel), diese Völker, sage ich, opferten ihren Göttern Menschenblut, aber kein anderes, als das aus ihrer Zunge oder aus ihren Ohren gezapft worden ist, zur Sühne der Sünde des Lügens, sowohl durchs Hören als durchs Reden. Jener gute alte Grieche sagte, die Kinder spielten mit Klappern und die Menschen mit Worten.

Was die verschiedene Sitte anlangt, womit man jemanden Lügen straft, die Ehrengesetze, die man darüber zu beobachten pflegt, und die verschiedenen Veränderungen, die damit vorgegangen sind, so spare ich auf eine andere Gelegenheit, das zu sagen, was ich davon weiß, und werde mich unterdessen bemühen zu erfahren, um welche Zeit der Brauch angefangen hat, die Worte so genau abzuwägen und abzumessen und unsere Ehre daran zu knüpfen: Denn es ist leicht abzusehen, daß dies ehedem bei den Römern und Griechen nicht der Brauch war, und es hat mir oft neu und sonderbar geschienen, zu sehen, wie sie sich zuweilen Lügen straften und schmälten, ohne gleichwohl darüber zu Tätlichkeiten zu schreiten. Die Gesetze ihrer Pflichten nahmen einen anderen Gang als den unsrigen. Den Cäsar nannte man oft ins Gesicht bald einen Räuber, bald einen Säufer. Man sieht die große Freiheit, womit sie einander schalten und schmähten: Ich spreche von den größten Feldherren der einen Nation wie der andern. Aber sie rächten sich bloß mit Worten, ohne daß es andere Folgen hatte.

Über den Zorn

Überall ist Plutarch vortrefflich, vornehmlich aber da, wo er über die Handlungen der Menschen urteilt. Man kann die vortrefflichen Sachen lesen, die er bei Vergleichung des Lykurg mit dem Numa über die große Einfalt sagt, die wir dadurch begehen, daß wir die Kinder der Aufsicht und Sorgfalt ihrer Väter überlassen. Die meisten unserer Staatsverfassungen, wie Aristoteles sagt, überlassen einem jeden auf gut zyklopisch die Aufsicht über seine Frau und seine Kinder, je nach dem es seiner närrischen, törichten Phantasie gutdünkt, und fast als einzige haben die Lacedämonier und Cretenser dem Gesetze die Aufsicht über die Kinder anvertraut. Wer fühlt nicht, daß in einem Staate alles von der Erziehung und Pflege der Kinder abhängt, und gleichwohl überläßt man diese Dinge unvorsichtigerweise dem Gutdünken der Eltern, so dumm und boshaft sie auch sein mögen! Wie oft hat mich unter anderen nicht die Lust angewandelt, wenn ich so durch unsere Gassen gegangen bin, ein Possenspiel zu schreiben, um die kleinen Buben zu rächen, die ich von einem vor Zorn wütenden Vater oder von einer aufgebrachten Mutter bis aufs Blut gestäupt und gepeitscht sah. Man sieht diesen Leuten Feuer und Wut aus den Augen blitzen (nach dem Hippokrates sind das die gefährlichsten Krankheiten, die das Angesicht verstellen); und dabei äußern sie eine so laute durchschneidende Stimme oft gegen ein armes Kind, das noch kaum entwöhnt ist. Obendrein wird es verkrüppelt und durch Schläge verdummt; und unsere Gerichtspflege merkt so wenig darauf, als ob diese Verkrüppelungen, Verstümmelungen und Verdummungen keine Glieder des gemeinen Wesens beträfen.

Keine Leidenschaft verrückt die Unparteilichkeit eines Richters mehr als der Zorn. Der Mensch wird daran zweifeln, daß der Richter das Leben verwirkt habe, der etwa aus Zorn einen Verbrecher zum Tode verurteilt hätte? Warum ist es nicht ebensowenig den Vätern und den Schulpedanten erlaubt, im Zorne die Kinder zu peitschen und zu strafen? Es ist ja keine Züchtigung mehr, sondern Rache. Züchtigung soll den Kindern als Arznei dienen; und würden wir wohl einen Arzt dulden, der gegen seine Kranken aufgebracht und zornig wäre?

Wir selbst, um gerecht zu verfahren, sollten niemals, so lange der Zorn bei uns dauert, Hand an unsere Bedienten legen. So lange der Puls hoch geht und wir noch Wallungen spüren, laßt uns die Züchtigung aufschieben. Wir werden die Sachen gewiß mit anderen Augen betrachten, wenn sich unsere Wallung gelegt und unser Blut sich abgekühlt hat. Denn die Leidenschaft, die vorher sprach, war Leidenschaft und nicht wir selbst. Durch ihr Glas schienen uns die Fehler größer, so wie die Körper, die man durch einen Nebel sieht. Wen hungert, der mag sich ans Essen machen; wer sich aber an Züchtigungen machen will, der muß danach weder hungern noch dürsten. Überdem werden die mit Klugheit abgemessenen Strafen williger aufgenommen und nützen demjenigen mehr, der sie leidet; sonst denkt er, er sei von einem Menschen, der von Wut und Zorn brannte, nicht gerechterweise verurteilt, und führt zu seiner Rechtfertigung die außerordentliche Heftigkeit seines Herrn an, sein von Zorn entbranntes Gesicht, die ungewöhnlichen Flüche und Schwüre und seine heftige, unbesonnene Übereilung.

Sagen ist eines, und ein anderes ist tun; man muß die Predigt für sich betrachten und für sich betrachten den Prediger. Diejenigen haben sich zu unseren Zeiten die Sache gar zu leicht gemacht, die versucht haben, der Wahrheit unserer Kirche die Laster ihrer Diener aufzubürden. Sie nimmt ihr Zeugnis ganz anderwärts her. Es ist eine einfältige Art zu schließen, die alles in Verwirrung stürzen würde. Ein Mensch von guten Sitten kann falsche Meinungen hegen, und ein Ruchloser kann Wahrheit predigen, ja selbst derjenige, der nicht daran glaubt. Es ist ohne Zweifel eine schöne Harmonie, wenn Tun und Sagen Hand in Hand gehen, und ich will nicht leugnen, daß das Sagen, wenn es mit dem Tun verknüpft ist, wirksamer und eindringlicher sei, wie Eudamidas sagte, als er einen Philosophen über den Krieg sprechen hörte: Die Worte sind sehr schön, aber derjenige, der sie sagt, verdient keinen Glauben, denn seine Ohren sind nicht gewöhnt an den Klang der Trompete. Und Cleomenes, der einen Rhetoriker eine Rede über die Tapferkeit halten hörte, fing drob herzlich zu lachen an, und als der andere darüber seinen Verdruß äußerte, sagte er zu ihm: Ich würde ebendas tun, wenn eine Schwalbe davon spräche; spräche aber ein Adler, ja, da möchte ich gerne zuhören. Ich ersehe, wie mich deucht, aus den Schriften der Alten, daß derjenige, der das sagt, was er denkt, einen viel lebhafteren Eindruck macht als derjenige, der bloß nach der Kunst spricht. Man höre den Cicero von der Liebe zur Freiheit sprechen und höre ebendarüber den Brutus! Selbst die Schriften tönen es laut, daß der letztere ein Mann war, der die Freiheit mit Blut und Leben erkauft hätte. Laß Cicero, den Vater der Beredsamkeit, von der Verachtung des Todes handeln und Seneca ebendieselbe Materie bearbeiten: Jener ist schlaff und matt, und man fühlt, daß er einem etwas aufreden will, wovon er selbst nicht überzeugt ist; er flößt einem kein Herz ein, denn er hat selbst keines; der andere begeistert und entflammt uns. Ich lese niemals einen Schriftsteller, nicht einmal einen von denen, die von der Tugend und dem menschlichen Tun und Lassen handeln, ohne mich genau zu erkundigen, was für ein Mann er gewesen ist. Die Schriften des Plutarch, wenn man sie mit rechter Andacht liest, entdecken uns hinlänglich den Mann, und ich denke, daß ich ihm bis in das Innerste seiner Seele schaue; doch wollte ich, daß wir eine gute Lebensbeschreibung von ihm hätten. Und ich mache hier mit Fleiß diesen Seitensprung, wegen des Dankes, den ich dem Aulus Gellius dafür weiß, daß er uns die Anekdote von jenem schriftlich hinterlassen hat, die mir bei meinen Gedanken über den Zorn zustatten kommt. Einer seiner Sklaven, ein schlechter, lasterhafter Mensch, der aber etwas von den Lehren der Philosophie aufgeschnappt hatte, war wegen eines begangenen Fehlers auf Befehl Plutarchs ausgekleidet worden; derweil man ihn geißelte, murmelte er im Anfange, ihm geschehe unrecht, er habe nichts getan; endlich aber begann er zu schreien und seinen Herrn weidlich auszuschelten und machte ihm den Vorwurf, er sei kein Philosoph, wie er sich's berühme zu sein; er habe ihn oft sagen hören, es sei häßlich, sich zu ereifern; ja, er habe gar ein Buch darüber geschrieben, und nun, da er ganz im Zorn versunken, ließe er ihn so entsetzlich peitschen, und dadurch strafe er alle seine Bücher Lügen. Hierauf erwiderte Plutarch ganz gesetzt und kaltblütig: Wie, Schlingel! Woraus schließest du, daß ich jetzt zornig sei? Zeigt dir mein Gesicht, meine Stimme, meine Farbe, meine Rede, daß ich in Wallung sei? Ich denke auch nicht, daß mein Blick wild, mein Gesicht verstört sei, noch daß ich fürchterlich schreie. Erröte ich? Schäume ich? Sind mir Worte entwischt, deren ich mich zu schämen hätte? Zittre ich, bebe ich vor Zorn? Denn wisse, das sind die wahren Zeichen des Zorns. Und nun wendete er sich an denjenigen, der die Geißel führte, und sagte: Fahre du nur immer fort, so lange der da und ich disputieren.

Der Zorn ist eine Leidenschaft, die sich in sich selbst gefällt und behagt. Wie oft ergibt sich's nicht, wenn wir für eine falsche Sache streiten und uns jemand etwas Triftiges zu ihrer Verteidigung oder Entschuldigung des Gegenteils vorhält, daß wir selbst gegen Wahrheit und Unschuld in Hitze geraten?

Wer mit hartköpfigen Weibern umgehen muß, wird wissen, in was für eine Wut sie verfallen, wenn man ihrem Gebelfer nichts anderes entgegensetzt als Stillschweigen und Kaltblütigkeit und wenn man keine Lust bezeigt, ihrem Zorn Nahrung zu geben. Der Redner Cälius hatte von Natur ein sehr cholerisches Temperament. Als jemand in seiner Gesellschaft zu Abend aß, der von Natur sehr sanft und nachgebend war und, um ihn nicht zu beleidigen, alles billigte, was Cälius sagte, so konnte dieser es nicht ausstehen, daß er gar keine Gelegenheit zum Auffahren finden sollte, und sagte: Widersprich mir doch einmal, beim Henker, damit wir unser zwei sind! So die Weiber. Sie entrüsten sich nur, damit wir uns wieder entrüsten sollen: zur Nachahmung der Gesetze der Liebe. Phocion, als ihn ein Mann in einer Rede störte und ihm viel Böses sagte, tat weiter nichts, als daß er stillschwieg und ihm alle Zeit ließ, seine Galle auszugießen; als der andere schwieg, begann er seine Rede von neuem, gerade an der Stelle, wo er abgebrochen hatte, ohne das geringste von der Beleidigung zu erwähnen. Keine Antwort ist so bitter als eine solche Verachtung. Von dem jähzornigsten Menschen in ganz Frankreich (und es ist immer eine Unvollkommenheit, aber an einem Kriegsmanne mehr zu entschuldigen, denn in seinem Amte kommen allerdings oft Anlässe vor, wobei er nicht gelassen bleiben kann) sage ich sehr oft, er sei der Mann, der sich die meiste Mühe gebe, seinen Zorn zu bändigen unter allen, die ich kenne; so heftig und wütend ergreift ihn der Zorn, daß er sich harten Zwang antun muß, um ihn zu mäßigen, und ich für meine Person wüßte keine Leidenschaft, für oder wider welche ich mir eine solche Gewalt antun möchte. Ich möchte die Weisheit um keinen so hohen Preis kaufen. Ich sehe aber nicht sowohl darauf, was er tut, als auf das, wie viel es ihn kostet, daß er nichts Ärgeres tue. Ein anderer rühmte sich gegen mich wegen der Ordnung und Sanftheit seiner Sitten, die freilich bewundernswürdig sind; ich sagte ihm: Dies sei allerdings viel, besonders bei Personen von vornehmem Stande wie er, auf die jedermann die Augen geheftet hat, wenn er sich der Welt immer als einen gemäßigten Mann zeige. Die Hauptsache sei aber, für das Innere und sich selbst zu sorgen, und nach meinem Dafürhalten täte er nicht gar zu wohl für sich, daß er sich innerlich aufriebe, wie ich doch befürchten müßte, wenn er diese Larve und diesen äußeren Schein beständig beibehalten wollte. Man jagt die Galle ins Blut, wenn man sie verbirgt. Ich möchte raten, daß man lieber ein wenig zur Unzeit seinem Bedienten einen Glitsch auf die Backen gebe als seine Phantasie foltre, um beständig eine hochwohlweise Miene zu tragen, und möchte lieber meine Leidenschaften öffentlich zeigen, als auf meine Kosten immer darüber brüten. Sie legen sich und werden schwächer, wenn man ihnen Luft gibt und sie zur Sprache kommen läßt. Es ist besser, ihre Spitze wirkt auswärts, als daß man solche gegen sich selbst kehrt. Ich warne diejenigen, die in meinem Hause berechtigt sind, Zorn sehen zu lassen, dagegen erstlich, daß sie ihre Galle sparen und nicht wegen jeder Kleinigkeit überfließen lassen, denn das hindert alle gute Wirkung. Das Auffahren und leichte Schreien geht über in Gewohnheit und macht, daß niemand mehr darauf achtet. Zankt man dann mit einem Bedienten über Diebstahl, so läßt er es überhingehen, denn er hat ja gesehen, daß man ihn hundertmal ausgescholten hat, weil er ein Glas nicht sauber genug ausgespült oder einen Fußschemel an den unrechten Ort gestellt hatte. Zweitens, daß sie nicht in die Luft zürnen, sondern darauf sehen, daß ihre Zurechtweisungen auf den rechten Mann fallen; denn gewöhnlich schelten und schreien sie, ehe sie ihn noch vor sich haben, und fahren noch stundenlang fort, wenn er ihnen schon wieder aus dem Gesicht ist. Sie fechten mit ihrem eigenen Schatten und erheben das Ungewitter an einer Stelle, wo es niemanden trifft und niemanden angeht, so daß derjenige, der nichts dafür kann, das Gekreische ihrer Stimme aushalten muß. Ich zähle auch diejenigen unter die Zänker und Stänker, die drohen und großtun, ohne einen Gegner vor sich zu haben. Man muß dergleichen aussparen, bis man es an den rechten Mann bringen kann. Wenn ich einmal böse werde und in Zorn gerate, so geschieht das mit Heftigkeit, aber auch so geheim und auf so kurze Zeit, als mir nur immer möglich ist. Ich vergesse mich wohl in der Geschwindigkeit und Heftigkeit, aber nicht bis zu einem solchen Grade, daß ich aufs Geratewohl und ohne Wahl alle Arten von Scheltworten ausstoßen sollte, und weiß immer, auf wen ich meine Pfeile richtig abschieße und wo sie am wehesten tun, denn gewöhnlicherweise brauche ich kein anderes Werkzeug als die Zunge. Meine Leute kommen besser weg bei großen als bei kleinen Veranlassungen. Die kleinen überraschen mich, und das Unglück will es nun einmal so, daß, wenn man in eine Grube fällt, gleichviel wer einen hineingestoßen, man doch immer bis zum Grunde fällt. Der Fall wird von selbst immer schleuniger und schneller. Bei großen Anlässen ist mir das schon Ersatz, daß sie so gerecht sind und daß jedermann es erwartet, einen wackeren Zorn darüber ausbrechen zu sehen. Ich mache mir eine Ehre daraus, jene Erwartung zu hintergehen. Ich sträube und strebe mich gegen diese. Sie warnen mich und drohen mir, daß sie mich sehr weit führen werden, wenn ich ihnen einmal Raum gebe. Es wird mir leicht, zu verhüten, mich darauf einzulassen, und ich bin dann stark genug, wenn ich so etwas von weitem kommen sehe, den Stoß dieser Leidenschaft abzuwehren, die Ursache mag auch noch so heftig sein. Faßt sie mich aber einmal, ohne daß ich mich dessen versehe, so reißt sie mich fort, so geringfügig ihre Ursache auch sein mag.

Mit denjenigen, die mir widersprechen dürfen, mache ich folgenden Handel: Wenn ihr sehet, daß ich zuerst in Wallung gerate, so laßt mich gehen links und rechts, wohin ich will; ich will es mit euch wieder ebenso machen. Das Ungewitter erzeugt sich nur durch den Zusammenfluß gegenseitiger Hitze, die gewöhnlich eine aus der anderen entsteht, und niemals bloß aus einem Punkte. Laßt uns jeder Hitze ihren Zug lassen, so bleiben wir in beständigem Frieden. Die Vorschrift ist nützlich, nur sehr schwer auszuführen. Zuweilen begegnet mir auch wohl, daß ich den Zornigen vorstelle, um mein Hauswesen in Ordnung zu halten, ohne daß es mir im geringsten von Herzen geht. So wie mir nach und nach das Alter die Säfte versauert, so studiere ich darauf, demselben zu widerstehen, und wenn ich nur irgend kann, werde ich künftig um so weniger sauertöpfisch und grämlich sein, je mehr Neigung ich dazu fühle und je mehr man es an mir entschuldigen würde, obgleich ich vorher schon zu denen gehört habe, die es am wenigsten sind. Noch ein Wort, um Punkt zu machen. Aristoteles sagt, der Zorn diene zuweilen der Tugend und der Tapferkeit zur Waffe. Das ist wahrscheinlich; indessen antworten diejenigen, die ihm widersprechen, gar artig, es sei eine Waffe von ganz neuer Art; denn die anderen Waffen führen wir, diese führt uns; unsere Hand leitet nicht sie, sondern sie führt unsere Hand; die Waffe ist nicht in unserer Gewalt, sondern wir sind in der Hand der Waffe.

Von der Reue

Anderen ist der Mensch ein Gegenstand der Bildung, mir der Erzählung, und ich stelle einen einzelnen dar, der sehr übel gebildet ist. Könnte ich den ganz von neuem modellieren, so würde ich wahrhaftig ganz etwas anderes daraus machen, als er ist. Dazu ist's indes leider zu spät. Die Züge meines Gemäldes aber werden nicht verwischt, obgleich sie sich verändern und verbleichen. Die Welt ist nichts als eine ewige Schaukel. Alle Dinge schaukeln ohne Unterlaß, die Erde, die Felsen des Kaukasus, die ägyptischen Pyramiden, durch den allgemeinen sowie durch ihren eigentümlichen Wackelgang. Die Beständigkeit selbst ist nichts anderes als eine schwächer geschwungene Schaukel. Ich kann meinen Gegenstand nicht zum Feststehen bringen; er wankt und schwankt wie von einem natürlichen Räuschchen. In dem Punkte nehme ich ihn, wie er ist, während der Augenblicke, da ich mir einen Zeitvertreib mit ihm mache. Ich male nicht das Wesen: Ich male seinen Übergang; nicht einen Übergang von einem Alter zum anderen, nach der Volkssage von sieben zu sieben Jahren, sondern von Tag zu Tag, von Minute zu Minute. Ich muß meine Geschichte nach der Stunde einrichten. Ich könnte leicht bald anderen Sinnes werden, nicht bloß aus Zufall und Glück, sondern auch durch Absicht und Vorsatz. Es ist ein Protokoll von verschiedenen und veränderlichen Zufällen, von unbestimmten und, wie es sich trifft, wohl gar von widersprechenden Einbildungen; komme es daher, daß ich selbst nicht immer derselbe bin, oder daher, daß ich die Gegenstände unter anderen Gesichtspunkten auffasse: So viel ist ausgemacht, daß ich mir wohl zuweilen widerspreche, der Wahrheit aber widerspreche ich niemals. Wenn meine Seele einen festen Ruhepunkt finden könnte, so würde ich nicht mehr tappen, sondern mich entschließen; aber so ist sie noch immer in Lehrjahren und auf der Probe.

Ich lege ein niedriges, glanzloses Leben vor. Das ist einerlei. Man heftet die ganze philosophische Moral ebensogut an ein gemeines, niedriges Leben wie an ein Leben vom reichsten Gehalt. Jeder Mensch trägt die ganze Form des Standes der Menschheit an sich. Die Schriftsteller teilen sich dem Volke mit durch irgendeinen besonderen und auszeichnenden Stempel. So ich, der erste unter allen, durch mein universelles Wesen als Michel von Montaigne; nicht als Grammatiker oder Poet oder Rechtsgelehrter. Beschwert sich die Welt darüber, daß ich zu viel von mir selbst spreche, so beschwere ich mich darüber, daß sie nicht einmal an sich denkt. Ist es aber billig, daß ich in sonderbarem Gebrauch darauf aus bin, mich so allgemein und öffentlich bekannt zu machen? Ist es vernünftig, daß ich der Welt, bei der der Schnitt der Kunst so viel Glauben und Gewalt hat, rohe einfache Wirkungen der Natur, und noch dazu einer schwächlichen Natur, vorlege? Heißt das nicht eine Mauer ohne Steine ausführen oder etwas Ähnliches, wenn man ein Buch ohne Gelehrsamkeit schreibt? Die Phantasien einer Musik werden durch Kunst hervorgebracht, die meinigen durch den Zufall. Wenigstens habe ich dieses nach dem wissenschaftlichen System für mich, daß niemals ein Mensch einen Gegenstand behandelte, den er besser kannte und verstand, als ich den Gegenstand kenne und verstehe, den ich unter die Feder genommen habe, und daß ich hierin der gelehrteste Mensch bin, der auf der Welt lebt. Zweitens, daß niemals ein Mensch in seine Materie tiefer eingedrungen sei noch ihre Glieder und Folgen deutlicher auseinandergesetzt habe und niemals richtiger und umfassender zu dem Zweck gelangt sei, den er sich bei seiner Arbeit vorgesetzt hatte. Um diesen Zweck zu erreichen, bedarf ich weiter nichts, als mit aller Treue zu verfahren, und diese ist bei mir die reinste und offenherzigste, die man finden kann. Ich rede wahr; nicht gerade eben alles, was ich weiß, sondern soviel, als ich mir davon zu sagen getrauen darf, und wage immer ein wenig mehr, je älter ich werde; denn es scheint, als ob die Gewohnheit diesem Alter etwas mehr Freiheit einräume, zu plaudern und ohne Zurückhaltung über sich selbst zu schwatzen. Es kann hier nicht zutreffen, was ich oft zutreffen sehe, daß der Künstler und sein Kunstwerk sich voreinander verleugnen. Hat der Mensch von so angenehmem Umgange ein so dummes Buch geschrieben? Oder ist ein so gelehrtes Werk aus den Händen eines so mittelmäßigen Gesellschafters geflossen? Der im Umgange so gemein spricht, sollte der so vortrefflich schreiben? Das heißt ungefähr, seine Fähigkeiten liegen in Dingen, die er erborgt hat und die nicht sein eigen sind. Die Gelehrsamkeit eines gelehrten Mannes erstreckt sich nicht auf alle und jede Dinge, aber der verständige Mann ist allenthalben verständig, selbst im Nichtwissen. Hier gehen wir Hand in Hand eines Weges, mein Buch und ich. In anderen Fällen kann man ein Werk, ohne Rücksicht auf seinen Verfasser, loben oder tadeln, aber nicht hier. Wer das eine angreift, greift auch den anderen an. Wer mein Buch beurteilen will, ohne mich zu kennen, tut sich selbst mehr weh als mir. Wer mich gekannt hat, läßt ihm Gerechtigkeit widerfahren. Glücklich bin ich, über all mein Verdienst, wenn ich nur diesen Anteil am öffentlichen Beifall erhalte, daß verständige Menschen empfinden, ich wäre fähig gewesen, mich der Wissenschaft nützlich zu bedienen, wenn ich welche besessen hätte, und hätte wohl verdient, mehr Hilfe und Beistand von meinem Gedächtnisse zu haben.

Ich muß mich hier darüber entschuldigen, wenn ich oft sage, daß mich sehr selten etwas reut, und daß mein Gewissen mit sich selbst zufrieden sei, nicht etwa wie das Gewissen eines Engels oder eines Pferdes, sondern wie das Gewissen eines Menschen. Ich will aber in Gottes Namen die Wiederholung hinzusetzen, nicht etwa als Wiederholung einer bloßen Höflichkeit, sondern der wesentlichen und ausdrücklichen Unterwerfung; ich spreche als einer, der fragt und nicht weiß, und unterwerfe mich ohne weiteres dem Endurteil der allgemeinen und rechtsgültigen Meinung. Ich bin kein Lehrer, ich bin nur Erzähler.

Es gibt kein Laster, das ein wirkliches Laster ist, das nicht jedem zuwider wäre und dem gesunden Verstande mißfiele; denn es ist damit eine solche Häßlichkeit und ein so auffallender Nachteil verbunden, daß die wenigen vielleicht recht haben, die behaupten, es sei hauptsächlich ein Erzeugnis der Dummheit und Unwissenheit; so schwer ist es, sich nur einzubilden, man vermöge es zu kennen, ohne es zu hassen. Die menschliche Verderbtheit haucht den größten Teil ihres Giftes in sich selbst ein und vergiftet sich dadurch. Das Laster läßt, wie ein Geschwür im Fleische eine Narbe, in der Seele eine Reue nach, die sich beständig kraut und sich selbst blutig kratzt. Denn die Vernunft heilt alle übrigen Schmerzen und Betrübnisse, erzeugt aber den Schmerz der Reue, die um so bitterer ist, weil sie sich nur innerlich regt, so wie der Frost und die Hitze des Fiebers viel peinlicher sind als Frost und Hitze, die von außen auf uns wirken. Ich halte für Laster (jedoch jedes nach seinem Maße und Gewicht) nicht nur das, was Vernunft und Natur verdammen, sondern auch das, was die Meinung der Menschen dafür erklärt; wäre es auch aus falschem Irrwahn, sobald dieser das Ansehen der Gesetze und Gewohnheit für sich hat.

Ebenso gibt es keine Güte, die nicht einem redlichen Gemüte Freude machte. Man wünscht sich selbst gewissermaßen Glück, wenn man Gutes tut, freut sich darüber in seinem Inneren, und ein edler Stolz begleitet ein gutes Gewissen. Eine Seele, die mit Mut und Tapferkeit lasterhaft ist, kann sich vielleicht selbst in eine gewisse Ruhe einwiegen; aber jene Zufriedenheit, jenes behagliche Selbstgefühl kann sie sich nicht gewähren. Es ist kein unbedeutendes Vergnügen, das Bewußtsein, sich vor der ansteckenden Seuche eines so verderbten Zeitalters bewahrt zu haben und sich selbst sagen zu können: Wer mir bis in die Seele sehen könnte, würde mich niemals des Unglücks und des Verderbens irgendeines Menschen für schuldig halten, noch der Rachgier oder des Neides, noch der Übertretung der öffentlichen Gesetze, noch der Neuerungen oder des Aufruhrs, noch der Wortbrüchigkeit; und was auch die Zügellosigkeit unserer Zeiten jedermann erlaubt und lehrt, so habe ich doch meine Hand nie an die Güter oder den Geldkasten meiner Mitbürger gelegt und habe sowohl im Kriege als im Frieden bloß von dem Meinigen gelebt und niemanden für mich arbeiten lassen, dem ich nicht seinen verdienten Lohn bezahlt hätte. Diese Zeugnisse eines guten Gewissens sind beruhigend, und es ist eine große Wohltat, daß dieser natürliche Genuß die einzige Belohnung ist, die uns niemals entgeht.

Eine Vergeltung tugendhafter Handlungen auf anderer Menschen Beifall gründen, heißt auf einen zu unsicheren und sandigen Grund bauen, zumal in so verderbten und unaufgeklärten Zeiten wie die jetzigen, wo die Hochachtung des Volkes beinahe zum Schimpfe gediehen ist! Auf wen soll man sich in Ansehung dessen, was löblich ist, verlassen? Gott bewahre mich, ein rechtschaffener Mann nach der Beschreibung zu sein, die ich täglich fast jedermann von sich selbst machen und als rühmlich ausgeben sehe. Verschiedene meiner Freunde haben es zuweilen unternommen, mich auszukapiteln und mir tüchtig die Epistel zu lesen, teils aus eigenem Triebe, teils auf meinen Aufruf, als zu einer Pflicht, die für eine gut geartete Seele nicht nur in Ansehung des Nutzens, sondern auch in Ansehung des Vergnügens die erste unter allen Freundschaftspflichten ist. Ich habe solches immer mit der aufrichtigsten Höflichkeit und Erkenntlichkeit aufgenommen; jetzt aber, gewissenhaft darüber zu sprechen, habe ich doch oft in ihren Belehrungen und Belobungen so viel schiefe Urteile gefunden, daß ich eben keinen Fehler begangen hätte, wenn ich lieber gefehlt als nach ihrer Meinung mich wohl betragen hätte. Wir armen Menschen, die hauptsächlich ein häusliches Leben führen, das nur uns bekannt ist, müssen für uns ein festes Muster aufgestellt haben, nach dem wir unsere Handlungen abmessen, und uns selbst nach diesem zuweilen liebkosen und zuweilen bestrafen. Ich habe meine eigenen Gesetze und meinen eigenen Gerichtshof, von welchem ich Urteil und Recht nehme, und wende mich mehr an diesen als andere. Ich schränke mich wohl ein mit meinen Handlungen nach anderen, dehne solche aber aus bloß nach mir selbst. Ein jeder Mensch weiß nur selbst, ob er feig und grausam, ob er gottlos oder fromm ist. Andere Leute sehen ihn nicht, sondern erraten ihn nur nach ungewissen Vermutungen; sie sehen weniger sein Naturell als seine Kunst; daher muß man sich nicht allein an ihren als an den Ausspruch seines eigenen Gewissens halten. Was man aber sagt, daß die Reue der Sünde auf der Ferse folge, scheint nicht auf eine solche Sünde zu gehen, die in ihren Staatskleidern einhergeht und bei uns wie in ihrem Palaste wohnt. Solche Vergehungen, die uns überraschen, und zu denen uns Leidenschaften hinreißen, können wir als fremde Gäste verkennen und verleugnen; solche aber, die sich durch eine lange Gewohnheit in einem starken und festen Willen eingewurzelt und eingeankert haben, würde man vergebens als uns unbekannt ausgeben. Die Reue ist weiter nichts als eine Ableugnung unseres Willens und ein Widerspruch gegen unsere Phantasie, die uns nach allen Richtungen verleitet.

Es ist eine vortreffliche Lebensweise, die sich bis in die innerste Häuslichkeit in Ordnung erhält. Jedermann kann am Schauspiele teilnehmen, eine vornehme Rolle übernehmen und mit Wärme ausführen; aber darauf kommt es an, ob in seiner Brust, in seinem Inneren, wo alles erlangt, wo alles verborgen ist, alles nach der Regel gehe. Die nächste Stufe ist, ob man es auch daheim und in seinen Alltagsangelegenheiten sei, von welchen wir niemand Rechenschaft abzulegen haben, wo kein Künsteln, kein Studieren stattfindet. Und gleichwohl, wenn Bias eine vortreffliche Haushaltung schildert, sagt er, der Hausvater derselben sei ebenderselbe daheim, aus eigenem Antriebe, als er es außer dem Hause, aus Furcht vor den Gesetzen und der Nachrede der Menschen, sei. Es war eine würdige Antwort, die Julius Drusus den Arbeitern gab, die sich erboten, für 3000 Taler sein Haus dergestalt einzurichten, daß seine Nachbarn nicht mehr so hineinsehen könnten wie bisher. Ich will euch, sagte er, 6000 geben, wenn ihr es so macht, daß jedermann von allen Seiten hineinsehen kann. Man bemerkt es als etwas Rühmliches am Agesilaus, daß er auf Reisen im Gebrauch hatte, seine Herberge in den Tempeln zu nehmen, damit das Volk und selbst die Götter sein häusliches Benehmen beobachten könnten. Es gibt Menschen, die von der Welt bewundert worden sind, denen Ehefrauen und Bediente nicht einmal etwas Merkwürdiges angesehen haben; wenige Männer sind von ihren Hausgenossen bewundert worden. Niemals galt ein Prophet, wie die Geschichte aus der Erfahrung bemerkt, etwas in seinem Hause, sondern auch sehr wenig in seinem Vaterlande. So geht es auch mit geringfügigen Dingen, und in diesem niedrigen Beispiele sieht man das Bild des Großen. Unter meinem gaskognischen Himmelsstriche hält man es für einen närrischen Spaß, mich gedruckt zu sehen. Je weiter die Kenntnis von mir sich von meiner Hütte entfernt, je besser scheine ich. In meiner nächsten Nachbarschaft mußte ich dem Verleger zugeben; die entfernteren bezahlen mir. Auf diesen Umstand gründen sich diejenigen, die sich lebend und gegenwärtig verbergen, um sich als Verstorbene oder Abwesende in Ruf zu bringen. Ich will aber lieber weniger berühmt sein und trete in der Welt nur auf, um mein bescheiden Teil dahin zu nehmen. Das Volk begleitet zuweilen einen Mann von einer öffentlichen Verrichtung mit Jubel und Erstaunen bis an die Pforte seines Hauses. Da legt er mit seinem Amtskleide auch die große Rolle ab und fällt desto tiefer, je höher man ihn erhoben hatte. Im Inneren seines Hauses steht es elend und geht alles drüber und drunter. Befände sich auch in demselben Ordnung, so gehörte doch ein heller und scharfsichtiger Verstand dazu, solche in seinen niedrigen Handlungen als Privatmann zu entdecken. Denn man muß nicht vergessen, daß Ordnung eine stille, geräuschlose Tugend ist. Schlachten gewinnen, Gesandtschaften führen, ein Volk regieren, das sind glänzende Taten. Still und gerecht Verweise geben, lachen, verkaufen, bezahlen, lieben, hassen und mit den Seinigen und mit sich selbst ehrbar umgehen; in allen seinen Pflichten nicht laß werden noch sich widersprechen, das ist seltener, schwerer und macht weniger Aufsehen. Mag man darüber sagen, was man will, das stille Leben eines ehrbaren Bürgers hat Pflichten, die ebensoviel Kräfte und Anspannung erfordern wie das Leben der Staatsmänner. Und die Privatleute leisten der Tugend schwerere und wichtigere Dienste als die Herren des obersten Rates. Auf wichtige Angelegenheiten bereiten wir uns vor, mehr aus Ruhmsucht als aus Gewissenhaftigkeit. Der kürzeste Weg, zum Ruhme zu gelangen, wäre, des Gewissens wegen zu tun, was wir nur um Ruhm zu erhalten verrichten. Und die Tugend des Alexander scheint mir auf seinem glänzenden Schauplatze weit weniger Kraft zu verraten als die Tugend des Sokrates, in ihren Übungen auf seiner kleinen, dunklen Bühne. Ich kann mir ganz leicht den Sokrates an Alexanders Stelle denken; den Alexander aber an Sokrates' Stelle zu denken, damit kann ich nicht zurecht kommen. Wenn man den Alexander fragte: Worauf verstehst du dich? so wird er antworten: Die Welt zu überwinden. Wer dem Sokrates dieselbe Frage stellt, dem wird er antworten: Das menschliche Leben so zu führen, wie seine Natur verlangt; eine weit gemeinnützigere, wichtigere und brauchbarere Wissenschaft. Der wahre Wert einer Seele beruht nicht in ihrem hohen Fluge, sondern in ihrem regelmäßigen Gange; ihre Größe zeigt sich weniger in der Größe als in der Mittelmäßigkeit. Also machen diejenigen, die uns nach unserm Inneren beleuchten und beurteilen, auch nicht viel Aufhebens von dem Schein und Glanze unserer öffentlichen Handlungen und sehen darin nichts als Strahlen und Tropfen eines hellen Wassers, das aus einem übrigens schlammigen und schmutzigen Boden in die Höhe getrieben wird. In dergleichen Fällen schließen diejenigen, die uns nach dem so wackeren äußeren Anscheine beurteilen, ebenso auf unsere inwendige Beschaffenheit und können die gewöhnlichen und ihnen selbst ähnlichen Fähigkeiten nicht mit den anderen Fähigkeiten zusammenreimen, die sie in so weiter Ferne anstaunen. Daher malen wir den Teufel unter so unförmlichen Gestalten. Und wer denkt sich nicht den Tamerlan mit dicken, hohen Augenbrauen, mit weiten Nasenlöchern, mit einem schrecklichen Gesicht und übermäßig großem Wuchs, als einem Wuchs der Einbildung, die er sich aus dem Gerüchte seines Namens gebildet hat. Wer mir ehedem den Erasmus gezeigt hätte, dem würde es schwer geworden sein, mich zu verhindern, alles, was er seinem Bedienten und seiner Wirtin gesagt hätte, für Weisheitssprüche und Apophthegmen zu halten. Wir denken uns einen Handwerker und Künstler viel richtiger nach seiner Art, sich zu kleiden, und nach seiner Hausfrau, als einen großen Präsidenten, der sich nur durch seinen Gang und seine Mienen ehrwürdig macht. Es deucht uns, daß diejenigen, die auf hohen Thronen sitzen, sich nicht so tief bis zu Dingen des gemeinen Lebens erniedrigen können. So wie niederträchtige Seelen oft durch fremden Anstoß getrieben werden, gut zu handeln, so werden es auch die tugendhaften zum Schlechthandeln. Man muß sie also nach ihrem ruhigen Zustande beurteilen, wenn sie gleichsam zuhause sind, wenn das zuweilen der Fall ist, oder zum wenigsten, wenn sie der Ruhe näher sind und sich in ihrer natürlichen Lage befinden.

Die natürlichen Neigungen werden durch die Erziehung weiter ausgebildet und verstärkt; aber sie ändern und übertreffen sich selten. Zu meiner Zeit haben sich tausend Naturen durch eine ganz entgegenstehende Erziehung zur Tugend oder zum Laster hingearbeitet.

Diese ursprünglichen Eigenschaften rodet man nicht aus, man bekleistert, man verhüllt sie. Die lateinische Sprache ist mir gleichsam natürlich, ich verstehe sie besser als meine Muttersprache. Seit vierzig Jahren aber habe ich mich ihrer zum Sprechen gar nicht und zum Schreiben nur wenig bedient. Dennoch habe ich bei außerordentlichen und plötzlichen Gemütsbewegungen, worin ich zwei- oder dreimal in meinem Leben geraten bin – das einmal geschah, als mein Vater bei voller Gesundheit mir ohnmächtig in die Arme sank –, allemal die ersten Worte, die aus dem Innersten meiner Seele kamen, in Latein ausgestoßen. Die Natur brach gegen eine so lange Gewohnheit aus sich selbst mit Gewalt hervor, und dieses Beispiel erklärt hinlänglich alle übrigen.

Diejenigen, die versucht haben, zu meiner Zeit die Sitten der Welt durch neue Meinungen und Lehren umzuformen, nehmen den Lastern ihren äußeren Schein; was ihr inneres Wesen betrifft, das lassen sie linker Hand liegen, wenn sie solches nicht vermehren, und diese Vermehrung ist sehr zu fürchten. Man hält sich gern in dieser äußeren Reformation bei ganz anderen Verbesserungen auf, die weniger kosten und mehr Aufsehen machen; dadurch befriedigt man leichteren Kaufs die anderen wesentlicheren und inneren Fehler und Laster. Man betrachte nur ein wenig, wie sich unsere Erfahrung dabei befindet. Da ist kein Mensch, der, wenn er sich untersucht, nicht eine eigene Form in sich entdeckte, eine herrschende Form, die gegen die Erziehung ankämpft und gegen den Sturm der Leidenschaften, die ihm entgegenstehen. Ich, für mein Teil, ich fühle dieselbe selten und nur stoßweise. Ich finde mich fast beständig auf meinem Platze, wie alle schweren Körper zu tun pflegen; wenn ich auch nicht daheim bin, so bin ich doch immer ganz in der Nähe; meine Ausschweifungen führen mich nicht sehr weit, sie sind niemals außerordentlich und heftig, und doch habe ich eine warme und starke Einbildungskraft.

Die wahre Verwerflichkeit, und welche die gemeine Denkungsart unserer Menschen betrifft, ist, daß selbst ihr häusliches Leben voller Schmutz und Verderbtheit, der Gedanke an ihre Besserung schwach und winzig, ihre Reue und Buße krank und gebrechlich ist, ungefähr ebenso wie ihre Sünden; einige unter ihnen entweder deswegen, weil sie mit dem Laster von Natur genau verbunden sind, oder weil sie durch eine lange Gewohnheit seine Häßlichkeit nicht mehr merken. Andere (zu deren Gesellschaft ich auch gehöre) fühlen den Druck ihrer Fehler; sie geben ihnen aber durch das Vergnügen oder andere Nebendinge ein Gleichgewicht und dulden sie und fügen sich ihnen um einen gewissen Preis, gleichwohl aus Schwachheit und Gebrechlichkeit des Gemüts. Bei alledem könnte man sich vielleicht ein so entferntes Mißverhältnis denken, wo nach allem Recht das Vergnügen die Sünde entschuldigte, wie wir es von der Nützlichkeit sagen; nicht nur, wenn es zufällig und nicht mit der Sünde zusammenhinge, wie beim Stehlen, sondern in seinem Genusse selbst, wie bei der Umarmung eines Weibes, wo der Reiz heftig ist und zuweilen, wie man sagt, unwiderstehlich. Als ich neulich in Armagnac auf dem Landgute eines meiner Verwandten mich befand, sah ich einen Bauer, den jedermann den Dieb nannte. Er erzählte folgendes von seinem Leben: Er sei als ein Bettler geboren, und da er gefunden habe, wenn er sein Brot mit seiner Hände Arbeit verdienen sollte, würde er niemals dahin gelangen, sich gegen Dürftigkeit hinlänglich zu sichern, so habe er beschlossen, sich auf das Stehlen zu legen, und habe seine ganze Jugend hindurch dies Handwerk mit aller Sicherheit getrieben, weil er viele körperliche Stärke besitze, denn er mähte und erntete fremde Äcker und Weinberge; aber er tat es immer in solcher Entfernung von seinem Wohnorte und in so großen Haufen, daß es unglaublich schien, ein Mensch habe in einer Nacht so viel auf seinen Schultern davontragen können. Dabei war er nebenher besorgt, den Schaden, den er anrichtete, auf die Menge gleich zu verteilen, so daß er jeden Bestohlenen insbesondere weniger drückte. Er befindet sich jetzt in seinem Alter für einen Menschen von seinem Stande durch dieses Gewerbe, wovon er gar kein Hehl mehr macht, ziemlich reich. Und um sich mit dem lieben Gott wegen dieses Erwerbsmittels auszugleichen, sagt er, sei er jeden Tag darauf bedacht, denjenigen, die er bestohlen, durch Wohltaten Ersatz zu leisten, und wenn er damit nicht völlig zu Ende käme (denn es auf einmal zu tun, sei er nicht imstande), werde er es seinen Erben auftragen, nach dem Verhältnisse des Schadens, den er einem jedweden zugefügt habe, das nur ihm allein bekannt sei. Nach dieser Erzählung, sie sei nun wahr oder falsch, hält dieser Mensch den Diebstahl für etwas Lasterhaftes und haßt ihn, aber weniger als die Armut; er bereut ihn, an sich selbst betrachtet, aber insofern er ihn als erstattet und wiedervergolten ansieht, fühlt er darüber keine Reue. Sieht man hieran nicht, daß es die Gewohnheit sei, die uns dem Laster gleichsam einverleibt und selbst unseren Verstand mit ihm aussöhnt? Ist es nicht der heftige Sturm der Leidenschaften, der unsere Seele blendet und verwirrt und uns für den Augenblick mit allen unseren Überlegungen und Nachdenken in den Abgrund des Lasters stürzt?

Ich habe die Gewohnheit an mir, alles, was ich tue, ganz zu tun, und verändere meinen Schritt nie. Ich spüre eben keinen Trieb, der sich meiner Vernunft verberge und verhehle und der sich nicht ungefähr durch die Einwilligung meiner übrigen Seelenkräfte leiten lasse, ohne innere Empörung und Zwietracht; meine Urteilskraft hat beständig daran allein Schuld, oder auch allein das Lob davon, und die Schuld, die solche einmal hat, hat sie beständig. Denn fast von ihrer ersten Tätigkeit an ist sie sich selbst gleich, von einerlei Hang, einerlei Gang, von einerlei Stärke. Und in Rücksicht auf allgemeine Meinungen habe ich mich von meiner Kindheit an auf den Punkt gesetzt, wo ich mich halten sollte. Es gibt unter den Sünden einige, die mit Ungestüm, plötzlich und schnell uns überrumpeln, wovon wir hier nichts sagen wollen; aber von jenen anderen Sünden, die so oft mit Überlegung und Bedacht wiederholt werden, oder von Sünden des Temperaments oder von Sünden der Gewerbe und Geschäfte kann ich nicht begreifen, wie sie so lange in einem Herzen statt haben können, ohne daß die Vernunft und das Gewissen desjenigen, den sie besitzen, sie allemal billige und sich mit ihnen einverstehe, und die Reue, die, wie er sich rühmt, ihn zu gewissen vorgeschriebenen Zeiten darüber ankommt, ist mir ein wenig schwer zu begreifen und vorzustellen. Ich bin darüber mit der Sekte des Pythagoras nicht einig, daß die Menschen eine neue Seele empfangen, wenn sie sich den Bildnissen der Götter nähern, um ihre Orakelsprüche zu hören; es sei denn, daß Pythagoras damit hat sagen wollen, daß sie zu diesen Zeiten geändert, neu und rein sein müssen. Die unsrige, die so wenige Zeichen der Reinigung von sich blicken läßt, ist wenigstens für diese Handlung in keiner schicklichen Fassung.

Man tut gerade das Gegenteil von dem, was die Stoiker vorschreiben, die uns zwar gebieten, die Unvollkommenheiten und Laster, die wir an uns wahrnehmen, zu verbessern, aber uns zugleich verbieten, dadurch die Ruhe unserer Seele zu stören. Diese wollen uns weismachen, daß sie ein herbes Mißvergnügen und Gewissensunruhe in ihrem Inneren darüber fühlen, aber von Änderung und Besserung und von Unterlassung lassen sie nichts verspüren. Es ist keine Genesung, so lange man nicht von dem Übel befreit worden ist. Wenn die Reue auf der Wagschale nur von einigem Gewicht wäre, so würde sie die Sünde in die Luft heben. Ich finde keine Eigenschaft so leicht nachzuäffen wie fromme Andacht, wenn sie nicht die Sitten und das Leben bessert. Ihr Wesen selbst liegt in heiliger Dunkelheit, ihr äußerer Schein aber hat einen leicht zu fassenden Anstrich.

Was mich anbetrifft, so kann ich überhaupt zuweilen wünschen, anders zu sein als ich bin; ich kann meine allgemeine Art und Weise verwerflich finden, mir darüber gram sein und Gott um gänzliche Sinnesänderung und Verzeihung meiner natürlichen Schwachheiten anflehen. Das aber, meine ich, dürfe ich nicht Reue nennen, ebensowenig wie das Mißvergnügen darüber, daß ich weder ein Engel noch ein Cato sei. Meine Handlungen sind ordentlich eingerichtet und meinem Zustande und dem, was ich bin, gemäß. Ich kann nicht mehr tun, und die Reue hat eigentlich mit solchen Dingen nichts zu tun, die nicht in unseren Kräften liegen, wohl aber das Bedauern. Ich denke mir eine unendliche Reihe von erhabeneren und regelmäßigen Naturen als die meinige; aber meine Fähigkeiten verbessere ich dadurch ebensowenig, wie mein Arm oder mein Verstand dadurch stärker werden, daß ich mir welche denken kann, die es sind. Wenn das Denken und Wünschen, nach einer edleren Art zu handeln als die unsrige, eine Reue über die unsrige bewirkte, so müßten wir unsere unschuldigsten Handlungen bereuen, weil wir wohl einsehen müßten, daß in einer erhabenen Natur solche mit mehr Vollkommenheiten und Würde geführt sein würden, und das würden wir denn auch tun wollen. Wenn ich das Betragen meiner Jugend mit dem Betragen meines Alters vergleiche, so finde ich, daß ich, im ganzen genommen, beide mit der Ordnung, die mir möglich gewesen ist, geführt habe. Das ist alles, was mein Widerstand vermag. Ich schmeichle mir nicht. Bei gleichen Umständen würde ich immer ebenso verfahren. Es ist keine Schillerei, sondern es ist vielmehr eine volle Farbe, wodurch ich gefärbt bin. Ich kenne keine oberflächliche, mittelmäßige Reue aus bloßer Zeremonie, sie muß mich durchgängig angreifen, bevor ich sie so nenne; sie muß in meinen Eingeweiden wüten und mich ebenso tief betrüben und ebenso durchgängig, wie Gott mich durchschaut.

In Rücksicht auf Verhandlungen sind mir verschiedene glückliche Begebenheiten aus den Händen geschlüpft, wegen Mangel an glücklicher Führung, und doch waren meine Mittel wohlgewählt, nach den Umständen, die sich dabei ergaben. Es kommt darauf an, daß man immer den leichtesten und sichersten Weg wähle. Ich meine noch, daß ich in meinen vorigen Beratschlagungen nach meiner Regel immer das klügste Verfahren nach der Lage der Sache, wie ich sie fand, beobachtet habe, und würde bei ähnlichen Gelegenheiten noch nach 1000 Jahren es nicht anders machen. Es kommt mir nicht darauf an, wie die Dinge jetzt sind, sondern wie sie waren, als ich einen Entschluß zu fassen genötigt war. Die Gültigkeit des Rats liegt immer in der Zeit: Die Gelegenheiten und der Stoff ändern und wandeln sich ohne Unterlaß. Ich habe in meinem Leben schwere und wichtige Irrtümer begangen; nicht allein aus Mangel an guter Einsicht, sondern aus Mangel an Glück. Es gibt bei den Sachen, die man zu behandeln hat, geheime unergründliche Dinge, die ganz besonders in der Natur des Menschen liegen; stumme Bedingnisse, die oft dem Besitzer unbekannt und unerforschlich sind, die sich erst durch zufällige Umstände erzeugen und hervortun. Wenn meine Klugheit solche nicht ergründen und vorher prophezeien konnte, so kann ich ihr das keineswegs zur Last legen. Ihre Schuld liegt in ihrer Beschränktheit. Wenn der Ausgang mir zuwider ist und den Weg begünstigt, den ich nicht einschlagen wollte, so ist weiter nichts mehr dabei zu tun. Und ich kann niemandem die Schuld geben, als mir selbst. Die Ursache liegt im Glück und nicht in meinem Werke; das nenne ich keine Reue.

Phocion hatte den Atheniensern einen gewissen Rat gegeben, den man nicht befolgte. Die Sache ging indessen, wider seine Meinung, einen glücklichen Gang. Darauf sagte jemand zu ihm: Nun, Phocion? Bist du zufrieden, daß die Sache so gut geht? Ja, wohl bin ich zufrieden, daß es so gekommen ist; aber doch reut mich mein guter Rat nicht.

Wenn meine Freunde sich um einen guten Rat an mich wenden, so gebe ich ihn frei und deutlich, ohne, was fast alle Welt zu tun pflegt, an mich zu halten, wenn etwa bei der Sache etwas gewagt wäre, wodurch ich mir Vorwürfe zuziehen könnte. Daran liegt mir nichts. Denn sie hätten Unrecht, weil ich mich meiner Freundschaftspflicht nicht entziehen konnte.

Wegen meiner Fehler und meines Unglücks kann ich selten einem anderen die Schuld geben als mir selbst; denn ich ziehe selten jemand anders zu Rate, es sei denn ehrenhalber und aus Höflichkeit; ausgenommen wenn ich die Belehrung über Wissenschaften oder über Tatsachen bedarf. Bei Dingen aber, wo ich nur meine Urteilskraft anzuwenden habe, können fremde Gründe zwar dazu dienen, mich in meinem Sinne zu befestigen, aber selten, mich davon abwendig zu machen. Ich höre sie alle liebreich und bescheiden an; soviel ich mich aber besinne, habe ich mich bis zu dieser Stunde nur auf meine eigenen verlassen. Nach meiner Denkungsart sind es bloß Mücken und Atome, die meinen Willen lenken. Ich setze wenig auf meine eigene Meinung, aber ebensowenig setze ich auf die Meinungen anderer. Das Glück bezahlt mir meinen Wert. Wenn ich wenig Rat einhole, so gebe ich dessen auch wenig. Ich werde wenig darum angesprochen und noch weniger darin geglaubt, und ich wüßte keine öffentliche oder Privatunternehmung, die nach meinem Rate durchgesetzt oder verändert worden wäre. Selbst diejenigen, welche die Zufälle gewissermaßen davon abhängig machten, haben sich lieber durch andere Köpfe behandeln lassen als durch den meinigen, und weil ich ein Mensch bin, der auf das Recht seiner Ruhe ebenso eifersüchtig ist wie auf das Recht seiner höheren Einsichten, ist mir dies auch um so lieber. Indem man mich dabei läßt, macht man es nach meinem Sinne, der darin besteht, für mich selbst mein eigener Mann zu sein, ohne mich irre machen zu lassen. Mein Vergnügen besteht darin, mich mit fremden Dingen nicht zu befassen und solche ihren eigenen Gang gehen zu lassen.

Über alle Dinge, wenn sie einmal ihre Endschaft erreicht haben, falle solche aus, wie sie wolle, bin ich selten mißmutig; denn diese Betrachtung benimmt mir alles Mißvergnügen, daß sie sich dergestalt haben fügen müssen; sie griffen in das große Schwungrad des Laufs der Welt und in die Verkettung der Mittel und Zwecke. Bei allen Wünschen und bei aller Einbildung kann unsere Phantasie darin nicht ein Pünktchen verrücken, ohne daß dadurch die allgemeine Ordnung der Dinge, der Vergangenheit sowohl als der Zukunft, aus den Fugen gerückt würde.

Übrigens kann ich das zufällige Bereuen nicht leiden, das eine Wirkung des Alters ist. Derjenige, der vor alters sagte, er habe es den Jahren zu verdanken, daß ihn die Wollust nicht mehr peinigte, hat meinen Beifall nicht. Welch eine Wohltat mir auch das Unvermögen erzeugen würde, Dank würde ich ihm nie wissen. Große Gelüste sind im Alter selten, eine große Sattheit folgt auf den Genuß. Hierbei sehe ich eben nichts, was das Gewissen anginge. Grämlichkeit und Schwachheit geben uns eine schlaffe und kalte Tugend. Wir müssen uns von den natürlichen Hinfälligkeiten nicht so ganz niederwerfen lassen, daß auch unsere Urteilskraft dadurch gelähmt werde. Jugend und Vergnügen haben ehedem nicht über mich vermocht, daß ich das Laster in der Wollust verkannt hätte, noch vermag auch jetzt die Stumpfheit meiner Begierden, die ein Werk meines Alters ist, daß ich die Wollust im Laster verkenne. Diesen Augenblick, da ich damit nichts mehr zu tun habe, beurteile ich, als ob ich mich darin herumdrehte. So lebhaft und aufmerksam ich auch die Wollust beim Kragen fasse, finde ich doch, daß meine Vernunft noch ebendieselbe ist, wie sie in meinem ungebundensten Alter war, nur daß sie vielleicht durchs Altern schwächer und stumpfer geworden. Auch finde ich, daß sie das, was sie mir in Hinsicht auf die Gesundheit meines Körpers versagt, mir ebensowenig wie vormals in Hinsicht auf die Gesundheit meiner Seele versagen würde. Aber weil sie sich aus dem Streite zurückzieht, halte ich sie doch nicht für mutiger und tapferer. Meine Versuchungen sind kraftlos und schwächlich, und es ist nicht wert, daß meine Vernunft gegen sie zu Felde ziehe. Um sie zu bannen, brauche ich nur meine Hand auszustrecken. Ich fürchte, wenn man ihr die vorigen starken Begierden entgegenstellte, würde sie weniger Kräfte haben, ihnen zu widerstehen, als ehemals. Ich sehe nicht, daß sie etwas mit mehr Kraft noch mit mehr Klarheit beurteile als damals, da sie noch gar nicht urteilte; daher meine ich, wenn ja eine Gesundheitsverbesserung eingetreten ist, so sei sie sehr erbarmungswürdig. Es ist eine jämmerliche Art von Hilfe, seine Gesundheit der Krankheit zu verdanken. Unser Elend sollte eigentlich diesen Dienst nicht leisten, sondern das Glück unseres reiferen Verstandes. Durch Kummer und Leiden bringt man mich zu nichts, als daß ich sie vermaledeie. Dadurch wirkt man nur auf Leute, die sich bloß durch Peitschenschläge erwecken lassen. Meine Vernunft geht einen viel freieren Gang, wenn mir's wohl geht. Sie ist weit mehr zerstreut und behelligt, wenn sie übel verdauen soll, als beim Genuß der Vergnügungen. Bei heiterem Wetter sehe ich um vieles heller. Die Gesundheit berät mich weit froher und nützlicher als die Krankheit. Ich habe mich der Regelmäßigkeit und Besserung so viel wie möglich beflissen, zu der Zeit, da ich noch jedes Genusses fähig war. Neid und Scham würde es mir verursachen, wenn sich das Unglück und das Elend meines Alters den Vorzug vor meinen grünen Jahren anmaßen sollte, wo ich noch jung, munter und stark war, und wenn man mich würdigen sollte nicht nach der Zeit, wo ich war, sondern wo ich aufhörte zu sein.

Nach meiner Meinung ist es das glückliche Leben und nicht das glückliche Sterben, worin die menschliche Glückseligkeit beruht. Ich habe nicht gewartet, auf eine ungeheure Art den

Schweif eines Philosophen an den Kopf eines ausschweifenden Menschen zu binden, noch dieses elende Stümpfchen dem schönsten, besten und längsten Teile meines Lebens Hohn sprechen lassen.

Ich will mich durchgängig gleichgesinnt und gleichgestaltet darstellen und sehen lassen. Wenn ich mein Leben noch einmal beginnen sollte, so würde ich ebenso leben, wie ich gelebt habe. Ich bedauere die Vergangenheit nicht, und ebensowenig fürchte ich die Zukunft; und wenn ich mich nicht ganz betrüge, so ist es ungefähr im Inneren zugegangen wie im Äußeren. Eine der vorzüglichsten Verbindlichkeiten, die ich meinem Glücke schuldig bin, ist, daß der Lauf meines Lebens immer mit meinem Alter gleichen Schritt hielt. Ich habe sein hervorkeimendes Kraut gesehen, seine Blüten und seine Früchte, und ich sehe nun sein Verwelken um so glücklicher, weil es natürlich ist. Ich ertrage die Übel, die ich fühle, um so sanfter, weil sie zu rechter Zeit eintreten und weil sie mich auch um so froher an die lange Glückseligkeit meines vergangenen Lebens denken lassen. Ebenso kann auch meine Weisheit wohl von ebendem Wuchse sein, zu einer und der anderen Zeit; aber sie war wirksamer, schlanker, kräftiger, munterer, unbefangener als jetzt, da sie keuchend, grämlich und schwerfällig ist. Ich entsage also den zufälligen und peinlichen Reformationen. Gott muß uns das Herz rühren; das Gewissen muß von selbst uns zur Besserung leiten, durch Stärkung unserer Vernunft und nicht durch Schmähung unserer Begierden.

Die Wollust ist deswegen an sich weder blaß noch abgeblüht, weil triefende und benebelte Augen sie wahrnehmen. Man muß die Mäßigkeit wegen ihrer selbst lieben und wegen der Verehrung Gottes, der uns solche vorgeschrieben hat, wie die Keuschheit; die, welche uns der Katheter vorschreibt und die ich meinen Steinschmerzen zu verdanken habe, ist weder Keuschheit noch

Enthaltsamkeit. Man rühme sich nicht, die Wollust zu verachten oder zu bekämpfen, wenn man sie nicht in der Nähe sieht, ihre Lockungen, ihre Gewalt und ihre reizenden Schönheiten nicht kennt. Ich kenne beides, das darf ich wohl sagen; aber mich deucht, im Alter sind unsere Seelen anderen Krankheiten und lästigeren Unvollkommenheiten unterworfen als in der Jugend. Das sagte ich bereits, als ich noch jung war, als man noch meine Haare auf dem Kinne mit einem Lichte suchte; ich sage es auch zu dieser Stunde, da mein grauer Bart mich zum weisen Manne macht. Wir nennen die Grämlichkeit unserer Launen und den Ekel an gegenwärtigen Dingen Weisheit; im Grunde aber entsagen wir nicht sowohl den Lastern, vielmehr wechseln wir damit, und nach meiner Meinung immer zu schlimmerem Übergange. Außer einer dummen ärmlichen Ruhmredigkeit, einer langweiligen Geschwätzigkeit, einer ungeselligen, unduldsamen Grämlichkeit, einer albernen Abergläubigkeit und einem lächerlichen Streben nach Reichtum, wenn wir ihn nicht mehr nutzen können, finde ich auch noch im Alter mehr Neid, Ungerechtigkeit und Schadenfreude. Das Alter zieht noch mehr Runzeln auf unseren Verstand als auf unsere Stirne, und wenige Seelen findet man und sehr selten, denen man bei hohem Alter nicht das Sauer- und Kahmigwerden anmerkte. Der Mensch geht mit gleichem Schritte auf sein Wachstum zu wie auf sein Abnehmen. Wenn man die Weisheit des Sokrates beleuchtet und verschiedene Umstände bei seiner Verurteilung in Betracht zieht, so möchte ich fast glauben, daß letztere ihm gewissermaßen willkommen war, und er sich mit Fleiß nicht nachdrücklicher verteidigte; er hatte schon beinahe an siebzig Jahre die Last eines glanzvollen Lebens auf seinen Schultern getragen und die blendenden Strahlen seines gewöhnlichen Lichtes unterhalten. Was für Verwandlungen sehe ich hierin bei vielen von meinen Bekannten täglich vorfallen! Es ist eine schwere Krankheit, die uns ganz natürlicherweise und ganz unbemerkt beschleicht. Es gehört ein großer Vorrat von Studium dazu und eine außerordentliche Vorsicht, um den Unvollkommenheiten auszuweichen, womit uns das Alter heimsucht, oder wenigstens ihren Fortschritt zu hemmen. Ich fühle, daß, so sehr ich mich auch verpalisadieren mag, es mir doch immer näher auf den Leib rückt. Ich halte mich, so gut ich kann; dennoch weiß ich nicht, wohin es mich am Ende noch führen wird. Auf alle Fälle bin ich zufrieden, wenn man nur weiß, wie hoch oder niedrig mein Fall war.

Von dreierlei Arten, seinen Geist zu unterhalten

Zu fest muß man sich nie an einerlei Gleis für Denken und Handeln halten. Unsere vornehmste Geschicklichkeit besteht darin, daß wir verschiedene Dinge verrichten können. Es heißt wohl Dasein, es heißt aber nicht Leben, wenn man sich aus Not gezwungen sieht, beständig den Roßmühlengang zu gehen. Das sind die vorzüglichsten Seelen, welche die meiste Biegsamkeit haben und in den meisten Dingen sattelgerecht sind. Wenn es bloßerdings bei mir stände, mich nach meiner eigenen Mode zu kleiden, so wüßte ich keinen Schnitt, an den ich mich so fest halten würde, daß ich niemals davon abginge. Das menschliche Leben ist eine ungleiche, unregelmäßige und vielseitige Bewegung. Man ist nicht sein eigener Freund und noch weniger sein eigener Herr, man ist vielmehr Sklave, wenn man beständig seinem eigenen Sinne folgt und so an seine Neigungen gebunden ist, daß man sich davon nicht loswinden und wickeln kann. Ich sage dies zu dieser Stunde, wo ich nicht mehr leicht den Halfter abschütteln kann, an dem mich meine aufdringliche Seele führt, weil sie die meiste Zeit nicht weiß, was sie mit sich allein machen soll, ohne sich selbst zur Last zu fallen; sich nicht mehr anders als mit angestrengten Kräften zu beschäftigen weiß. So leicht auch der Gegenstand ist, den man ihr aufgibt, so gern vergrößert sie ihn und dehnt ihn zu solchem Maße aus, daß sie alle ihre Kräfte nötig hat, ihn zu behalten. Ihr Müßiggang ist mir aus dieser Ursache eine beschwerliche Arbeit, die meine Gesundheit angreift. Die meisten Gemüter bedürfen eines fremden Stoffes, um sich aufzurütteln und ihre Kräfte zu üben.

Das meinige bedarf desselben vielmehr, um ruhig und stetig zu werden. Sein mühsamstes und hauptsächlichstes Studium ist, sich selbst zu studieren. Die Bücher sind meiner Seele eine Art von Beschäftigung, die sie von ihrem Studieren zerstreut. Bei den ersten Gedanken, die ihr darin aufstoßen, gerät sie in Bewegung und in Anstrengung ihrer Kräfte nach allen Richtungen. Bald strebt sie mit ihrer Arbeit auf Nachdruck, bald auf Ordnung und Anmut; gibt nach, mäßigt sich und stärkt sich. Sie weiß ihre Fähigkeiten durch sich selbst zu ermuntern. Die Natur hat ihr, wie allen übrigen, in sich selbst Stoff genug gegeben, um sich nützlich zu beschäftigen, und Gegenstände, die geschickt genug sind, sich daran im Erfinden und im Beurteilen zu üben. Das Nachsinnen ist ein mächtiges und erhebliches Studium für jeden, der seine Kräfte kennt und mit Nachdruck anzuwenden weiß. Ich mag lieber meine Seele selbst bearbeiten, als mit den Gedanken anderer anfüllen.

Es gibt keine leichtere noch mühsamere Beschäftigung, als sich mit seinen eigenen Gedanken zu unterhalten, je nachdem wie die Seele ist. Die Größten machen daraus ihren Beruf, denen Leben Denken heißt. Auch hat uns die Natur mit diesem Vorzuge begabt, daß wir kein anderes Geschäft so lange aushalten können und uns mit keiner Arbeit so gewöhnlich und leicht befassen. Es ist das Geschäft der Götter, sagt Aristoteles, aus welchem ihre Seligkeit und die unsrige entspringt.

Das Lesen dient mir eigentlich dazu, durch verschiedene Gegenstände mein Nachdenken in munterem Gange zu unterhalten, meine Urteilskraft zu beschäftigen und nicht mein Gedächtnis. Ich finde also wenig Unterhaltung ohne Anstrengung. Es ist freilich wahr, daß Anmut und Schönheit mich einnehmen und beschäftigen, ebensosehr und vielleicht mehr noch als Fülle und Tiefe der Gedanken. Und da ich bei allen übrigen Mitteilungen ein wenig schläfere und nur die äußere Rinde meiner Aufmerksamkeit dazu herleihe, so begegnet mir's oft, daß ich bei solchen abgedroschenen und mürben Dingen, wovon man nur spricht, um zu sprechen, wie im Traume rede und Dummheiten antworte, die selbst im Munde eines Kindes lächerlich sein würden, oder ein so beharrliches Stillschweigen beobachte, das noch blödsinniger ausfällt und noch unhöflicher. Ich habe es an mir, daß ich gern in ein stilles Nachdenken verfalle, und auf der anderen Seite eine schwerfällige, kindische Unwissenheit in den meisten alltäglichen Dingen, und habe es mir durch diese beiden Eigenschaften zugezogen, daß man, nach aller Wahrheit, fünf oder sechs lustige Erzählungen von mir machen kann, worin ich ebenso täppisch erscheine wie irgendeiner.

Doch mein Thema zu verfolgen. Diese ungeschmeidige Gemütsart macht mich sehr schwierig bei der Wahl meines Umganges mit Menschen. Ich muß sie gleichsam auf der Musterkarte aufsuchen und falle daher bei den gewöhnlichen Handlungen des Lebens anderen zur Last. Wir leben und haben Geschäfte mit dem Volke. Wenn sein Umgang uns lästig fällt, wenn wir uns nicht mit niedrigen, gemeinen Seelen abgeben mögen (und niedrige und gemeine Seelen sind zuweilen ebenso wohl geordnet wie die am meisten verfeinerten, und alle Weisheit ist schal, die sich nicht auf die gewöhnliche Unweisheit anwenden läßt), so müßten wir uns nicht weiter weder mit unseren eigenen noch mit den Geschäften anderer befassen; denn die öffentlichen und häuslichen Geschäfte werden mit solchen Leuten betrieben. Die wenigst angestrengten und natürlichsten Äußerungen unserer Seele sind die schönsten; ihre besten Verrichtungen sind die, die ihr am wenigsten Zwang kosten. Mein Gott! Welch einen wichtigen Dienst leistet die Weisheit den Menschen, deren Wünsche sie in den Kreis ihres Vermögens einschränkt. Es gibt keine wohltätigere Wissenschaft. Je nachdem wie man kann! war der tägliche Leibspruch des Sokrates, ein Spruch von großem Inhalte. Man muß seine Wünsche auf die leichtesten und nächstgelegenen Dinge richten und einschränken. Ist es nicht eine dumme Laune, mit verschiedenen Hunderten von Menschen, unter die das Schicksal mich versetzt, und der ich nicht entbehren kann, verschiedener Meinung zu sein, um mit einem oder zweien zusammenzuhalten, die außer dem Kreise meines Umganges sind, oder vielmehr an einem grillenhaften Wunsche zu kleben nach Dingen, die ich nie erreichen kann? Meine weichen Sitten, die sich mit keiner Bitterkeit, keinem Grolle vertragen, mögen mich leicht von Neid und Feindschaft befreit haben; niemals gab ein Mensch mehr Gelegenheit, ich will nicht sagen geliebt, sondern nicht gehaßt zu werden. Indessen hat die Kälte in meinem Umgange mir das Wohlwollen verschiedener Menschen entzogen, denen es zu verzeihen ist, wenn sie solche anders und im schlimmeren Sinne auslegen.

Ich bin sehr fähig, seltene und vortreffliche Freunde zu erwerben und zu behalten. Weil ich mit einem großen Heißhunger nach derlei Bekanntschaften hasche, die nach meinem Geschmacke sind, so dränge ich mich dazu mit solcher Begierde und gebe mich so völlig zu erkennen, daß es mir selten fehlschlägt, mich anzuschließen und da Eindruck zu machen, wo ich mich hingebe. Ich habe davon oft glückliche Proben gemacht. Bei gewöhnlichen Bekanntschaften bin ich etwas trocken und kalt; denn mein Gang ist nicht natürlich, wenn er nicht mit vollen Segeln geht, und zudem noch hat das Schicksal schon in meiner Jugend mir eine einzige und vollkommene Freundschaft zugeführt und mich die Süßigkeit derselben mit Wollust schmecken lassen, wodurch es mir denn freilich den Geschmack an Alltagsfreundschaften ein wenig verdorben und meinem Gemüte zu sehr eingeprägt hat, daß Freundschaft ein Tier ist, das zwar paarweise, aber nicht in großen Haufen gesellig lebt. So wird es mir auch von Natur schwer, mich nur halb mitzuteilen oder mit Einschränkung, und ich kann diese gezwungene und argwöhnische Klugheit nicht ausstehen, die man uns in dem Umgange mit diesem Haufen von halben oder guten Freunden vorschreibt; besonders in diesen Zeiten vorschreibt, wo man über die Zeitläufe nicht anders als mit Gefahr oder mit Falschheit sprechen kann.

Bei alledem sehe ich doch wohl, daß derjenige, der wie ich die Ruhe seines Lebens (ich meine die eigentliche wesentliche Ruhe) beabsichtigt, ein solches schwer zu befriedigendes Küren und Wählen wie die Pest fliehen müsse. Ich möchte eine Seele von verschiedenen Stockwerken loben, die sich herauf- und herabstimmen könnte, die sich allenthalben wohlbefände, wohin sie das Schicksal wirft, die mit dem Nachbarn über seinen Bau, über seine Jagd, über seine Prozesse schwätzt, und gern mit einem Zimmermann, mit einem Gärtner plaudern könnte. Ich beneide diejenigen, die sich mit dem geringsten von ihren Untergebenen einlassen und die Unterhaltung nach seinem Tone herabstimmen können. Und mir gefällt der Rat des Plato nicht, mit seinen Bedienten beständig im herrschaftlichen Tone zu sprechen, ohne zu tändeln, ohne sich mit ihnen gemein zu machen, es sei mit Manns- oder Weibspersonen. Denn, außer noch meine anderen Ursachen anzuführen, ist es ungerecht und unmenschlich, sich auf einen bloßen Vorzug des Glückes so mächtig viel zugute zu tun, und die häuslichen Einrichtungen, in welchen möglichst geringe Ungleichheit zwischen Herrschaft und Gesinde eingeführt ist, scheinen mir die billigsten. Andere mögen darauf studieren, ihren Geist in die Höhe zu schrauben und auf Stelzen einhergehen zu lassen. Ich mag den meinigen gerne niederbeugen und halten. Er wird nur fehlerhaft, wenn er zu stramm gehalten wird.

Gleichwie die lacedämonische Tapferkeit der Mäßigung bedurfte und des sanften, angenehmen Tons der Flöte, um sie im Kriege zu besänftigen, damit sie nicht in Verwegenheit und Wut ausartete (wohingegen gewöhnlich alle Nationen solche hohen und starken Töne und Klänge anwenden, um den Mut des Kriegers zu schärfen und sein Herz bis auf den höchsten Grad der Hitze zu treiben), so eben deucht es mich auch, gegen die gewöhnliche Meinung hätten wir in der Anwendung unseres Geistes bei den meisten nötig, viel mehr Blei als Flügel anzubinden, und es bedarf nach meinem Dafürhalten mehr der Kälte und der Ruhe als der Hitze und des Treibens. Vor allen Dingen aber ist es, wie mich deucht, das Getreibe eines Narren, den Gelehrten und vielwissenden Mann unter Leuten zu spielen, die es nicht sind, immer zu sprechen wie ein gedrucktes Buch, gabelspitz, wie der Welsche sagt. Man muß sich zu der Fassung derjenigen herablassen, unter denen man sich befindet, und zuweilen tun, als ob man unwissend sei. Laßt Nachdruck und Feinheit beiseite; im gemeinen Umgange ist es schon genug, Ruhe und Ordnung zu erhalten.

Im übrigen bleibt immer dicht bei der Erde, wenn sie es so verlangen. Hier liegt gewöhnlich der Stein des Anstoßes für die Gelehrten; sie bieten immer ihr Vielwissen zur Schau und legen ihre Bücher auf alle Läden; sie haben zu diesen druckreichen Zeiten einen solchen Zugang zu den Kabinetten und Ohren der Damen, daß diese, wenn sie auch nichts von ihrem Inhalte wissen, sich doch die Miene geben, als hätten sie sie gelesen. Bei jeder Gelegenheit, man spreche wovon man wolle, die Materie sei auch noch so niedrig und gemein, bedienen sich doch diese Damen, sie mögen sprechen oder schreiben, neuer und gelehrter Wendungen und Ausdrücke und führen den Plato und den heiligen Thomas bei solchen Dingen an, wobei der nächste beste vorübergehende Schneider oder Schuster ebensogut zum Zeugen dienen könnte. Die Gelehrsamkeit, die bis zu ihrer Seele den Weg nicht finden konnte, ist ihnen auf der Zungenspitze sitzen geblieben. Wenn die Wohlerzogenen mir glauben wollten, so begnügten sie sich, uns ihren eigenen von Natur sehr feinen Witz sehen zu lassen. Sie verstecken und verhüllen ihre Schönheit unter fremden Zieraten. Es ist eine große Einfalt, seinen eigenen Glanz zu verschleiern, um mit einem erborgten Lichtlein zu leuchten. Unter der Kunst sind sie so gut wie verscharrt und begraben, weil sie sich nicht genug kennen. Sie sind die schönste Zierde der Welt. Sie müssen den Künsten Ehre erweisen und die Schminke selbst schminken. Was hätten sie weiter nötig, als geehrt und geliebt zu leben? Dazu haben und wissen sie schon überflüssig genug, wenn nur die Fähigkeiten, die sie besitzen, ein wenig ermuntert und erwärmt werden. Wenn ich sie so sich mit der Ästhetik, mit der Logik, mit der Astrologie und dergleichen Klechsereien abgeben sehe, die ihrem Bedürfnis so eitel und so entbehrlich sind, so wandelt mich die Furcht an, daß die Mannspersonen, die es ihnen anraten, dabei den Zweck haben, unter diesem Vorwande sich ihrer zu bemeistern. Denn was für eine andere Ursache soll ich mir davon erdenken? Für sie ist es hinlänglich, daß sie ohne unsere Hilfe ihren Augen Munterkeit, Strenge und Freundlichkeit erteilen können, daß sie ihre Härte, ihre Zweifel und ihre Gunst mit einem lieblichen Nicht doch! zu würzen verstehen, und daß sie über das, was wir ihnen Angenehmes und Verbindliches sagen, keines Dolmetschers bedürfen. Mit dieser Wissenschaft befehlen sie, wie mit einem Zauberstabe, und regieren die Regenten der Schule.

Wenn es sie indessen wurmt, daß sie uns in irgendeiner Sache nachstehen sollen, und sie aus Neugier teil am Büchermachen haben wollen, so ist die Dichtkunst ein schicklicher Zeitvertreib für ihr Bedürfnis. Es ist eine tändelnde Kunst, die ihre Feinheiten, ihre Schleier, ihre eigene Sprache hat, ganz nach Gutdünken, ganz zur Schau wie sie selbst. Aus der Geschichte könnten sie verschiedene Vorteile ziehen; in der Philosophie und ihrem auf das Leben anwendbaren Teile könnten sie auch so viel lernen, wie nötig ist, über die Art und Beschaffenheit unserer Gemüter zu urteilen und sich gegen unsere Verrätereien zu wehren, ihre eigenen blinden Begierden zu zähmen, mit ihrer Freiheit gut hauszuhalten, die Vergnügungen des Lebens zu verlängern und mit Gelassenheit die Untreue eines ergebensten Dieners, die Grobheit eines Ehemannes, die Last der Jahre und der Runzeln und dergleichen Dinge mehr zu ertragen. Das wäre ungefähr so alles, was ich ihnen von den Wissenschaften empfehlen möchte.

Es gibt ganz besondere, zur stillen Eingezogenheit geneigte Menschen. Mein eigentliches Sein und Wesen ist zur Mitteilung und zum Schaffen ganz geschickt; ich bin, dem Äußeren und Inneren nach, zur Geselligkeit und Freundschaft geboren; die Einsamkeit, die ich liebe und anpreise, besteht eigentlich nur darin, mich mit meinen Neigungen und Gedanken vertraut zu machen; nicht allein meine Schritte zu erweitern oder zu verändern, als vielmehr meine Wünsche und Sorgen, indem ich mich aller fremden Besorgnisse entschlage und alle Knechtschaft und Abhängigkeit tödlich hasse, und nicht nur Haufen von Menschen, sondern Haufen von Geschäften. Die Einsamkeit des Orts, wenn ich die Wahrheit sagen soll, dehnt mich vielmehr aus und läßt mich mehr in der Ferne wirken; ich werfe mich am liebsten in Staats- und Welthändel, wenn ich für mich allein bin. An öffentlichen Orten und im Gewimmel und Gedränge von Menschen raffe ich mich mehr in meine eigene Haut zusammen. Große Menschenmenge drängt mich in mich selbst zurück, und nirgends unterhalte ich mich so spaßhaft, so sonderbar und selbst so ausgelassen, als an Orten, wo es ehrerbietig und mit feierlicher Klugheit hergeht. Über unsere Torheiten lache ich weniger als über unseren Weisheitskram. Von Hause aus bin ich eben kein Feind vom Gewühle der Höfe. Ich habe einen Teil meines Lebens daran zugebracht und bin dazu gemacht, mich in großen Gesellschaften ganz munter zu betragen. Nur muß es von Zeit zu Zeit und nach meiner eigenen Wahl geschehen. Die Gemächlichkeit aber, die ich mir anräsonniert habe, wovon ich spreche, nötigt mich mit Gewalt zur Einsamkeit; ja selbst in meinem Hause, mitten unter einer zahlreichen Genossenschaft und häufig wiederholten, zahlreichen Besuchen, sehe ich Leute genug, aber selten die, den ich mich am liebsten mitteilen möchte. Und ich lasse hier, sowohl für mich als für andere, eine wenig gewöhnliche Freiheit herrschen. Hier fallen alle Zeremonien von Empfangen und Begleiten und andere solche Vorschriften einer lästigen Höflichkeit weg (o, der knechtischen und lästigen Höflichkeitsgebräuche!), jedermann tut hier, wie es ihm gutdeucht; wer will, kann sich mit seinen eigenen Gedanken unterhalten. Ich bin hier stumm, nachdenkend und verschlossen, ohne daß es meine Gäste beleidigt.

Die Menschen, deren Gesellschaft und genauere Bekanntschaft ich gerne suche, sind solche, die man ehrliche und geschickte Leute nennt. Dieses Bild macht mir die anderen zuwider. Genau betrachtet, sind solches auch die seltensten unserer Formen, und zwar eine Form, die man vorzüglich von der Natur erhalten haben muß. Der Zweck dieses Umgangs ist ganz einfach: Vertraulichkeit, Unterredung und Mitteilung; die Übungen unserer Seelen ohne andere Nebenabsicht. In unseren Unterhaltungen sind mir alle Gegenstände gleich. Es kümmert mich nicht, ob sie wichtig und gründlich sind oder nicht. Anmut und Schicklichkeit ist immer dabei. Alles verrät ein weises und festes Urteil, ist vermischt mit Güte, Offenherzigkeit und freundschaftlichem Frohsinn. Es ist nicht bloß bei großen und wichtigen Dingen und bei den Angelegenheiten der Könige, daß unser Witz seine Stärke und seine Schönheit zeigt. Er zeigt solche auch im trauten Geplauder. Ich kenne meine Leute selbst an ihrem Schweigen und Lächeln und entdecke sie vielleicht noch besser bei Tische als bei wichtigen Beratschlagungen. Wenn es der Gelehrsamkeit gefällt, sich in unser Gespräch zu mischen, so wird sie daraus eben nicht verscheucht, wenn sie nicht magistermäßig herrschend und lästig, wie gewöhnlich, austritt, sondern selbst duldend und gelehrig ist. Hier suchen wir nichts, als die Zeit angenehm hinzubringen. Wenn wir der Lehren und Predigten bedürfen, so wollen wir vor ihren Thron kommen und sie da hören. In unserer Gesellschaft mag sie ein wenig unseren Ton annehmen, wenn es ihr gefällig ist. Sie ist sehr nützlich und wünschenswürdig; bei alledem aber glaube ich, daß wir ihrer zur Not ganz und gar entbehren könnten und ohne sie unseren Zweck erreichen würden. Eine rechtschaffene Seele, die mit Menschen umzugehen weiß, macht sich, ohne alle Kunst, durch sich selbst angenehm. Die Kunst ist nichts anderes, als ein aufgenommenes Verzeichnis des Betragens solcher Seelen.

Für mich ist auch der Umgang mit hübschen und ehrbaren Frauenzimmern sehr angenehm. »Denn auch wir haben Augen dafür!« Und wenn die Seele hier nicht so viel Genuß hat wie beim ersten, so bringt sie die Sinnlichkeit, die auch in dieser mehr genießt, zu einem nahen Verhältnisse mit der anderen, obgleich nach meinem Erachten nicht zur völligen Gleichheit. Aber es ist ein Umgang, wobei man schon ein wenig mehr auf seiner Hut sein muß; besonders diejenigen, über die der

Körper viel Gewalt hat, wie bei mir der Fall ist. In meiner Kindheit fühlte ich dabei manche Wallung und litt jede Wut, die, wie die Dichter sagen, denen zuteil wird, die sich ohne Zwang und Klugheit hingeben. Es ist wahr, daß mir in der Folge diese Geißelschläge zur Lehre und Warnung dienten.

Es ist Torheit, alle seine Gedanken darauf zu heften und sich mit einer brennenden und unbehutsamen Neigung einzulassen, auf der anderen Seite aber sich ohne alle Liebe und zärtliche Verbindungen, gleichsam wie Schauspieler, in solchen Gesellschaften herumzutummeln, um eine gewöhnliche Rolle, wie es zu unse ren Zeiten Sitte und Brauch ist, zu spielen und dabei weiter nichts feilzuhaben als bloße Worte; das heißt freilich seine Sicherheit behaupten, aber auf eine sehr elende Weise, wie einer, der seine Ehre oder seinen Vorteil oder sein Vergnügen hintansetzte aus Furcht vor Gefahr. Denn so viel ist gewiß, daß aus einem solchen Betragen für diejenigen, die es zu dem ihrigen wählen, kein Nutzen zu hoffen ist, der eine ehrliche Seele befreien oder befriedigen könnte. Man muß dasjenige mit Wärme gewünscht haben, was man erlangen und mit wahrem Vergnügen genießen will, nämlich, wenn wider alle Billigkeit das Glück eine solche Verlarvung begünstigen sollte, wie es sich wohl zuweilen gebührt, weil wohl keine unter ihnen ist, wäre es auch das übelstgebildete Geschöpf, die sich nicht für liebenswürdig halten und nicht etwas an sich haben sollte, sei es auch nur die Blüte der Jugend oder schönes Haar oder ein schöner Gang und dergleichen, wodurch sie sich empföhle. (Denn vollkommen Häßliche gibt es ebensowenig wie vollkommen Schöne.) Sonach ist auch nicht eine, die sich durch den ersten Eid, den man ihr zu dienen schwört, nicht sollte überreden lassen. Nun muß aber aus diesem, unseren Mannspersonen jetziger Zeit so gewöhnlichen Betruge wohl entstehen, was schon die Erfahrung lehrt, nämlich, daß sie sich entweder sehr eingezogen halten oder unter sich allein zusammengesellen, um uns zu fliehen, oder auch, daß sie sich ihrerseits dem Beispiele fügen, das wir ihnen gegeben haben; daß sie ihre Rolle im Possenspiele spielen, ohne Leidenschaft, ohne Kummer und ohne Liebe sich auf solchen Umgang einlassen und dafür halten, daß sie sich mit Nutzen und Bequemlichkeit uns überlassen dürfen, um so mehr, je weniger wir sie lieben. Dann geht's wie in der Komödie; die Zuschauer genießen ebensoviel und mehr Vergnügen wie die spielenden Personen. Für mein Teil, ich weiß von keiner Venus ohne Cupido, ebensowenig wie von einer Mutterschaft ohne Empfängnis. Das sind die Dinge, die einen so genauen Zusammenhang haben, daß ich mir eins ohne das andere nicht denken kann. Also schlägt auch hier Verrat seinen eigenen Herrn. Die Täuschung kostet nicht viel, aber was sie erwirbt, ist noch weniger. Diejenigen, die Venus zu einer Gottheit gemacht haben, haben es in der Hinsicht getan, weil ihre vorzügliche Schönheit unkörperlich und geistig ist. Aber die Venus, die vorbesagte Leute suchen, ist nicht nur nicht menschlich, sondern auch nicht einmal viehisch, denn selbst die Tiere wollen sie nicht einmal so grob und irdisch. Wir sehen unter ihnen, daß beiderlei Geschlecht zur Zeit der Brunst sich nach Kur und Wahl zusammenfügen, und daß sie vorläufig schon einen freundlichen Umgang miteinander pflegen. Selbst diejenigen unter ihnen, denen das Alter die körperlichen Kräfte geraubt hat, zittern, wiehern und spreizen sich vor Liebe. Bevor sie sich zusammentun, sehen wir sie voller Hoffnung und Wärme, und hat der Körper sein Spiel geendigt, noch aus Erinnerung des süßen Genusses schmeichelnd und liebkosend. Auch sehen wir unter ihnen einige, die sich nachher stolz aufblähen und, obgleich erschöpft, doch hellen, lauten Triumph krähen. Wessen Bedürfnis nicht weiter geht, als seinen Körper zu erleichtern, der hat nicht nötig, dafür so kostbaren und mühsamen Aufwand zu machen. Für einen wackeren, tapferen Hunger braucht es keiner zarten Leckerbissen.

Da ich mich nicht für besser auszugeben begehre, als ich bin, so will ich folgendes von den Irrtümern meiner Jugendjahre erzählen. Nicht bloß aus Furcht vor der Gefahr der Gesundheit, die damit verknüpft ist (und doch habe ich nicht ausweichen können, daß ich nicht zweimal etwas aufgesackt hätte, obgleich nur leicht, das ich auch bald wieder los geworden bin), sondern auch aus Verachtung habe ich mich eben nicht mit Stundenheiraten oder gemeinen Buhlschaften abgegeben. Ich habe das Vergnügen durch Schwierigkeiten, durch Verlangen und durch eine Art von Selbstschmeichelei zu erhöhen gesucht, und mir gefiel das Benehmen des Kaisers Tiberius, der an seinen Liebschaften mehr die Bescheidenheit und den Adel als andere Eigenschaften suchte, und die Laune der Allermannsfrau Flora, die eine Zeitlang mit niemand zu schaffen haben wollte, der nicht Diktator oder Konsul oder Zensor war, und ihre eigene Ehre in die Würde ihrer Liebhaber setzte. Wirklich tun Perlen und Goldstoff etwas bei der Sache, so wohl wie Titel und Equipagen.

Übrigens hielt ich auch viel auf Verstand und Witz; nur mußte der Körper nicht zu schlecht dabei wegkommen. Denn, um gewissenhaft auf die Frage zu antworten, die von beiden Schönheiten, wenn es notwendig so hätte sein müssen, ich am ersten hätte missen mögen, so sage ich: Ich würde die geistige am ersten haben fahren lassen. Diese hat ihren Nutzen bei weit besseren Dingen. Aber in Rücksicht auf Liebe, die sich mehr auf Gesicht und Gefühl bezieht, tut man wohl etwas um die Grazie des Geistes, aber nichts ohne die Grazie des Körpers. Der wahre und echte Vorteil der Damen ist die Schönheit. Sie ist ihnen so eigentümlich, daß die unsrige, obgleich etwas von der ihrigen unterschieden, sich doch in der Hauptsache derselben nähern muß und bei Knaben und Unbärtigen am meisten stattfindet. Man sagt, daß diejenigen, die dem Großherren zu Konstantinopel mit ihrer Schönheit dienen, deren eine große Anzahl ist, spätestens im zweiundzwanzigsten Jahre ihren Abschied erhalten. Vernunft, Klugheit und Freundschaftsleistungen finden sich besser bei den Männern, und doch beherrschen jene die Welt.

Diese zweierlei Arten von Umgang mit Menschen sind zufällig und hängen nicht von uns selbst ab. Der eine ist so selten, daß man darüber unwillig werden möchte, und der zweite erkaltet mit dem Alter; also wären sie nicht hinlänglich gewesen, das Bedürfnis meines Lebens zu befriedigen. Der dritte Umgang ist mit Büchern und viel sicherer und mehr in unserer Gewalt. In anderen Vorteilen steht er dem ersten nach; aber er hat die Leichtigkeit und Nützlichkeit dagegen für sich. Dieser begleitet mich auf meiner ganzen Lebensbahn und ist mir allenthalben zu Dienst. Er erheitert mein Alter und meine Einsamkeit; er nimmt mir die Last des langweiligen Müßiggangs und befreit mich zu jeder Stunde von verdrießlicher Gesellschaft; er verstumpft den Stachel der Schmerzen, solange sie nicht übermäßig stark sind. Um mich von unangenehmen Bildern der Phantasie zu befreien, darf ich nur zu meinen Büchern greifen. Sie verscheuchen bei mir solche sehr leicht und nehmen es nicht übel auf, zu sehen, daß ich mich nicht eher an sie wende, als wenn ich keine bequemeren, wesentlicheren, wirksameren und natürlicheren Mittel der Unterhaltung haben kann.

Man pflegt zu sagen: Der hat gut zu Fuße gehen, der sein Sattelpferd an der Hand führt. Und so ist auch der Kranke nicht zu beklagen, der sein Heilungsmittel aus dem Ärmel schütteln kann. In der praktischen Erfahrung dieses Sprichwortes, das ein sehr wahres Wort ist, besteht der ganze Nutzen, den ich von den Büchern ziehe. Eigentlich bediene ich mich ihrer fast nicht mehr als solche, die gar keine Bücher kennen. Ich genieße ihrer wie ein Geiziger seiner Schätze, der weiß, daß er ihrer genießen könnte, wenn er Lust hätte; meine Seele sättigt sich und begnügt sich mit diesem Rechte des Besitzes. Ich reise nie ohne Bücher, sei es zu Friedens-, sei es zu Kriegszeiten. Gleichwohl vergehen oft ganze Tage, ja gar ganze Monate, ohne daß ich sie zur Hand nehme. Hernach, sage ich, oder morgen, oder wenn mich die Lust anwandelt. So läuft die Zeit hin und verstreicht, ohne mir lang zu werden; denn ich kann nicht sagen, wie sehr mich der Gedanke beruhigt und befriedigt, daß sie in Bereitschaft stehen, mir Vergnügen zu machen, sobald ich es begehre, und zu wissen, wie wichtige Dienste sie mir in meinem Leben leisten. Es ist der beste Speisekorb, den ich für diese menschliche Lebensreise gefunden habe, und außerordentlich beklage ich solche Menschen, die ihn nicht bei sich führen. Unterdessen nehme ich viel eher mit jedem anderen Zeitvertreib vorlieb, so leicht er übrigens auch sein mag, weil mir dieser niemals abgeht.

Bin ich zu Hause, so kehre ich etwas öfter zu meinem Büchervorrate, von wo aus ich nur eine Hand ausstrecken darf, um meine Haushaltung zu bestellen. Ich stehe auf der Schwelle und sehe vor mir meinen Garten, meinen Hühnerstall, meinen Hof und die meisten Teile meiner Gebäude. Da blättere ich bald in diesem Buche, bald in einem anderen, ohne Ordnung, ohne Plan, flatschenweise. Bald lese ich stille für mich weg, bald streiche ich an und sage beim Umhergehen meine Träumereien, wie diese hier, in die Feder. Meine Bücher stehen drei Treppen hoch in einem Turm. Eine Treppe hoch befindet sich meine Kapelle; zwei Treppen hoch meine Kammer und Nebenzimmer, wo ich mich oft niederlege, wenn ich allein bin. Über der Bibliothek befindet sich mein Kleidervorrat. In vorigen Zeiten war es der unbesuchteste

Ort in meinem ganzen Hause. Ich bringe daselbst die meisten Tage des Lebens und die meisten Stunden des Tages zu. Des Nachts bin ich da niemals. Hinter derselben befindet sich ein ziemlich hübsches Kabinett, worin ich des Winters Feuer haben kann. Und wenn ich nicht mehr die Aufsicht als die Ausgabe fürchtete, die Aufsicht zu vermeiden ich manche Unternehmung aufgebe, so könnte ich ganz leicht eine Galerie von hundert Fuß lang und zwölf Fuß breit rund umher und geraden Fußes daran hängen; denn ich habe gefunden, daß zu anderem Gebrauche die Mauer schon bis zu der Höhe aufgeführt ist, wie es zu diesem Baue nötig wäre. Ein jeder Ort, wo man allein sein will, bedarf eines Platzes zum Spazierengehen. Wenn ich sitze, schlafen meine Gedanken ein. Mein Geist geht nicht allein, gleichsam als ob ihn meine Beine in Bewegung setzen müßten. Diejenigen, die ohne Bücher studieren, werden dieses alles wahr befinden. Die Figur meiner Bücherstube ist rund und hat keinen anderen leeren Raum, als nötig ist, meinen Tisch und meinen Stuhl zu fassen. Und so sehe ich auf einmal in die Runde um mich her alle meine Bücher, die in Borden von fünf Reihen gestellt sind. Der Turm hat drei schöne und freie Aussichten und sechzehn Schritt Raum im Durchschnitt. Des Winters bin ich daselbst weniger anhaltend, denn mein Wohnhaus liegt auf einem Hügel, wie sein Name besagt, und der Turm ist vor allem dem Winde ausgesetzt. Aber eben das gefällt mir daran, daß er ein wenig steil und abgelegen ist, teils weil das zu meiner Leibesbewegung dient, teils auch, weil mich solches vor allzuvielem Überlaufe schützt. Hier ist mein ordentlicher Aufenthalt. Dessen Herrschaft suche ich rein und frei zu erhalten und solche keiner Gemeinschaft unterwürfig werden zu lassen, heiße sie eheliche oder kindliche oder bürgerliche. Sonst habe ich allenthalben nur den Titel Herr, der im Grunde nichts bedeutet und nichts zu befehlen hat. Derjenige ist nach meiner

Meinung zu bedauern, der keine Stätte hat, wo er für sich leben, sich verbergen oder Gesellschaft bei sich haben kann, wenn er will. Der Ehrgeizige bezahlt seine Leute gut, um von ihnen allemal zur Schau aufgestellt zu werden wie eine Bildsäule auf einem Markte. Ein solcher Mann kann nicht einmal einsam in seiner Einsamkeit sein. In der Strenge der Lebensart, die unsere Mönche affektieren, habe ich nichts Härteres gefunden, als daß in einigen Orden die Regel ist, in immerwährender Gesellschaft an einem Orte zu leben und immer zahlreich beieinander zu sein, was für Handlungen auch vorgenommen werden, und ich finde es gewissermaßen weit erträglicher, beständig allein zu sein, als niemals allein sein zu können.

Wollte mir jemand einwenden, es heiße eine Geringschätzung der Musen, wenn man sich ihrer nur zum Spielzeuge und zum Zeitvertreibe bediene, der müßte nicht wissen wie ich, wie viel das Vergnügen an Spiel und Zeitvertreib wert ist. Fast möchte ich sagen, ein jeder anderer Zweck dabei sei lächerlich. Ich lebe von einem Tage zum anderen, ohne heute für morgen zu sorgen, und so lebe ich, mit Verlaub zu sagen, für niemanden als für mich. Hier laufen alle Punkte meines Plans zusammen. Als ich noch jung war, studierte ich, um mich sehen zu lassen; nachher, um ein wenig klüger zu werden; jetzt, um etwas zu tun zu haben, und niemals, um große Kenntnis zu sammeln. Die eitle und verschwenderische Laune, die mich ehemals auf diese Art von Hausrat begierig machte, nicht allein um mich damit für mein eigenes Bedürfnis hinlänglich zu versehen, sondern noch einige Schritte weiter zu gehen, um mich damit zu zieren und zu schmücken, habe ich vorlängst schon aufgegeben.

Die Bücher haben viel angenehme Eigenschaften für diejenigen, die darunter zu wählen wissen; aber keine Rose ohne Dornen. Das Vergnügen, das sie gewähren, ist ebensowenig rein und klar wie alle übrigen; es hat seine nicht geringen Unbequemlichkeiten. Die Seele hat hier ihre Übung; der Körper aber, für den ich ebenfalls nicht vergessen habe zu sorgen, bleibt gleichwohl dabei ohne seine Übung, wird steif und welk. Ich wüßte in meinem immer zunehmenden Alter nichts, das für mich schädlicher und mehr zu vermeiden wäre.

Hierin bestehen meine drei liebsten und vorzüglichsten Beschäftigungen. Ich spreche nicht von denen, die ich der Welt als Pflichten eines Mitbürgers schuldig bin.

Man muß seinen Willen beschränken

Im Vergleich mit gewöhnlichen Menschen rühren mich wenige Dinge: oder um besser zu sagen, fesseln mich wenige. Denn es ist ganz recht, sich von ihnen rühren zu lassen, wenn sie uns nur nicht besitzen. Ich tue mein Möglichstes, dieses schon von Natur bei mir ziemlich große Privilegium der Unempfindlichkeit durch Studieren und Nachdenken zu vergrößern. Gar selten will ich daher etwas mit Wärme und bin auf wenig Dinge leidenschaftlich erpicht. Mein Gesicht ist hell, aber ich hefte es auf wenige Gegenstände. Mein Sinn ist zart und weich; meine Fassungskraft aber und ihre Anwendung ist hart und spröde. Es hält hart, ehe ich mich zu etwas verbinde. Soviel ich kann, beziehe ich gern alles auf mich selbst, und selbst hierin möchte ich gern meine Neigung zügeln und im Zaum halten, um nicht von ihr fortgerissen zu werden. Denn am Ende kann ich diese Neigung nicht anders als durch Vergünstigung anderer befriedigen, und das Glück hat darüber ein größeres Recht als ich selbst. Dergestalt daß, selbst in Ansehung der Gesundheit, auf die ich einen so hohen Wert setze, es mir wohl nötig wäre, sie nicht so heftig zu wünschen und so ängstlich darauf bedacht zu sein, daß ich die Krankheiten unerträglich finde. Man muß in dem Hasse widriger und der Liebe zu angenehmen Empfindungen Mäßigung beobachten.

Was aber solche Empfindungen anbelangt, die mich zerstreuen und an andere heften, so widersetze ich mich ihnen gewiß aus allen Kräften. Meine Meinung ist, man müsse sich anderen Menschen borgen und nur sich selbst zum Eigentum geben. Ich könnte es nicht ausstehen, wenn mein Wille und meine Zuneigung sich so leicht verpfänden und anweisen ließen. Ich bin von Natur und durch Gewohnheit zu weichlich.

Ein Ringen, wobei ich starken, steifen Widerstand fände, der zuletzt meine Gegner obsiegen machte, ein Ausgang, der mein warmes Streben mit Schande überhäufte, würden wahrscheinlich bitter an meinem Herzen nagen. Wenn ich mich so leicht anließe wie andere, so würde meine Seele niemals die Stärke haben, die Unruhen und Gemütsbewegungen zu ertragen, die denjenigen auf dem Fuße folgen, die sich mit vielerlei Dingen abgeben. Sie würde sich alsbald durch solche innerliche Bewegung verrenken. Brachte man mich zuweilen dahin, fremde Geschäfte zu betreiben, so versprach ich solche in die Hände zu nehmen, aber nicht in Lunge und Leber; mich damit zu beladen, nicht, sie mir einzuverleiben; allerdings dafür zu sorgen, aber nicht mich dafür in Feuer und Flammen zu setzen. Ich gab darauf Achtung, aber ich brütete nicht darüber. Ich habe genug damit zu tun, den inneren Drang, der mir so nahe in meinen Adern liegt, zu leiten und zu ordnen, ohne fremden Drang auf mich zu nehmen, unter dem ich erliegen würde, und bin schon geplagt genug mit meinen wesentlichen eigenen und natürlichen Angelegenheiten, ohne fremde von den Gassen und Zäunen hereinzurufen. Wer da weiß, wie viel er sich selbst schuldig, zu wie viel Pflichten er gegen sich verbunden ist, findet, daß die Natur ihm einen hinlänglich schweren Auftrag gegeben hat, der keinen Müßiggänger voraussetzt. Du hast reichlich zu schaffen in deinem eigenen Hause, entferne dich von demselben nicht. Die Menschen vermieten sich. Ihre Kräfte dienen nicht ihnen selbst, sondern denjenigen, denen sie sich zu Knechten machen. Ihre Mietsherren wohnen daheim, sie sind in fremden Häusern. Diese gewöhnliche Stimmung gefällt mir nicht. Wir müssen mit der Freiheit unserer Seele bedächtiglich umgehen und sie niemals verpfänden außer bei gerechten Veranlassungen. Und die sind gar nicht häufig, wenn wir sie richtig beurteilen. Man sehe nur die Leute, die so gelehrig sind, sich einnehmen und hinreißen zu lassen, die sind allezeit fertig, zu kleinen Dingen wie zu großen, bei solchen, die sie nichts angehen wie bei solchen, die sie betreffen. Sie mischen sich ohne Unterschied in alles, wo es nur etwas zu tun gibt, und sind wie ohne Leben, wenn sie ohne unruhige Bewegung sind. Sie suchen Geschäfte, um geschäftig zu sein. Das geschieht nicht sowohl deswegen, weil sie gehen wollen, sondern weil sie sich nicht ruhig halten können; nicht mehr und nicht weniger, wie ein von der Höhe herabgewälzter Stein sich so lange fortbewegt, bis er die Tiefe erreicht hat. Beschäftigung ist für eine gewisse Art Leute ein Zeichen der Geschicklichkeit und Würde. Ihr Geist sucht Ruhe in der Schaukel, wie die Kinder in der Wiege. Sie können sich rühmen, gegen ihre Freunde ebenso dienstfertig wie sich selbst überlästig zu sein. Niemand verteilt sein Geld unter andere, jedermann seine Zeit und sein Leben. Mit nichts in der Welt sind wir so verschwenderisch wie mit diesen Dingen, womit allein zu geizen nützlich und löblich wäre. Ich denke hierin ganz verschieden. Ich lebe in mich selbst gekehrt, wünsche gewöhnlich nur schwach, was ich wünsche, und wünsche wenig. So beschäftige und verwende ich mich auch selten und gleichmütig. Alles, was andere wollen und lenken, wollen sie mit Heftigkeit und Gewalt. Es gibt auf dem Wege des menschlichen Lebens der schlimmen Stellen so viel, daß man um größerer Sicherheit willen nur leicht und oberflächlich auftreten muß; daß es besser ist, hinüberzugleiten als einzusinken. Die Wollust selbst ist schmerzhaft in ihrer Tiefe.

Der Rat von Bordeaux erwählte mich zum Maire seiner Stadt, als ich fern von Frankreich und noch ferner von solchen Gedanken war. Ich verbat es. Man belehrte mich aber, daß ich unrecht habe, und der Befehl des Königs kam hinzu. Es ist ein Amt, das um so herrlicher scheinen muß, weil dabei kein anderer Gehalt oder Gewinn ist als die Ehre der Verwaltung. Es dauert zwei Jahre, kann aber durch eine neue Wahl verlängert werden, was jedoch selten geschieht. Bei mir geschah es und war vorher nur zweimal geschehen.

Bei meiner Ankunft gab ich mich treu und gewissenhaft, so wie ich mich fühle und wie ich bin, zu erkennen, ohne Gedächtnis, ohne wachsamen Fleiß, ohne Erfahrung und ohne starke Tätigkeit, so auch ohne Haß, ohne Ehrsucht, ohne Geldgeiz und ohne Gewalttätigkeit; damit die Bürger richtig unterrichtet wären und wüßten, was sie von meiner Anführung zu erwarten hätten. Und weil die Kenntnis von meinem seligen Vater und sein ehrenvolles Andenken sie allein zu diesem Schritt gebracht hatte, so fügte ich mit klaren Worten hinzu, daß es mir sehr leid tun sollte, wenn irgend etwas einen so starken Eindruck auf meinen Willen machte, wie ehedem ihre Angelegenheiten und ihre Stadt auf den seinigen gemacht hätten, während er solche in eben der Stelle, wozu sie mich berufen, regierte. Ich erinnerte mich, ihn in meiner Kindheit als einen alten Mann gesehen zu haben, dessen Seele gar sehr durch die öffentlichen Geschäfte hin und her getrieben wurde; der die sanfte Luft seines Hauses vergaß, wo ihn die Schwäche seiner Jahre schon lange Zeit vorher hingeheftet hatte; der seiner Haushaltung vergaß und seiner Gesundheit und gewiß sein Leben nicht achtete, das er in ihrem Dienst auf langen und mühsamen Reisen beinahe verloren hätte. Aber so war er, und diese Art zu denken entstand bei ihm aus einer großen natürlichen Güte des Herzens. Ich habe niemals eine liebreichere, menschenfreundlichere Seele gekannt. Diese Art zu handeln und zu leben, die ich an einem anderen rühme und preise, mag ich selbst nicht gern befolgen und bin darüber nicht ohne Entschuldigung. Er hatte sagen hören, man müsse sein Selbst dem Nächsten zuliebe vergessen, und das Einzelne komme gegen das Ganze in keine Betrachtung.

Der größte Teil aller Regeln und Vorschriften der Welt nimmt diese Wendung, um uns aus unserer Ruhe auf öffentliche Stellen, zum Dienst der bürgerlichen Gesellschaft zu treiben. Sie meinen, was Rechtes getan zu haben, wenn sie uns von uns selbst abwendig machen und zerstreuen, in der Voraussetzung, daß wir nur zu fest an uns selbst hielten, durch ein zu natürliches Band, und haben nichts versäumt, was zu diesem Behufe gesagt werden konnte. Denn es ist für die Weisen nichts Neues, die Dinge so zu predigen, wie sie nützlich, nicht wie sie eigentlich an und für sich sind. Die Wahrheit hat bei uns ihre Hindernisse, ihre Beschwerden und ihre Unvertragsamkeit. Wollen wir uns nicht oft betrügen, so müssen wir oft betrügen, die Augen verbinden und unseren Verstand betäuben, um solche zu berichtigen und zu verbessern. Wenn sie uns vorschreiben, drei, vier, fünfzig Rangordnungen von Dingen lieber zu haben als uns selbst, so ahmen sie die Kunst der Bogenschützen nach, die, um einen gewissen Punkt zu erreichen, weit über die vorgesetzte Grenze wegzielen. Wer ein krummes Stück Holz gerade machen will, biegt es nach der entgegengesetzten Richtung.

Ich bin der Meinung, man habe im Tempel der Pallas, sowie bei allen übrigen Religionen, äußerliche anscheinende Mysterien gehabt, die man dem Volke zeigte, und andere geheimere und erhabenere Mysterien, die nur den Eingeweihten kund gemacht wurden. Es ist wahrscheinlich, daß in diesen auch der eigentliche wahre Punkt der Freundschaft angegeben war, die man sich selbst schuldig ist; nicht jener falschen Freundschaft, die uns den Ruhm, die Gelehrsamkeit, den Reichtum und dergleichen Dinge wie Glieder unseres Wesens mit übermäßiger, unbegrenzter Selbstliebe umfassen läßt; noch einer schwachen, törichten Freundschaft, wobei es geht wie bei dem Efeu, der die Wände verdirbt, an die er sich heftet, sondern einer heilsamen, vernünftigen Freundschaft, die gleich nützlich und angenehm ist. Wer ihre Pflichten kennt und ausübt, hat wirklichen Sitz im Rat der Musen, hat die Spitze der menschlichen Weisheit und unserer Glückseligkeit erstiegen. Dieser, weil er genau weiß, was er sich selbst schuldig ist, findet in seiner Rolle, daß er den Gebrauch anderer Menschen und der Welt auf sich anwenden muß, und um das zu können, der öffentlichen Gesellschaft die Dienste und Pflichten zu leisten hat, die ihm obliegen. Wer ganz und gar nicht für andere lebt, lebt nur für sich. Die hauptsächlichste Pflicht, die wir auf uns haben, besteht darin, daß ein jeder sich wohl betrage. Darum sind wir hier. So wie derjenige, der vergäße, selbst wohl und heilig zu leben und damit seine Schuldigkeit getan zu haben glaubte, wenn er andere dahin wiese und führte, ein Narr wäre, ebenso schlägt derjenige, nach meiner Meinung, einen ganz falschen Weg ein, der versäumt, für sich selbst ruhig und glücklich zu leben, und sein Leben nur zum Dienst anderer verwendet.

Ich will damit nicht, daß man den Ämtern, die man übernimmt, Aufmerksamkeit, Mühwaltung, Worte und Schweiß, ja selbst im Notfall sein Blut versagen soll. Aber es muß nur zufälliger- und erborgterweise geschehen, so daß der Geist ruhig und kräftig bleibt, nicht untätig, jedoch ohne Verdruß und Leidenschaftlichkeit. Tätigkeit an sich selbst kostet dem Geiste so wenig, daß er sogar im Schlafe tätig ist. Aber man muß ihn mit Behutsamkeit in Tätigkeit setzen, denn der Körper trägt die Lasten mit, die man dem Geiste auflegt, gerade nach ihrem Gewicht. Der

Geist vergrößert und erschwert solche oft auf seine Kosten, indem er solche nach eigenem Gefallen ausdehnt. Man verrichtet ähnliche Dinge mit verschiedener Anstrengung und verschiedener Willensäußerung. Eins tun und das andere nicht lassen. Wie viele Menschen wagen sich nicht täglich in Kriege, die sie nichts angehen, und laufen und ringen nach den Gefahren der Schlachten, deren Verlust ihnen den nächsten Schlaf nicht beunruhigen wird? Ein anderer ist in seinem Hause außer aller Gefahr, die er nicht einmal mit anzusehen gewagt hätte, viel heftiger besorgt über den Ausgang dieses Krieges und beunruhigt seine Seele weit mehr damit als der Soldat, der darin Leib und Leben wagt. Ich habe mich mit öffentlichen Ämtern befaßt, ohne mich darüber selbst nur einen Nagel breit aus dem Gesicht zu verlieren, und mich anderen geben können, ohne mich mir selbst zu nehmen. Lebhaftigkeit und Heftigkeit des Verlangens hindert die Ausführung dessen, was wir übernehmen, mehr, als es solche befördert. Es erfüllt uns mit Ungeduld nach dem Ausgange, der entweder widrig sein oder sich verzögern kann, und mit Bitterkeit und Argwohn gegen diejenigen, mit denen wir zu tun haben. Wir führen niemals eine Sache wohl, die uns ängstlich im Kopfe liegt und treibt. Wer dabei nichts anwendet als kalten Verstand und Geschicklichkeit, kommt weit leichter zurecht. Er verstellt sich, biegt ein, gibt nach mit Leichtigkeit, so wie es die Gelegenheit verlangt. Er harrt, ohne sich zu quälen, ohne sich zu betrüben, und ist fertig und bereit zu einem neuen Unternehmen. Ein solcher Mann hält immer den Zügel fest in der Hand. Der hingegen, den die Heftigkeit und Gewalt seiner Absicht berauscht, begeht notwendigerweise viel Unbesonnenheit und Ungerechtigkeit. Die Gewalt seines Verlangens reißt ihn fort. Es sind gewagte Bewegungen, die, wenn das Glück nicht viel dabei ist, nichts fruchten. Die Philosophie verlangt, daß wir bei Bestrafung der empfangenen

Beleidigung allen Zorn beiseite setzen. Nicht damit die Rache geringer sei, sondern vielmehr im Gegenteil treffender und wichtiger, das nach ihrer Meinung durch Heftigkeit vermindert würde. Nicht nur macht der Zorn, daß wir dunkel sehen, sondern, an sich selbst schon, ermüdet er die Arme desjenigen, der straft. Sein Feuer lähmt und verzehrt alle Kraft. So ergeht es auch der Übereilung. Die Eile schlägt sich selbst ein Bein unter, verwickelt sich und hält sich auf. Zum Beispiel, nach allem was ich aus der Erfahrung sehe, hat der Geiz keinen größeren Widersacher als sich selbst. Je angestrengter und heftiger er arbeitet, je unfruchtbarer ist er. Gewöhnlicherweise häuft er viel schneller Reichtümer zusammen, wenn er sich hinter dem Bild der Freigebigkeit versteckt.

Ein gewisser von Adel, ein sehr redlicher Mann und mein Freund, hätte sich fast den Kopf durch eine zu leidenschaftliche Anstrengung und Tätigkeit in Geschäften eines Prinzen, seines Herrn, verwirrt. Sein Herr schilderte sich selbst gegen mich auf folgende Art: »Ich sehe die Wichtigkeit der Ereignisse so gut wie ein anderer; bei solchen aber, denen nicht mehr zu helfen ist, entschließe ich mich auf der Stelle, sie geduldig zu leiden. Gegen andere treffe ich die nötigen Vorkehrungen, was ich vermöge der Lebhaftigkeit meines Geistes auf der Stelle tun kann, und erwarte sodann in Ruhe, was daraus werden mag.« In der Tat habe ich ihn auch so befunden, daß er bei wichtigen und sehr verwickelten Dingen eine große Sorglosigkeit und Freiheit im Handeln und in Gebärden behauptet. Ich finde ihn viel größer und viel fähiger bei widrigem als bei gutem Geschick. Seine Niederlagen machen ihm mehr Ruhm als seine Siege, und seine Trauer mehr als sein Triumph.

Man bemerke nur, daß selbst in solchen Handlungen, die an sich gering und nichtsbedeutend sind, z. B. beim Schachspiel, beim Ballschlagen und dergleichen, die gar zu große Emsigkeit und Hitze eines zu heftigen Verlangens nach Sieg den Geist und die Glieder unmittelbar in Unordnung und Unaufmerksamkeit versetzen. Man verblendet und verwirrt sich selbst. Derjenige, der sich gegen Gewinn und Verlust mit mehr Mäßigkeit beträgt, ist immer bei sich selbst. Je weniger einer beim Spiele hitzig und leidenschaftlich ist, mit desto mehr Vorteil und Sicherheit weiß er es zu lenken.

Im übrigen verhindern wir die Ergreifung und Festhaltung der Seele, wenn wir ihr zuviel auf einmal zu umfassen geben. Einige Dinge muß man ihr bloß vorhalten, andere anheften, noch andere einverleiben. Sie mag immerhin alle Dinge sehen und empfinden, aber nähren muß sie sich nur von sich selbst. Sie muß darüber unterrichtet sein, was sie nur berührt, und was eigentlich ihres Seins und Wesens ist. Die Gesetze der Natur lehren uns, was wir genau bedürfen. Nachdem die Weisen uns gesagt haben, der Natur nach sei kein Mensch arm, wohl aber seiner Meinung nach, unterscheiden sie gleichfalls sehr fein die Begierden, die aus der Natur entstehen, von den Begierden, die aus der Unordnung unserer Einbildung entspringen. Wünsche, deren Ende wir absehen, sind Werke der Natur, Wünsche aber, die immer vor uns fliehen, die wir nicht erreichen können, sind unser eigenes Werk. Der Armut an Gütern ist leicht abgeholfen, der Armut der Seele unmöglich.

Wenn das, was die Natur ursprünglich und im genauesten Sinne zur Erhaltung unseres Daseins von uns fordert, so gar wenig ist (wie es denn wirklich ist, und wie wir nicht besser ausdrücken können, mit wie wenigem unser Leben erhalten werden kann, als durch die Bemerkung, daß es so wenig sei, daß es durch seine Geringfügigkeit dem Einflusse und den Schlägen des Glücks entgeht), so laß uns die Sorgen für ein Mehreres fahren lassen, laß uns auch das noch Natur nennen, was den Stand und die Lage eines jeden von uns betrifft; laß uns nach diesem Maße uns selbst schätzen und behandeln. Bis dahin laß uns unsere Rechnungen und Lagerbücher erstrecken, denn mich deucht, daß wir bis dahin wohl zu entschuldigen stehen. Die Gewohnheit ist eine zweite Natur und nicht minder mächtig. Was mir an dem mangelt, woran ich gewohnt bin, das deucht mich, mangele mir wirklich, und mir würde es wirklich ebenso lieb sein, man nähme mir das Leben, als wenn man es mir sehr verkümmerte und mich weit von dem Zustande herabsetzte, in dem ich seit so langer Zeit lebe. Ich bin nicht mehr in den Jahren, wo ich einen großen Glückswechsel ertragen noch mich an eine neue und ungewohnte Lebensart gewöhnen könnte; nicht einmal an eine reichere. Meine Zeit ist dahin, ein anderer Mensch zu werden. Und wie ich ein großes Glück, wenn es mir zu dieser Zeit in die Hände fiele, beklagen würde, daß es nicht in der Zeit gekommen wäre, da ich es hätte genießen können, ebenso würde ich mich über einen großen Seelenerwerb beklagen. Es ist gewissermaßen besser, niemals als spät ein ehrlicher Mann zu werden oder richtig leben zu lernen, wenn man nicht mehr zu leben hat. Ich, der ich auf meiner Abreise begriffen bin, könnte es gar leicht einem Ankömmling überlassen, was ich durch den Umgang mit der Welt an Klugheit lerne. Das ist Senf, der nach vollendeter Mahlzeit ausgesetzt wird. Was soll ich mit dem Gut, mit dem ich nichts anfangen kann? Wozu Gelehrsamkeit einem Menschen, der keinen Kopf mehr hat? Es ist Feindseligkeit und Gehässigkeit des Schicksals, wenn es uns Geschenke zuwirft, die uns einen gerechten Ärger verursachen, daß wir solche zu gehöriger Zeit entbehren mußten. Entziehet mir nur euren Arm, ich kann nicht mehr gehen! Von allen Gliedern, welche die Geschicklichkeit hat, ist mir Geduld allein hinreichend. Wozu einem Sänger die Einsicht, eine schöne Diskantstimme zu führen, wenn schon seine Lunge verfault ist? Wozu die Beredsamkeit einem Einsiedler in den Wüsten Arabiens? Zum Fallen braucht es keiner Kunst. Das Ende ergibt sich bei jeder Beschäftigung von selbst. Meine Welt sinkt unter mir weg, meine Form ist verdunstet. Ich gehöre ganz der Vergangenheit und bin verbunden, daran zu hasten und meinen Abgang ihr gemäß einzurichten. Wenn die Gesundheit selbst, die so süß ist, zuweilen bei mir einspricht, so ist es mehr, um mir ein Bedauern einzuflößen als sich mir zu genießen zu geben. Ich weiß nicht mehr, wo ich sie beherbergen soll. Die Zeit verläßt mich, und ohne sie besitzt man nichts. O wie wenig würde ich mir aus diesen großen Wahlwürden machen, die ich in der Welt sehe, zu denen man nur solche Männer wählt, die auf dem Punkt stehen, davonzugehen! Bei denen man nicht allein darauf sieht, wie gut, als wie kurz sie verwaltet werden dürften; bei deren Antritt man schon auf den Hintritt blickt. Kurz, ich bin jetzt hier, diesen Menschen zu vollenden, nicht aber einen neuen daraus zu machen. Durch langen Gebrauch ist mir meine Form wesentlich, mein Schicksal zur Natur geworden. Ich sage also, daß ein jeder von uns Schwächlingen zu entschuldigen ist, wenn er dasjenige, was unter dieses Maß fällt, für das Seinige erachtet. Aber über dieses Maß hinaus ist auch nichts als Verwirrung. Es ist die weiteste Ausdehnung, die wir unseren Rechten erteilen können. Je mehr wir unsere Bedürfnisse und unsere Besitzungen vergrößern, um so mehr stellen wir uns den Schlägen des Glücks und den Widerwärtigkeiten bloß. Die Schranken unserer Wünsche müssen auf ein nachbarliches Ziel eingeengt und verkürzt werden, auf die Bequemlichkeiten dessen, was uns am nächsten zur Hand liegt. Und übrigens muß auch ihr Lauf nicht in gerader Linie fortgehen, die immer aus uns hinausführt, sondern in einem Kreise, dessen beide Punkte sich in uns selbst durch eine kurze Rundung berühren und endigen. Alles Treiben, bei dem diese unerläßliche und wesentliche Bedingung nicht stattfindet, zum Beispiel das Treiben des Geizigen, des Ruhmsüchtigen und so vieler anderen, die gerade auslaufen und deren Gang sie immer vorwärts führt, ist ein irriger, kränklicher Betrieb.

Die meisten unserer Beschäftigungen sind Gaukelpossen. Man muß seine Rolle gehörig vorstellen, aber wie die Rolle einer erborgten Person. Man muß aus dem Federbusch, aus Stern und Band keine wesentliche Sache machen, noch aus dem Fremden etwas Eigentümliches. Wir wissen nicht zwischen Haut und Hemde zu unterscheiden. Es ist schon genug, das Gesicht mit Mehl weiß zu machen, die Brust bedarf dessen nicht. Ich kenne Leute, die sich in ebenso viele neue Gestalten und Wesen umformen und verwandeln, wie sie Ämter übernehmen; die selbst ihrem Herzen und Eingeweide den Hahnenkamm aussetzen und ihre Würde bis auf ihren Leibstuhl mitnehmen. Ich kann es ihnen nicht in den Kopf bringen, daß sie das Hutabziehen, das ihnen gilt, von demjenigen unterscheiden, das ihrem Amte, ihrem Gefolge oder auch ihrem Maultiere widerfährt. Sie blähen und schwellen ihre Seele und ihren natürlichen Dünkel nach dem Verhältnisse auf, wie ihr Richterstuhl gesetzt ist. Der Maire und Montaigne waren allemal zwei auffallend verschiedene Personen. Wenn jemand Advokat oder Finanzier ist, muß er darum den Betrug nicht verkennen, der bei solchem Gewerbe stattfindet. Ein ehrlicher Mann ist für die Laster oder Dummheiten seines Standes nicht verantwortlich und muß dennoch die Ausübung desselben nicht von sich ablehnen. Es ist einmal die Art und Weise seines Landes und gibt ihm etwas einzubrocken. Man muß von der Welt leben und sie nutzen, wie man sie findet. Aber der Verstand eines Kaisers muß über sein Kaisertum hinausgehen und es ansehen und betrachten als eine fremde Zufälligkeit. Er muß sein Ich besonders zu genießen verstehen und sich, wie Hans und Peter, wenigstens sich selbst mitzuteilen wissen.

Ich kann mich nicht tief und völlig auf etwas einlassen. Wenn mich mein Wille einer Partei übergibt, verbinde ich mich nicht so gewaltsam mit ihr, daß mein Verstand darunter litte. Bei den gegenwärtigen Verwirrungen unseres Staates hat mich mein Vorteil ebensowenig die guten Eigenschaften unserer Gegner verkennen lassen wie die tadelhaften Eigenschaften derjenigen, mit denen ich es halte. Sie vergöttern alles, was auf ihrer Seite ist. Ich hingegen entschuldige nicht einmal die meisten Dinge, die auf der meinigen vorgehen. Eine schöne Schrift verliert bei mir dadurch nichts von ihren Vorzügen, daß sie gegen mich zu Gericht eingegeben worden ist. Insofern es nicht auf den Streitknoten ankommt, habe ich mich immer in Gleichgewicht und Gleichgültigkeit erhalten. Diejenigen, die ihren Zorn und ihren Haß weiter erstrecken, als der Zank reicht, wie die meisten zu tun pflegen, zeigen, daß solche aus anderen Quellen und besonderen Ursachen entspringen; geradeso, als wenn einem Menschen noch das Fieber anklebt, nachdem er von einem Geschwür geheilt ist; was ein Merkzeichen ist, daß das Fieber von geheimen Ursachen entstanden ist. Es rührt daher, daß sie nicht bloß der Sache als Sache und, insofern sie allgemein ist und das Interesse aller und des Staats betrifft, feind sind; sondern daß sie sie bloß hassen, insofern ihnen solche allein weh tut. Das ist die Ursache, weswegen sie sich besonders entrüsten und über Gerechtigkeit und öffentliches Recht hinausgehen. Ich wünsche, daß der Vorteil auf unserer Seite sein möge, aber ich gerate nicht in Wut, wenn er's nicht ist. Ich halte mich stark an die vernünftigste Partei, aber ich mache mir kein besonderes Geschäft daraus, daß man mich vor allen anderen als einen Feind des Gegenteils und über die allgemeinen Grundsätze hinaus betrachte. Ich mißbillige diese unschickliche Meinung aufs äußerste: »Er gehört zur Ligue, denn er bewundert die Geschicklichkeit des Prinzen von Guise. Er staunt über die Tätigkeit des Königs von Navarra, er ist also ein Hugenotte. Er hat dieses oder jenes gegen die Sitten des Königs einzuwenden, er ist also in seinem Herzen ein Aufrührer.« Ich gestatte nicht einmal der Obrigkeit, daß sie ein Buch mit Recht verurteilt habe, weil es einen Ketzer unter den besten Dichtern unserer Zeit aufführte. Dürfen wir nicht mehr von einem Diebe sagen, er sei ein fixer Kerl? Muß ein Mädchen, das sich einmal verleiht, deswegen eine Metze heißen? Wenn die Menschen einen Widerwillen gegen einen Advokaten bekommen, so leugnen sie ihm tags darauf seine Beredsamkeit ab. Ich habe anderwärts über den Eifer gesprochen, der ehrliche Leute zu solchen Fehlern verleitet. Ich meinesteils kann wohl sagen: »Dieses macht er sehr schlecht und jenes gut.« So verlangt man bei den widrigen Vorhersagungen oder Auskäufen der Sachen, daß jedweder blind und dumm an seiner Partei hängen soll; daß unser Urteil und unsere Überzeugung weniger der Wahrheit diene als vielmehr den Entwürfen unserer Wünsche. Ich möchte lieber auf der Gegenseite ausschweifen, aus Furcht, daß meine Wünsche mich bestächen. Dazu kommt, daß ich meinen Hoffnungen wenig traue.

Ich habe zu meiner Zeit eine außerordentliche Leichtgläubigkeit des Volks gesehen, sich törichterweise in seinen Hoffnungen und seinem Vertrauen bei der Nase fassen zu lassen, an der Seite und Stelle es seinen Führern gut gedünkt hat, obwohl diese sich hundertmal hintereinander verrechneten, und dabei allen vorgespiegelten Gaukeleien und Traumgebilden zu glauben. Ich wundere mich nicht mehr über diejenigen, die sich von den Affereien des Apollonius von Thyana und Mahomets ankörnen ließen. Ihr Geist und Gefühl wird ganz und gar durch ihre Leidenschaft erstickt. Ihre Überlegung hat weiter keine Wahl als unter solchen Dingen, die sie anlachen und ihrer obwaltenden Sache einen schönen Schein geben. Dies habe ich durchgängig bei dem ersten Anfalle unseres Staatsfiebers bemerkt. Der andere Anfall, der nachher sich geäußert und ihn nachgeahmt hat, ist noch weiter gegangen. Daraus schließe ich, daß es eine von den Volksirrtümern unzertrennliche Eigenschaft sei. Nach der ersten Meinung, die ausbricht, drängen und stoßen sich alle und folgen Wind und Wellen. Man gehört nicht zum Ganzen, wenn man seine eigene Meinung für sich behält, wenn man nicht mit der ganzen Flotte segelt. Aber wahrhaftig, man tut der gerechten Partei unrecht, wenn man sie durch Heuchler verstärken will. Dawider habe ich mich immer laut erklärt. Dies Mittel kann nur schwachen Köpfen gefallen. Gesunde und helle schlagen nicht nur einen ehrlicheren, sondern auch einen gewisseren Weg ein, um ihren Mut zu erhalten und sich bei widrigem Geschicke zu trösten.

Der Himmel hat keine so große Zwistigkeit gesehen wie die des Cäsar und Pompejus, und wird in aller Zukunft keine ähnliche erblicken. Gleichwohl glaube ich an diesen beiden edlen Seelen eine außerordentliche Mäßigkeit des einen gegen den anderen zu erkennen. Es war ein Neid über Ehre und Herrschsucht, der sie niemals bis zum wütenden, unvernünftigen Hasse trieb und beständig frei von Heimtücke und Verleumdung blieb. In ihrem heftigsten Streben entdecke ich noch immer eine gewisse Hochachtung des einen gegen den anderen und urteile demnach, daß, wenn es ihnen möglich gewesen wäre, jeder von ihnen gewünscht hätte, lieber ohne als mit dem Untergange seines Nebenbuhlers zu seinem Ziele zu gelangen. Wie ganz anders verhielten sich Marius und Sulla. Das erwäge man doch! Man muß sich nicht blindlings von seinem Vorteile und seinen Neigungen hinreißen lassen. Wie ich in meiner Jugend mich dem Fortgange der Liebe widersetzte, die mir übermächtig zu werden schien, und durch Überlegung herausbrachte, es würde mir nicht angenehm sein, wenn sie mich am Ende zwänge und ganz unter ihre Gewalt brächte, so mache ich es bei allen anderen Veranlassungen, wo meine Neigung sich zu heftig anläßt. Ich hänge mich an ihr Gegengewicht, sobald ich sehe, daß sie untertaucht und sich in ihrem Weine berauscht. Ich weigere mich, ihr Vergnügen so weit zu nähren, daß ich solche nicht mehr ohne blutigen Kampf zurückbringen könnte. Die Seelen, die aus Stumpfsinn eine Sache nur halb sehen können, genießen des Glücks, daß ihnen schädliche Dinge minder Kummer machen. Es ist eine geistige Armut, die ein Ansehen von Gesundheit hat, und zwar von einer solchen Gesundheit, die der Philosophie ganz und gar nicht verächtlich ist. Gleichwohl ist es nicht schicklich, solche Weisheit zu nennen, wie wir oft tun. Auf diese Weise verspottete jemand, vor alters, den Diogenes, der im tiefen Winter ganz nackt eine Schneegestalt zum Beweise seiner Geduld umarmte. Als jener diesen darüber betraf, sagte er zu ihm: »Friert dich jetzt sehr?« »Ganz und gar nicht«, antwortete Diogenes. »Was glaubst du denn«, fragte der andere, »Schweres und Musterhaftes zu tun?« Um die Sündhaftigkeit zu messen, muß man durchaus wissen, wie weit das Leiden geht.

Aber die Seelen, welche die widerwärtigen Zufälle und die Schläge des Glücks in ihrer ganzen Stärke und Widerwärtigkeit auffassen, die solche in ihrer natürlichen Bitterkeit, in ihrer Last und ihrem Gewicht erwägen und kosten, müssen ihre ganze Geschicklichkeit aufbieten, ihrer Ursache zu entrinnen, ihren Einfluß abzuwenden. Was tat der König Cotys? Er bezahlte das schöne und reiche Silbergeräte, das man ihm dargebracht hatte, sehr großmütig; weil es aber außerordentlich zerbrechlich war, zerbrach er es auf der Stelle selbst, um sich beizeiten eine so leichte

Veranlassung des Zürnens gegen seine Bedienten zu benehmen. Auf ebendiese Weise habe ich mich gehütet, daß meine Angelegenheiten nicht in Unordnung gerieten, und dahin getrachtet, daß meine Güter nicht mehr an die Güter meiner Verwandten oder solcher Personen grenzten, mit denen ich in genauer Freundschaft stehe, woraus sonst gewöhnlich Anlaß zu Kaltsinn und Ungeselligkeit entspringt. Ehedem liebte ich Glücksspiele in Karten und Würfeln. Seit langer Zeit habe ich mich davon losgesagt; bloß deswegen, weil, so gelassen ich auch bei meinem Verlust aussehen mochte, ich gleichwohl darüber innerlich Verdruß vermerkte. Ein Mann von Ehre, der keine Beleidigung mit kaltem Blute erdulden, keine kahle Entschädigung für Ersatz und Vergütung annehmen darf, muß ja alles weitläufige Wortgezänk vermeiden. Ich fliehe alle mürrischen und zänkischen Gemüter wie die Pest und alle Gespräche, die ich nicht ohne Teilnahme und mit kaltem Blute behandeln kann, darein mische ich mich nicht, wenn mich nicht Pflicht dazu zwingt. Die sicherste Art und Weise ist also, sich vorzubereiten, ehe die Gelegenheit eintritt. Ich weiß wohl, daß einige Weise einen anderen Weg eingeschlagen und sich nicht gefürchtet haben, sich über verschiedene Gegenstände lebhaft zu zanken und zu streiten. Solche Leute waren ihrer Kräfte versichert, in der Versicherung sie sich vor jeder feindlichen Macht gedeckt hielten und allem Nachteile die Stärke der Geduld entgegensetzten. Laß uns diese Beispiele nicht über den Haufen werfen wollen, wir würden damit nicht zurecht kommen. Sie bestehen fest darauf und ohne sich zu beunruhigen, den Untergang ihres Landes anzusehen, welches ihren ganzen Willen besaß und beherrschte. Für unsere gewöhnlichen Seelen wird dazu zuviel Kraft und Anstrengung erforderlich sein. Cato verließ darüber das edelste Leben, das jemals gelebt wurde. Wir anderen kleinen Seelen müssen den Sturm schon von fern fliehen, mehr auf das Gefühl als auf die Geduld achten und den Schlägen ausweichen, die wir nicht abwehren können. Sokrates sagt nicht: »Ergebet euch nicht den Reizen der Schönheit, widersteht ihr, zwinget euch zum Widerstand!« sondern: »Fliehet sie, entfernt euch aus ihrem Gesicht und ihrer Nähe: Hütet euch vor ihr als vor einem starken Gifte, das schon von ferne trifft und wirkt.« Ebenso lehrt der heilige Geist uns beten: Führe uns nicht in Versuchung! Wir beten nicht, daß unsere Vernunft durch unsere Begierden unbekämpft bleibe und obsiege; sondern daß solche selbst nicht einmal auf die Probe gestellt werde, daß wir nicht einmal in den Zustand geraten mögen, die Annäherung, Verführung und Versuchung zur Sünde auszuhalten, und bitten unseren Herrn, unser Gewissen ruhig zu erhalten, fern und völlig befreit von der Annäherung zum Bösen.

Diejenigen, die sagen, daß sie die Leidenschaft der Rache oder irgendeine andere Art von Leidenschaft besiegt haben, sagen oft die Wahrheit in Betracht der Sache, wie sie ist, aber nicht in Betracht dessen, wie sie war. Sie sagen uns das, wenn die Ursache ihres Irrtums durch Länge der Zeit hinfällig geworden ist. Geht man aber zurück, führt man die Ursachen auf die Zeit ihrer Entstehung zurück, so sitzen sie auf dem Trockenen. Wollen sie, daß ihr Fehler geringer werde, weil er älter ist, und daß ein ungerechter Ansang eine gerechte Folge habe? Wer seinem Vaterlande das Beste wünscht, wie ich, ohne deswegen sich abzuhärmen oder einen Leib voller Schwären zu haben, dem wird es höchst unangenehm sein, ohne dabei aus der Haut zu fahren, wenn er dasselbe mit dem Untergange bedräut oder dessen längere Dauer verderblich findet. Unglückliches Schiff, das die Winde, die Wellen und der Steuermann selbst so jämmerlich von der sicheren Fahrt hin und her werfen!

Wer nicht nach der Gunst der Fürsten als nach einer Sache lechzt, deren er nicht entbehren kann, achtet nicht viel auf die Kälte ihres Empfangs, noch ihrer Mienen, noch auf die Unbeständigkeit ihres Wohlwollens. Wer nicht über seinen Kindern oder über seinen Ehrentiteln mit sklavischer Anhänglichkeit brütet, kann immer nach ihrem Verluste ganz gemächlich leben. Wer das Gute hauptsächlich in Rücksicht auf sein inneres Vergnügen tut, wird darüber nicht aus seiner Fassung kommen, wenn er sieht, daß die Menschen nicht nach Verdienst von seinen Handlungen urteilen. Gegen solche Übel ist ein Quentlein Geduld mehr als hinlänglich. Ich befinde mich wohl bei diesem Rezept. Es erleichtert mir dadurch gleich anfangs alle Übel und Beschwerden. Mit geringer Anstrengung besänftige ich alle Auswallungen der Gemütsbewegungen und lasse die Dinge, die mir lästig zu werden beginnen, dahinfahren, bevor sie mich mit sich fortreißen. Wer es nicht hindern kann, vom Lande zu stoßen, wird auch die Macht der Wellen nicht hindern. Wer seine Türe nicht verschließen kann, kann auch den Eingang nicht versagen. Wer mit dem Anfang nicht zurechtkommen kann, wird mit der Beendigung einer Sache noch weniger zurechtkommen. Wer die Erschütterung nicht verhindern kann, kann auch nicht den Einsturz verhindern. Ich fühle beizeiten die leichten Winde, die in meinem Inwendigen um mich her fächeln und lispeln und Vorläufer des Sturms sind.

Wenn wir recht vernünftig wären, sollten wir uns ebenso freuen und rühmen, wie ich eines Tages sehr aufrichtig von einem Kinde von großem Hause hörte, das alle Menschen, die es um sich sah, treuherzig aufforderte, sich mit ihm darüber zu freuen, daß seine Mutter ihren Prozeß verloren habe, als wäre sie ihres Hustens oder ihres Fiebers oder sonst einer verdrießlichen Sache los geworden. Selbst die Begünstigungen, die das Glück mir durch Verwandtschaft und Bekanntschaft mit solchen Menschen, die im höchsten Ansehen stehen, gewährt haben könnte, habe ich sehr nach meiner Überzeugung angesehen und aufs genaueste vermieden, solche zum Nachteile anderer anzuwenden, und keinen größeren Gebrauch davon gemacht, als mich bei meinen Rechten ohne weiteres zu erhalten. Mit einem Wort: Ich habe auf meiner Lebensreise dahin gestrebt, zur guten Stunde sei es gesagt, daß ich bis diesen Augenblick in Ansehung aller Prozesse noch Jungfrau bin, obgleich ich oft sehr lockenden Anlaß gehabt hätte, sehr gerechte Prozesse anzufangen, wenn es mir beliebt hätte, dazu meine Ohren zu leihen. Ebenso jungfräulich bin ich in Rücksicht auf allen Zank und habe bald ein hübsches langes Leben hingebracht, ohne zu schelten oder gescholten zu werden und ohne mich anders als bei meinem Namen nennen zu hören. Eine seltene Gnade des Himmels!

Unsere größten Beunruhigungen entstehen aus lächerlichen Gründen und kommen von ebensolchen Triebfedern. Man betrachte doch, warum jener seine Ehre und sein Leben auf die Spitze des Schwerts und des Dolchs setzt. Man frage ihn, woher seine Wut entsteht. Er kann nicht, ohne zu erröten, darauf antworten; so eitel und geringfügig ist die Veranlassung.

Beim Einschiffen kam es nur auf eine kleine Grille an; nach der Abfahrt aber faßt jedes Segel Wind. Nunmehr kommt es auf große Zurüstungen und Reisebedürfnisse an, und alles wird schwerer und wichtiger. Es ist viel leichter, nicht einzusteigen, als wieder herauszusteigen. Man muß gerade das Widerspiel vom Schilfrohr halten, welches anfangs einen langen geraden Halm erzeugt, hernach aber, gleichsam als ob es sich durch schnelles Wachstum erschöpft hätte, setzt es Schüsse und dicke Knoten als

Ruhepunkte, die beweisen, daß es nicht mehr die vorige Kraft und Beständigkeit hat. Man muß vielmehr leise und kalt beginnen und seinen Atem und seine Kraftschwinge bis zum wichtigsten Punkte und bis zur Vollendung des Geschäfts aufsparen. Wir leiten die Geschäfte bei ihrem Anfange und haben sie in unserer Gewalt. Nachher aber, wenn sie erst in Schwung gesetzt sind, leiten sie uns und reißen uns hin, dann müssen wir ihnen folgen. Unterdessen ist hiermit nicht gesagt, daß mich dieser Rat von aller Schwierigkeit befreit habe, und daß ich nicht oft alle Hände voll zu tun gehabt hätte, meine Leidenschaften zu zügeln. Sie fügen sich nicht immer unter das Maß der Veranlassung und treten oft heftig und hitzig genug ein. Gleichwohl kann man aus diesem Rate guten Nutzen und Früchte ziehen. Nur diejenigen nicht, die beim Richtighandeln sich mit keinem Nutzen, keiner Frucht begnügen, wenn dabei nicht Ruhm und Ehre einzuernten ist. Denn im Grunde macht ein jeder über Nutzen und Frucht die Berechnung nach seiner eigenen Weise. Ihr seid zufriedener, aber nicht höher geschätzt, wenn ihr euch reiflich besinnt, bevor ihr beginnt, und ehe die Materie des Handelns sichtbar war. Indessen ist auch, nicht nur in dieser Sache, sondern in allen übrigen Pflichten des Lebens, der Weg derjenigen, deren Augenmerk die Ehre ist, sehr verschieden von der Bahn, auf der sich diejenigen halten, die auf Ordnung und Vernunft sehen. Ich finde verschiedene Menschen, die sich ohne alle Bedächtigkeit wütend in die Schranken stürzen und im Laufe immer matter werden. Wie Plutarch sagt, daß diejenigen, die aus Blödigkeit nachgebend sind und alles bewilligen, was man von ihnen fordert, auch wieder sehr leicht ihre Zusage vergessen und ihr Wort brechen. So auch diejenigen, die leicht in Zorn und Zank geraten, hören ebenso leicht wieder auf und werden gut. Eben die Schwierigkeit, die mich abhält, etwas zu beginnen, würde mich auch treiben, dabei fest zu beharren, wenn ich einmal im Gange und warm geworden wäre. Es ist eine üble Art. Ist man aber einmal auf dem Wege, so muß man fortgehen oder platzen. Beginne mit Kälte, sagte Bias; aber verfolge mit Hitze! Aus dem Mangel der Klugheit verfällt man in den Mangel des Mutes, der noch weniger erträglich ist.

Die meisten Verträge nach unseren heutigen Streitigkeiten sind schimpflich und lügenhaft. Wir suchen nur den Dingen einen hübschen Anstrich zu geben und verraten gleichwohl unsere wahren Absichten, die wir nicht Wort haben wollen. Wir verkleistern die Tatsache. Wir wissen wohl, wie wir es gesagt und gemeint haben, das wissen auch die, die dabei stehen und unsere Freunde, denen wir unseren Vorteil haben zu verstehen geben wollen. Es geschieht auf Kosten unserer Freimütigkeit und auf Kosten der Ehre unserer Tapferkeit, daß wir unsere Meinung ableugnen und in der Falschheit Kaninchenlöcher suchen, um uns zu vertragen. Wir strafen uns selbst Lügen, um uns aus dem Handel zu ziehen, wenn wir andere Lügen gestraft haben. Es kommt nicht darauf an, ob unsere Handlungen oder Worte anders ausgelegt werden können, sondern darauf, daß wir bei unserer wahren, aufrichtigen Erklärung und Deutung beharren, es möge uns auch kosten, was es wolle. Es kommt hier auf Tugend und Gewissenhaftigkeit an. Das sind keine Teile, die man verlarven darf. Solche elenden Behelfe und Ausflüchte laßt uns der juristischen Schikane überlassen. Die Entschuldigungen und Genügeleistungen, die ich täglich machen sehe, um Übereilungen zu beschönigen, kommen mir noch häßlicher vor als die Übereilungen selbst. Besser wäre es, seine Widersacher noch einmal beleidigen, als sich selbst durch solche Vergütung beleidigen. Ihr habt ihm im aufgebrachten Zorne getrotzt, und nun, bei kaltem und besserem Verstande, wollt ihr ihn besänftigen und schmeicheln. Also leistet ihr eine Genugtuung, die größer ist, als eure Beleidigung war. Ich finde für einen Ehrenmann keine Worte, die so demütigend wären, als wenn er seine Worte zurücknimmt, besonders wenn man ihn zu dieser Zurücknahme zwingt, weil ihm Eigensinn und Halsstarrigkeit noch eher zu übersehen stehen als blöde Feigherzigkeit. Meinen Leidenschaften kann ich ebenso leicht ausweichen, wie es mir schwer ist, solche zu mäßigen. Wer nicht bis zu dieser stoischen Unverwundbarkeit reichen kann, der rette sich beizeiten in den Schoß meiner niedrigen Fühllosigkeit. Was jene Helden aus Tugend taten, dahin suche ich mich durch meine Stimmung zu bringen. Die Gewitter schweben in der mittleren Luft. Die beiden äußeren Enden, der Philosoph und der Bauer, treffen in Rache und Glückseligkeit zusammen. Alle Dinge sind bei ihrer ersten Entstehung zart und schwach. Gleichwohl muß man ihren Anfang mit offenen Augen betrachten; denn, so wie man an einem Dinge, solange es noch klein ist, das Gefährliche nicht bemerkt, so entdeckt man auch nachher, wenn es ausgewachsen ist, kein Gegenmittel mehr dawider. Mir wären eine Million Querstriche begegnet, die mir täglich schwerer zu verdauen geworden wären, hätte ich meinem Ehrgeize den Zügel gelassen, als es mir leicht geworden ist, den natürlichen Hang zu hemmen, der mich dahin leitete.

Alle öffentlichen Handlungen sind ungewissen und verschiedenen Anlegungen bloßgestellt, denn gar zu viele Köpfe urteilen darüber. Einige sagten von meiner Bürgermeisterführung (und ich will hier wohl ein Wort darüber sprechen, nicht weil es der Rede wert ist, sondern weil es zu einem Pröbchen meines Betragens in solchen Dingen dienen kann), ich habe mich dabei betragen wie ein Mann, der zu schwer in Bewegung zu setzen ist und sich der Sachen nicht mit gehöriger Wärme annimmt, und die haben gar großen Schein für sich. Ich versuche es, meine Seele und meine Gedanken in Ruhe zu erhalten. Und wenn sie sich zuweilen durch einen starken, tiefen Eindruck in Unordnung bringen lassen, so geschieht das gewiß gegen meinen Willen. Aus dieser natürlichen Untätigkeit muß man gleichwohl keinen Beweis für mein Unvermögen ziehen wollen (denn Mangel an Sorgfalt und Mangel an Verstand sind zwei verschiedene Dinge), noch weniger aber daraus schließen, ich sei unerkenntlich und undankbar gegen die Bürgerschaft gewesen, die alle äußeren Mittel, die sie in Händen hatte, hervorsuchte, mir ihr Wohlwollen zu bezeugen, sowohl bevor sie mich kannte als nachher. Auch tat sie weit mehr für mich, da sie mir mein Amt abermals auftrug, als da sie mir solches zuerst beilegte. Ich will ihr alles mögliche Liebe und Gute. Und gewiß, hätte sich die Gelegenheit dazu gezeigt, so würde ich nichts unterlassen haben, um ihr Dienste zu erweisen. Ich war für sie so tätig wie für mich selbst. Es ist eine gute kriegerische, großmütige Bürgerschaft, dabei gleichwohl des Gehorsams und der Zucht fähig, wovon sich ein guter Gebrauch machen läßt, wenn sie gut angeführt wird. Andere sagen, die Zeit meiner Verwaltung sei hingegangen, ohne merkwürdige Spuren zu hinterlassen. Gut das! Man klagt meine Unterlassung zu einer Zeit an, wo fast jedermann des Zuvieltuns überwiesen war. Bei Dingen, die ich mit Entschlossenheit angreife, habe ich ein Ansehen von Mut und Hitze, diese Hitze aber ist eine Feindin der Beharrlichkeit. Wer sich meiner bedienen will, wo ich ihm nützen kann, der gebe mir Geschäfte, wozu Kraft gehört und Freiheit, die geradeswegs und in Kürze ausgeführt werden können. Erfordert die Ausführung lange Zeit, Spitzfindigkeit, viel Mühe und Kunst und krumme Wege, so tut man besser, man wendet sich an einen anderen. Alle Ämter, die wichtig sind, sind deswegen noch nicht schwer. Ich war darauf vorbereitet, mich ein wenig härter anzugreifen, wenn es sehr nötig gewesen wäre. Denn es steht in meinem Vermögen, ein wenig mehr als gewöhnlich und als ich gerne tun möchte, zu tun. Soviel ich weiß, versäumte ich kein Geschäft, das meine wohlverstandene Pflicht von mir forderte. Diejenigen, die der Ehrgeiz unter die Pflichten mischt und ihnen sein Siegel aufdrückt, habe ich leicht vergessen. Das sind solche, die am meisten in Aug' und Ohr zu fallen pflegen und den Menschen zufriedenstellen. Es ist dabei mehr Schein als Gehalt. Die Menschen meinen, man schlafe, wenn man kein Geräusch macht. Meiner Gemütsart ist alles Lärmen und Aufsehen zuwider. Ich ersticke gern eine Unruhe, ohne mich selbst zu beunruhigen, und möchte gern Unordnung bestrafen, ohne mich dabei zu ärgern. Ist es nötig, daß ich in Zorn und Flamme ausbreche, so nehme ich das Ansehen und die Larve an. Meine Sitten sind weichlich und viel mehr kahmig als sauer. Ich tadle keine Obrigkeit, die schläft, wenn nur diejenigen, die unter ihrer Aufsicht stehen, ebensogut schlafen wie sie. Die Gesetze schlafen auch. Ich, meinesteils, lebe nur ein sanft hingleitendes Leben, schattig und stumm. Mein Schicksal will es so. Ich bin in einer Familie geboren, die ohne Geräusch und Aufsehen lebte und seit langem Gedenken nur nach dem Ruhm der Biederkeit strebte. Unsere heutigen Menschen sind dergestalt zu Gewühle und Schimmer gebildet, daß die Güte, die Mäßigkeit, die Billigkeit, die Beständigkeit und dergleichen ruhige dunkle Eigenschaften nicht mehr geachtet werden. Rauhe, ungeschlachte Körper fühlt man bald; zart geschliffene schlüpfen unmerklich durch die Hand. Krankheit empfindet man, Gesundheit wenig oder gar nicht; so wie man auch Dinge weniger fühlt, die uns wohl, als die uns weh tun. Es heißt für seinen Ruhm und eigenen Nutzen und nicht für's allgemeine Beste arbeiten, wenn man das, was man in seinem Ratskabinettchen abtun konnte, aufschiebt, um es auf öffentlichem Markte zu verrichten, und am hellen Mittage das, was man die Nacht vorher hätte abmachen können; auch wenn man eifrig ist, dasjenige selbst zu beschicken, was ein Amtsgenosse ebensogut beschicken konnte. So machten einige griechische Wundärzte die Operationen ihrer Kunst auf aufgeschlagenen Bühnen, vor den Augen der Vorübergehenden, um dadurch mehr Kundschaft und Gewinn zu erlangen. Einige Leute glauben, man werde die guten Verordnungen nicht verstehen, wenn sie solche nicht mit Posaunenton ausrufen lassen. Der Ehrgeiz ist nicht das Laster kleiner Wichte, noch solchen Taten angemessen, wie es die unsrigen sind. Man sagte dem Alexander: Dein Vater wird dir ein großes, ruhiges und friedliches Reich hinterlassen. Der Knabe wurde neidisch auf die Siege seines Vaters und auf die Gerechtigkeit seiner Regierung. Ruhig und friedlich hätte ihm die Regierung der ganzen Welt nicht genügt. Alcibiades beim Plato will lieber jung, schön, reich, edel, gelehrt und im höchsten Grade der Vollkommenheit sterben, als auf halbem Wege am Leben bleiben. Diese Krankheit ist vielleicht bei einer so starken, erhabenen Seele zu verzeihen. Wenn aber kleine Zwergseelen ihnen nachäffen wollen und denken, ihren Namen weit umher zu verherrlichen, weil sie irgendeinen Prozeß richtig geschlichtet, die Wache in den Toren einer Stadt in Ordnung gehalten haben, so zeigen sie desto mehr ihr nacktes Hinterteil, je mehr sie hoffen, den Kopf in die Höhe zu recken. Ihr bißchen Rechttun hat weder Leib noch Leben, es stirbt schon wieder im ersten Munde und gelangt nicht von einer Ecke der Gasse zur anderen. Erzählt nur dreist davon euerm Sohne und euerm Bedienten, wie jener Mann bei den Alten, der, da er keine anderen Zuhörer seines Eigenlobs und kein anderes Echo seiner Tapferkeit hatte, sich gegen seine Hausmagd herausstrich und ausrief: O Kathrine, was hast du für einen tapfern und geschickten Herrn! Wenn euch niemand anhören will, so ruft euch selbst zum Zeugen; wie ein gewisser mir bekannter Ratsherr, der mit saurer Mühe und Schweiß ein sehr wortreiches und ebenso schales Referat zutage gewirkt hatte und nun aus der Ratsstube nach dem Pißwinkel ging, woselbst man ihn ganz andächtig zwischen den Zähnen murmeln hörte: Nicht uns, Herr, nicht uns, sondern deinem Namen gib Ehre! Wer nicht anders kann, zahlt sich aus seinem Beutel. Der Nachruhm prostituiert sich nicht für einen erbärmlichen Preis. Die seltenen exemplarischen Handlungen, denen er rechtmäßigerweise gebührt, würden die Gesellschaft dieser unzählbaren Menge von Alltagshandlungen nicht neben sich dulden. Laßt noch so viele Marmortafeln, ein renovatum est, euren Vor- und Zunamen und Titel aufhängen, wenn ihr etwa eine alte Mauer habt ausbessern lassen; die Inschrift wird von euch sprechen, aber kein Mensch von irgend schlichtem Verstande. Der Nachklang folgt nicht immer auf alles, was Gutes geschah, wenn nicht Schwierigkeiten oder auffallende Umstände damit verbunden waren. Ja, selbst die bloße Achtung gebührt, nach der Meinung der Stoiker, keiner Handlung, wenn solche nicht tugendhaft ist. Wir haben den Genuß, der sich zu unseren Vermögensumständen paßt; warum wollten wir uns noch den der Größe anmessen? Unser Genuß ist natürlicher und um so dauerhafter und sicherer, als er niedriger ist. Täten wir es nicht aus Gewissenhaftigkeit, so laßt uns wenigstens aus Ehrgeiz dem Ehrgeiz entsagen. Weg mit diesem Hunger nach Ruhm und Ehre, der so kriechend und schlingelhaft ist, daß er uns alle Art von Leuten anbetteln läßt. Das Scherflein sei auch noch so gering, das sie uns zuwerfen können! Also geehrt zu werden, ist wahre Schande. Laßt uns doch lernen, nicht nach mehr Ehre zu geizen, als wir derer fähig sind. Sich wegen jeder nützlichen und unschuldigen Handlung aufblähen, geziemt nur Leuten, denen so etwas außerordentlich und selten scheint. Sie wollen solche Handlungen so teuer anschlagen, wie sie ihnen zu stehen kommen. In ebendem Maße, wie eine gute Handlung Aufsehen erregt, in ebendem Maße dinge ich ab von ihrer Güte und gerate auf den Argwohn, daß sie mehr des Aufsehens wegen als ihrer Güte halber erzeugt worden ist. Ausgekramt ist schon halb bezahlt. Solche Taten haben viel mehr Würde, die der Hand des Werkmeisters entwischen, ohne Geräusch und gleichsam ohne Vorsatz, und die hernach erst irgendein Ehrenmann aufhebt, dem Schatten entzieht und solche ihrer inneren Güte wegen ans Tageslicht stellt. Ich hatte nur zu bewahren und fortzupflanzen, welches Geschäfte sind, die im Stillen und ohne Geräusch verrichtet werden. Etwas Neues einführen, ist sehr glänzend. Aber in dieser Zeit, wo wir nichts Angelegentlicheres zu tun haben, als uns gegen alle Neuerungen zu verteidigen, ist das verbotene Arbeit. Es ist zuweilen ebenso verdienstlich, sich von gewissen Dingen zu enthalten, als sie zu unternehmen und auszuführen. Dabei ist aber weniger Trompetenschall, und das wenige Verdienst, das ich habe, liegt vielleicht alles auf dieser Seite. Kurz zu sagen, alle Gelegenheit und Veranlassung bei diesem Amte stimmten ganz gut zu meiner Gesinnung, was mir denn sehr lieb und angenehm war. Möchte wohl ein Mensch deswegen krank sein, um seinen Arzt recht geschäftig zu sehen? Und müßte man nicht dem Arzt die Rute geben, der uns die Pest an den Hals wünschte, um uns seine Kunst zu zeigen? Ich habe niemals den gottlosen, obgleich ziemlich gewöhnlichen Wunsch gehabt, daß die Unruhen und Krankheiten der Verhältnisse dieser Stadt meine Verwaltung ehren und in ein hohes Licht stellen möchten. Ich habe von Herzen gern ihre Unschwierigkeit und Leichtigkeit auf meine Schultern genommen. Wer sollte mir nicht für die sanfte, stille Ruhe, die während meiner Amtsführung vorwaltete, Dank wissen? Wenigstens kann er mir den Anteil nicht rauben, der auch mir während dieser Zeit am Glück gebührte. Und ich bin nun einmal so, daß ich ebensogern glücklich sein mag wie weise, und daß ich das, was mir gelingt, ebensogern der bloßen Gnade Gottes als der Vermittlung meiner eigenen Ratschläge verdanke. Ich hatte der Welt meine Untätigkeit in öffentlichen Geschäften offenherzig genug bekannt gemacht. Ungeschicklichkeit ist nicht mein größter Fehler, sondern daß ich damit nicht einmal unzufrieden bin und ihr nicht abzuhelfen suche, in Rücksicht der Lebensart, die ich mir vorgeschrieben habe. Ich habe mir bei dieser Verwaltung freilich selbst nicht einmal Genüge geleistet. Aber so ungefähr bin ich doch dahin gelangt, zu leisten, was ich mir versprach; auch habe ich das übertroffen, was ich denen versprach, mit denen ich zu tun hatte. Denn ich verspreche gern etwas weniger, als was ich vermag und was ich hoffe, leisten zu können. Ich bin versichert, daß ich niemanden beleidigt oder zum Hasse Anlaß gegeben habe, sondern daß man mich dort ungern vermißt; obgleich ich nicht ängstlich danach strebte.

Von der Erfahrung

Keine Begierde ist natürlicher als die Begierde nach Wissen. Wir bedienen uns aller Mittel, die uns dahin führen können. Wenn uns dabei die Vernunft fehlschlägt, so wenden wir uns an die Erfahrung, die ein weit schwächeres und schlechteres Mittel ist. Aber die Wahrheit ist eine so wichtige Sache, daß wir keine Vermittlerin derselben gering achten dürfen. Die Vernunft hat so viele Formen, daß wir nicht wissen, an welche wir uns halten sollen. Die Erfahrung hat deren nicht weniger. Die Folgerung, die wir aus dem Zusammentreffen der Erscheinungen ziehen, ist unsicher, weil die Erscheinungen allemal verschieden sind. Nichts ist in den Verhältnissen der Dinge so durchgängig allgemein wie Verschiedenheit und Veränderung. Die Griechen und Lateiner und auch wir kennen kein größeres Beispiel der Ähnlichkeit als das Ei. Gleichwohl haben sich Menschen gefunden, die unter den Eiern so verschiedene Abzeichen bemerkten, daß sie niemals eins mit dem anderen verwechselten. Und waren die Eier von verschiedenen Hühnern, so wußten sie zu bestimmen, welches Huhn dieses oder jenes Ei gelegt hatte. Die Ungleichheit mischt sich von selbst in unsere Werke. Noch hat keine Kunst bis zur völligen Gleichheit reichen können. Keine Fabrik kann ihre Spielkarten von außen so sorgfältig glätten und weißen, daß nicht einige Spieler sie kennen sollten, indem sie solche in den Händen ihrer Mitspieler erblicken. Die Ähnlichkeit der Dinge ist bei weitem nicht so groß an einer Seite wie die Unähnlichkeit an der anderen. Die Natur scheint sich anheischig gemacht zu haben, nichts

Zweites hervorzubringen, das nicht von dem Ersten verschieden wäre.

Daher bin ich mit der Meinung desjenigen nicht zufrieden, der durch die Menge der Gesetze die Willkür der Richter zu binden trachtete, indem er ihnen jeden Bissen vorschnitt. Er bedachte nicht, daß das Feld der Auslegung ebenso frei und weitläufig ist wie das Feld der Gesetzgebung. Und diejenigen können es wohl nicht ernsthaft meinen, die glauben, dadurch unseren Gezänken und Auslegungen Ziel und Grenzen zu setzen, wenn sie uns an die Buchstaben der Bibel binden, weil unser Geist das Feld nicht weniger geräumig findet, wenn er die Meinung anderer bekämpft, als wenn er die seinige geltend macht. Die Auslegung gewährt ebensoviel Bitterkeit und Feindseligkeit wie die Erfindung. Wir sehen deutlich, wie sehr ein solcher Gesetzhaufen sich betrügt. Denn wir haben in Frankreich mehr Gesetze als die ganze übrige Welt zusammengenommen, und mehr, als für alle übrigen Welten des Epikur hinreichend wären. Dennoch bleibt unseren Richtern so vieles zu überlegen und zu entscheiden, daß kein anderer so viele Freiheit und Willkür genießt. Was haben denn unsere Gesetzgeber dadurch gewonnen, daß sie hunderttausend Arten von besonderen Tatsachen ausgewählt und darauf hunderttausend Gesetze angewendet haben? Diese Zahl hat nicht das geringste Verhältnis mit der unendlichen Verschiedenheit menschlicher Handlungen. Die Vervielfältigung unserer Erfindungen wird niemals an die Verschiedenheit der Beispiele reichen. Wenn man noch hundertmal so viel hinzutäte, so wird sich doch unter den zukünftigen Vorkommenheiten schwerlich eine finden, die so genau auf einen einzigen unter den vielen tausend ausgewählten und eingetragenen Fällen paßt und ihm gleicht, daß nicht ein Umstand, nicht eine Verschiedenheit dabei stattfinden sollte, derentwegen auch der Urteilsspruch verschieden ausfallen muß.

Unter unseren Handlungen gibt es wenige, die einander ähnlich waren, weil sie in unaufhörlichen Abweichungen von den beständigen und unabänderlichen Gesetzen bestehen. Die beste Gesetzgebung ist die kürzeste, einfachste und allgemein umfassendste. Und noch, glaube ich, wären wir besser dran, lieber keine Gesetze zu haben, als deren so viele zu besitzen wie wir.

Die Natur gibt uns immer bessere Gesetze, als wir erfinden. Das beweist die Schilderung, die uns die Dichter vom goldenen Zeitalter machen, und der Zustand der Völker, die keine andere gesetzliche Verfassung kennen. Es gibt deren, die keinen Richter zur Schlichtung ihrer Streitigkeiten haben als den ersten besten Fremden, der ihr Gebirge entlang reist; und andere erwählen an ihren Markttagen jemanden unter sich, der auf der Stelle über ihre Rechtshändel entscheidet. Was für Gefahr wäre dabei, wenn die Weisesten unter uns ebenso die unsrigen, nach dem Augenmaß, ohne an Vorgänge und Folgerungen gebunden zu sein, abmachten? Jedem Fuß seinen eigenen Leisten. Als der spanische König Ferdinand Anpflanzer nach Indien schickte, traf er die weisliche Vorkehrung, daß kein Rechtsgelehrter mit hingehen durfte, weil er sich sorgte, daß sie auch die Prozesse in dieser neuen Welt vermehren möchten, indem diese Wissenschaft ihrer Natur nach eine Mutter des Zanks und der Uneinigkeiten ist. Er hielt mit dem Plato dafür: Einem Lande sei mit Rechtsgelehrten und Ärzten übel gedient.

Woher kommt es, daß unsere Muttersprache, die zu allem übrigen Gebrauch so leicht und klar ist, bei Kontrakten und Testamenten dunkel und unverständlich wird, und daß derjenige, der sich am klarsten ausdrückt, er mag sagen und schreiben, was er will, sich niemals hierin so verständlich machen kann, daß nicht Zweifel und Widersprüche darüber entstehen sollten, wenn es nicht daran liegt, daß die Fürsten dieser Kunst sich mit ganz besonderer Aufmerksamkeit darauf legen, feierliche Ausdrücke zu gebrauchen und künstliche Klauseln zu schmieden, zu diesem Behufe aber jede Silbe auf der Goldwaage wägen, jede Naht und Zusammenfügung genau besichtigen und sich so unter einer solchen Unendlichkeit von bildlichen Ausdrücken und herrschenden Distinktionen dergestalt verwirren und verwickeln, daß man eines Leitfadens, einer Vorschrift und einer gewissen Kunde bedarf, um sich herauszufinden. Wer Kindern zugesehen hat, die eine Masse Quecksilber in eine gewisse Anzahl Körner oder Tropfen bringen wollten, der wird gesehen haben, daß, je mehr sie dieses unbesiegliche Metall drücken, quetschen und seine Freiheit einschränken wollten, desto unfügsamer es unter ihren Händen wurde. Es weicht ihrer Kunst aus und verdünnt und vertröpfelt sich in unzählbare Verteilung. So mit den Gesetzen. Je mehr man ihre Spitzfindigkeit verfeinert, desto mehr lehrt man die Menschen ihre Zweifel häufen. Man bringt uns in den Gang, die Schwierigkeiten zu vermehren und vervielfältigen. Man verlängert sie. Man dehnt sie aus. Indem man Fragen ausstreut und zerstückelt, läßt man Ungewißheit und Zank in der Welt Frucht tragen und in Samen schießen. So wird der Erdboden immer fruchtbarer, je tiefer man ihn umgräbt und je mehr man die Schollen zerreibt und verfeinert. Man hätte die Spur aller dieser unzähligen Meinungen und Auslegungen vertilgen sollen, anstatt sich damit zu brüsten oder der Nachwelt den Kopf damit anzufüllen. Ich weiß nicht, was ich davon sagen soll; so viel ergibt die Erfahrung, daß all diese Auslegungen die Wahrheit zerstreuen und auflösen. Aristoteles schrieb, um verstanden zu werden. Konnte er es nicht dahin bringen, so wird es ein anderer, der minder geschickt ist, und ein dritter noch weniger dahin bringen können als der, der seine eigene Meinung vortrug. Wir lösen die Materie aus und verspielen sie, indem wir zuviel Wasser aufgießen. Aus einem Gegenstande machen wir tausend und verfallen durch das Vermehren und Unterabteilen in die Unendlichkeit der epikurischen Atome. Noch niemals haben zwei Menschen über eine Sache völlig gleich geurteilt, und es ist unmöglich, zwei völlig ähnliche Meinungen zu finden, nicht nur bei zwei verschiedenen Menschen, sondern bei einem und demselben Menschen, nur zu verschiedenen Stunden. Gewöhnlicherweise finde ich Zweifel, die der Kommentar nicht beliebt hat zu berühren. Ich stolpere am leichtesten auf ebener Erde, wie gewisse Pferde, die ich kenne, die auf geschlagenem Wege am öftesten anstoßen.

Wer sollte nicht sagen, daß durch die Glossen Zweifel und Unwissenheit vermehrt werden, da es kein göttliches oder menschliches Buch gibt, das die Welt liest und gern verstehen möchte, das durch Auslegungen und Erklärungen leichter und faßlicher geworden wäre! Der hundertste Kommentator verweist auf seinen Nachfolger, der den Knoten verwickelter und schwieriger macht, als man ihn bei dem ersten gefunden hatte. Wann werden wir einmal eingestehen: Dieses Buch hat der Ausleger genug, es ist nichts mehr darüber zu sagen? Noch auffallender findet sich dieses bei Rechtsstreitigkeiten. Einer unendlichen Menge Rechtsgelehrter räumt man das Ansehen der Gesetze ein, desgleichen einer unendlichen Menge von Rechtssprüchen und Auslegungen. Finden wir deswegen des Bedürfnisses, auszulegen, wohl ein Ende? Kommen wir dadurch dem ruhigen Einverständnis etwas näher? Ist die Anzahl unserer Advokaten und Richter geringer, und kann sie es sein, als damals, da die Masse des Rechts noch in ihrer Kindheit war? Es hat sich wohl. Wir verfinstern und begraben vielmehr das Verständnis. Wir können solches nicht finden, als hinter einer Menge von Pfählungen und Schlagbäumen. Die Menschen verkennen die natürliche Krankheit unseres Geistes. Er tut nichts als spüren und suchen, kommt ohne Unterlaß von der Fährte, baut und verwickelt sich in seinem eigenen Werke, wie unsere Seidenwürmer, und erstickt sich darin wie die Maus im Pech. Er meint in der Ferne Wunder was für eine eingebildete Klarheit und Wahrheit zu entdecken, und während er danach rennt, stoßen ihm solche Schwierigkeiten, Dunkelheiten und neue Fragen auf, daß er sich dadurch verwirrt und berauscht. Nicht weit anders geht es ihm als des Äsopus Hunden, die einen toten Körper im Meere entdeckten und, weil sie nicht daran kommen konnten, es unternahmen, das Wasser auszusaufen und sich einen Weg auszutrocknen, worüber sie zerplatzten. Es ist nichts als Schwäche, die uns mit demjenigen, was andere oder wir selbst in dieser Jagd nach Wissen entdeckt haben, zufrieden stellt. Einer, der heller sieht, wird sich damit nicht zufrieden stellen. Der Nachfolger, ja wir selbst, entdecken immer neue Wege. Unser Forschen hat niemals ein Ende. Unser Ende liegt in der anderen Welt. Es ist ein Zeichen der Eingeschränktheit unseres Geistes oder der Ermüdung, wenn er sich zufrieden gibt. Kein wackerer Geist steht von selbst. Er begehrt immer mehr und geht über seine Kräfte hinaus. Er strebt nach unerreichbaren Höhen. Wenn er sich nicht weiter hebt, nachdringt und durchwindet, anstößt und schnell umlenkt, so ist er nur zur Hälfte lebendig. Sein Forschen und Streben ist ohne Ziel und Maß, seine Nahrung ist Bewunderung und Jagd ins Weite. Es ist ein unordentliches, unaufhörliches Streben ohne Muster und ohne Zweck. Die Gedanken des Menschen erhitzen sich, jagen hintereinander her und erzeugen einer den andern. Es kostet mehr, die Auslegung auszulegen als die Sache selbst, und es gibt mehr Bücher über Bücher als über irgendeinen anderen Gegenstand. Wir machen nichts als Anmerkungen über einander. Alles wimmelt von Kommentaren. An Originalautoren ist großer Mangel. Die vornehmste und berühmteste Wissenschaft unserer Zeit besteht darin, die Wissenschaft zu verstehen. Ist das der größte und letzte Zweck alles unseres Studierens? Unsere Meinungen werden eine auf die andere gepfropft. Die erste dient der zweiten zum Wildling, die zweite der dritten. Auf diese Weise klettern wir die Leiter hinauf von Sprosse zu Sprosse. Daher kommt es, daß der am höchsten Gestiegene oft mehr Ehre hat als Verdienst; denn er ist nur um ein Getreidekorn höher auf den Schultern des Vorletztgestiegenen. Wie oft und vielleicht wie einfältig habe ich mein Buch von sich selbst sprechen hören! Einfältig, wenn auch bloß deswegen, daß ich mich hätte erinnern sollen, was ich von anderen sage, die desgleichen tun! Daß die häufigen Zurückblicke auf ihre Werke davon zeugen, wie ihnen das Herz von Autorliebe klopft, und daß selbst die hochfahrende verächtliche Strenge, womit sie solches züchtigen, weiter nichts ist als Ziererei und angenommene Miene, wohinter sie die mütterliche Zärtlichkeit verstecken wollen, wie schon Aristoteles bemerkt, daß Eigenlob und Eigentadel oft Kinder gleichen Hochmutes sind. Denn meine Entschuldigung, daß ich hierin mehr Freiheit haben müsse als andere, weil ich ja ausdrücklich über mich selbst schreibe und meiner Schriften wie meiner anderen Handlungen erwähnen muß, und daß mein Thema sich mit sich selbst beschäftigt, wird mir wohl nicht jedermann zustatten kommen lassen.

Ich habe in Deutschland gesehen, daß Luther ebenso viel und mehr Streit und Zank über den richtigen Verstand seiner Meinungen hinterlassen hat, als er selbst über die heilige Schrift erregte. Unser Mißverständnis beruht auf Worten. Ich frage: Was ist Natur, Wollust, Zirkel und Substitution? Die Frage ist von Worten und wird mit Worten berichtigt. Ein Stein ist ein Körper. Fragt man weiter: Was ist ein Körper? Eine Substanz. Und was ist Substanz? So läßt sich immer weiter fragen, bis endlich der

Erklärer sein ganzes Wörterbuch ausgekramt hätte. Man vertauscht ein Wort gegen das andere und oft ein unbekanntes gegen ein bekanntes. Ich weiß besser, was ein Mensch, als was ein sterbliches, aber vernünftiges Tier ist. Um einen meiner Zweifel aufzulösen, werfen sie mir drei andere vor. Das ist das Haupt der Hyder. Sokrates fragte den Menon: »Was ist die Tugend?« »Es gibt«, antwortete Menon, »eine Tugend des Mannes und des Weibes, des Magistrats und des einzelnen Bürgers, des Kindes und des Greises.« »Bravo!« rief Sokrates. »Wir wollten eine Tugend suchen, und du gibst uns einen ganzen Schwarm.« Wir werfen eine Frage auf, und man gibt uns einen ganzen Bienenkorb voll zurück. So wie keine Begebenheit und keine Form völlig der anderen gleich ist, so ist auch keine der andern völlig ungleich. Ein sehr weises Gemisch der Natur. Wenn unsere Gesichter einander nicht ähnelten, so könnte man den Menschen nicht vom Tiere unterscheiden; wenn sie nicht voneinander unterschieden wären, könnte man einen Menschen von dem anderen nicht auskennen. Alle Dinge halten durch irgendeine Ähnlichkeit aneinander. Jedes Gleichnis hinkt. Und die Beziehung, die man aus der Erfahrung herleitet, ist immer schwach und unvollkommen. Indessen knüpft immer die Vergleichung dieses oder jenes Ende zusammen. So macht man es mit den Gesetzen. Man wendet sie auf jede Sache an, durch irgendeine weit hergesuchte, gezwungene und gedrehte Erklärung.

Weil die moralischen Gesetze, die Bezug auf die besonderen Pflichten eines jeden Menschen für sich selbst haben, so schwer festzusetzen sind, wie wir erfahren, so ist es kein Wunder, wenn es diejenigen, nach denen sich so viele gegeneinander richten sollen, noch mehr sind. Man betrachte nur die Form der Gerechtigkeit, die über uns waltet. Ist sie nicht ein klarer Beweis von der menschlichen Verstandesschwäche? So viel Widerspruch und Irrtümer findet man darin! Alles, was wir Günstiges und Strenges in unserer Rechtspflege finden (und dessen findet sich darin so viel, daß ich nicht weiß, ob sich ebensooft ein Mittelweg zwischen beiden findet), das sind kranke Teile und ungerechte Gliedmaßen des wirklichen Körpers und Wesens der Gerechtigkeit. Da kommen Bauern, mir in aller Eile zu berichten, daß sie in einem Walde, der mir gehört, einen Menschen liegen gefunden, dem man hundert Stiche gegeben, der noch lebt und der sie um aller Barmherzigkeit willen gebeten hat, ihm etwas Wasser zu reichen und ihm zu helfen, sich aufzurichten. Sie sagen dabei, sie hätten gefürchtet, sich ihm zu nähern, und seien davongelaufen, damit sie nicht von Gerichtsdienern überrascht werden möchten und, wenn sie bei einem erschlagenen Menschen angetroffen würden, wie zu geschehen pflegt, in Verhaft und zur Antwort gezogen würden, das ihr größtes Unglück gewesen wäre, weil sie weder Geschicklichkeit noch Geld hätten, ihre Unschuld zu verteidigen. Was sollte ich ihnen sagen? So viel ist gewiß, diese Pflicht der Menschlichkeit hätte sie in große Verlegenheit gesetzt.

Von wie viel Unschuldigen hat sich's nicht nachher ergeben, daß sie Strafe erlitten, und zwar ohne alle Schuld der Richter? Und mit wie vielen mag das nicht der Fall sein, von denen wir solches nicht erfahren haben? Folgendes geschah zu meiner Zeit. Gewisse Menschen wurden wegen eines Mordes zum Tode verdammt. Das Urteil wurde, wo nicht gesprochen, doch wenigstens beschlossen und angegeben. Gerade um diese Zeit erfuhren die Richter von einer anderen benachbarten niederen Gerichtsbarkeit, daß solche einige Verbrecher eingezogen habe, die sich zu jenem Morde frei bekannten und über die ganze Sache ein unbezweifelbares Licht verbreiteten. Man ging darauf zu Rate, ob man gleichwohl die Vollziehung des Urteils über die ersten aufschieben dürfte. Man erwog die Neuheit des Beispiels, und was es für Folgen haben könne, künftige Urteilssprüche zu verzögern; die Verurteilung sei doch nach aller Form Rechtens geschehen, und die Richter hätten sich nichts vorzuwerfen. Kurz, jene armen Schlucker wurden den Formeln der Rechtspflege aufgeopfert. Wie viele Urteile habe ich erlebt, die weit sträflicher waren als das Verbrechen.

Alles dieses erinnert mich an jene Meinung der Alten: Man sei gezwungen, alles einzeln abzutun, wenn man im Ganzen recht verfahren, und im Kleinen Unrecht zu begehen, wenn man das Recht im Großen handhaben wolle. Die menschliche Justizpflege sei nach dem Muster der Arzneikunde gebildet, vermöge dessen alles, was nützlich ist, auch gerecht und billig wird. So lehren die Stoiker: Die Natur verstoße sich in den meisten ihrer Werke gegen die Gerechtigkeit. So lehren die Cyrenaiker: Nichts sei an und für sich gerecht, nur Gewohnheit und Gesetze erschüfen das Recht. Die Theodorier meinen: Diebstahl, Kirchenraub und alle Arten von Sünden des Fleisches seien für den Weisen kein Unrecht, wenn er überzeugt wäre, daß sie ihm zum Nutzen gereichten. Ich kann mir nicht helfen. Ich denke hierin wie Alcibiades, daß ich mich niemals, solange ich es vermeiden kann, dem Manne in die Hände liefern werde, der über mein Leben absprechen kann, vor dem meine Ehre und meine Güter mehr von der Kunst und Tätigkeit meines Sachwalters als von meiner Unschuld abhängen. Ich würde einem Gerichtshofe mehr trauen, der ebensowohl über Guttun als über Mißtun erkennt; wo ich ebensoviel zu hoffen als zu fürchten hätte. Straflosigkeit ist keine hinlängliche Zahlung für einen Menschen, der besser tut als nicht sündigen. Unsere Gerechtigkeitspflege reicht uns nur eine von ihren Händen dar und obendrein die linke. Man sei, wer man wolle, ohne Verlust kommt man von ihr nicht ab.

Noch hat, Gott sei Dank, kein Richter mit mir als Richter gesprochen, in keiner gerichtlichen Angelegenheit, weder meiner eigenen noch eines Fremden, weder in einer Kriminal- noch Zivilsache. Noch bin ich in keinem Gefängnisse gewesen, nicht einmal, um es zu besehen. Meine Einbildung macht mir den bloßen Anblick desselben schon von außen unangenehm. Mir ist meine Freiheit so notwendig, daß, wenn mir jemand verböte, ich sollte mich irgendeinem kleinen Winkel in Ostindien nicht nahen, ich dadurch gewissermaßen ein trauriges Leben führen würde; und so lange ich noch ein Plätzchen Erde oder freie Luft anderwärts finde, werde ich an keinem Orte schmachten, wo ich mich verbergen müßte. Mein Gott, wie unerträglich würde mir der Zustand sein, worin ich so viele Leute sehe, die in einen Teil dieses Königreichs gebannt sind, denen der Eingang in die Hauptstädte und Hofstellen und das Befahren öffentlicher Heerstraßen verboten worden ist, weil sie unseren Gesetzen nicht gehorsam waren. Wenn diejenigen Gesetze, unter denen ich lebe, mir nur mit der Spitze des kleinen Fingers drohten, den Augenblick ginge ich hin, um unter anderen zu stehen, es möchte auch sein, wo es wollte.

Nun erhalten sich aber die Gesetze in Ansehen, nicht weil sie gerecht sind, sondern weil sie Gesetze sind. Das ist der mystische Grund ihres Ansehens. Einen anderen haben sie nicht, worauf sie ruhten. Sehr oft rühren sie her von Dummköpfen; öfters von Leuten, die, weil sie die Gleichheit hassen, auch keine Billigkeit kennen; aber immer von Menschen, die eitel und unzuverlässig sind. Schwerlich wird man etwas so Gröbliches und schwer Fehlerhaftes sehen, wie die Gesetze gewöhnlich sind. Wer ihnen nur darum gehorchen wollte, weil sie gerecht wären, würde ihnen nicht wegen seiner Pflicht gehorchen. Unsere französischen Gesetze bieten gewissermaßen der Unordnung und der Bestechung, die bei der Anwendung und Ausübung stattfinden, die Hand. Ihre Gebote sind so dunkel und unsicher, daß sie einigermaßen den Ungehorsam und die fehlerhafte Auslegung, Anwendung und Ausübung entschuldigen. Worin also der Nutzen bestehen mag, den wir aus der Erfahrung ziehen können, so wird uns derjenige, den wir aus fremden Beispielen herleiten, wenig zustatten kommen, da wir uns durch uns selbst sogar nicht frommen, wie es uns doch geläufig sein und hinreichen sollte, uns von allem zu unterrichten, dessen wir bedürfen.

Ich studiere mich selbst mehr als jeden anderen Gegenstand. Ich bin meine Metaphysik und Physik. Auf dieser Universität lasse ich mich als ein unwissender, unwiderstrebender Mensch für das allgemeine Gesetz der Welt zuziehen. Ich erkenne solches hinlänglich, wenn ich es fühle. Mein Wissen kann seinen Weg nicht verändern. Es wird sich aus Liebe zu mir nicht vervielfachen. Torheit wäre es, das zu hoffen, und noch größere Torheit, sich darüber zu kümmern. Denn es muß notwendigerweise gleich, öffentlich und allgemein sein. Die Güte und Kraft des Regenten muß uns rein und völlig der Sorge für die Regierung entschlagen. Das Dichten und Trachten der Philosophie kann zu weiter nichts dienen als zur Nahrung für unsere Wißbegierde. Die Philosophen haben sehr recht, uns auf die Vorschriften der Natur zurückzuführen. Aber sie selbst verstehen sich schlecht auf diese erhabene Kunde. Sie verfälschen solche und zeigen uns ihr bemaltes Gesicht geschmückt und verstellt, woraus denn so viele verschiedene Schildereien des nämlichen Gegenstandes entstehen. So wie uns die Natur Füße zum Gehen gegeben hat, muß sie auch Klugheit besitzen, um uns durch das Leben zu leiten. Aber freilich keine so feine, vierschrötige, aufgeblasene Klugheit, wie die Philosophen erfinden, sondern verhältnismäßig, leicht, ruhig und heilsam. So entspricht sie demjenigen, was man von ihr rühmt, wenn jemand das Glück hat, solche ohne Spitzfindigkeit und ordentlich anzuwenden, das heißt natürlich. Sich der Natur auf die einfältigste Weise überlassen, heißt sich ihr auf die weiseste Art überlassen. O welch ein weiches, sanftes, gesundes Kissen ist die Unwissenheit und Unneugierigkeit, um einen wohlgeordneten Kopf darauf zu ruhen! Lieber möchte ich mich selbst recht verstehen als den Cicero. Die Erfahrung, die ich an mir selbst habe, genügte mir, um weise zu werden, wenn ich nur ein guter Schüler wäre. Wer die Ausschweifung seines vergangenen Zorns seinem Gedächtnis anvertraut und das Übermaß, wozu ihn dieses Fieber trieb, sieht hierin die Häßlichkeit dieser Leidenschaft besser als im Aristoteles und faßt einen viel gerechteren Widerwillen dagegen. Wer sich der Übel erinnert, die er sich zugezogen hat, die ihn bedrohten, der leichten Anlässe, die ihn aus seiner Lage in die andere versetzten, bereitet sich dadurch auf künftige Glückswechsel und auf die richtige Beurteilung seiner Lage. Das Leben Cäsars gewährt uns nicht mehr Beispiel als unser eigenes. Das Leben eines Herrschers ist wie das Leben eines Untertans, ein Leben, das allem menschlichen Glückswechsel ausgesetzt ist. Laßt uns nur darauf merken. Wir sagen uns alles, wessen wir hauptsächlich bedürfen. Wer sich erinnert, wie oft er sich in seinem eigenen Urteil verrechnet hat, ist der nicht ein Tor, wenn er nicht beständig gegen dasselbe mißtrauisch bleibt? Wenn mich das Urteil anderer überzeugt, daß ich in einer falschen Meinung schwebte, so lerne ich nicht allein das Neue, was man mir sagt, und die Erkenntnis einer besonderen Unwissenheit (denn selbst die Erkenntnis einer besonderen Unwissenheit wäre noch kein großer Erwerb), als vielmehr überhaupt meine Schwachheit und die Trüglichkeit meines Verstandes, und daraus folgere ich die Verbesserung des Ganzen. Bei allen meinen übrigen Irrtümern tue ich dasselbe und ziehe aus dieser Regel einen großen Vorteil für mein Leben. Den einzelnen Fall und Menschen betrachte ich nicht als einen Stein, über den ich gestolpert bin, sondern lerne daraus, meinen Gang überhaupt vorsichtiger einrichten und aufmerksamer gehen. Einsehen, daß man eine Narrheit getan oder gesagt habe, will wenig haben. Man muß lernen, daß man ein Dummkopf ist; eine weit triftigere und wichtigere Lehre. Die falschen Schritte, die mich mein Gedächtnis oft hat tun lassen, selbst dann, wenn es sich am meisten traute, sind nicht unnützerweise verloren. Es mag mir jetzt seine Zuversichtlichkeit noch so sehr beteuern, so schüttle ich dennoch die Ohren. Das erste beste, was man seinem Zeugnis entgegensetzt, macht mich zweifelhaft, und ich wage nicht mehr, über irgendeine wichtige Sache oder über irgendeine fremde Handlung ihm Glauben beizumessen. Und täten, was ich aus Mangel des Gedächtnisses tue, andere nicht noch öfter aus Mangel an Treue und Glauben, so würde ich über eine Tatsache jedem fremden Munde mehr Wahrheit zutrauen als meinem eigenen. Wenn jedermann auf die Wirkungen und Verhältnisse der Leidenschaften, die ihn beherrschen, so genau acht gäbe, wie ich auf diejenigen, in die ich verfiel, so würde er sie von Ferne kommen sehen und ihre Heftigkeit und ihren Anlauf ein wenig mäßigen. Sie fallen uns nicht immer unversehens über den Hals. Sie haben ihre Anmeldungen und ihre Stufen.

Die Urteilskraft hat bei mir ihren obrigkeitlichen Stuhl, wenigstens strebt sie sorgfältig danach. Sie läßt meine Begierden ihren Gang gehen, meinen Haß und meine Freundschaft, sogar diejenigen, die ich gegen mich selbst hege, ohne sich deswegen zu verändern und zu verschlimmern. Kann sie meine übrigen Bestandteile nicht nach sich verändern, so läßt sie sich wenigstens durch solche nicht entstellen. Sie spielt ihr eigenes Spiel. Die Weisung, daß jeder sich selbst kennenlernen soll, muß von großem Gewicht sein, weil der Gott aller Kenntnis und alles Lichtes solche über dem Eingange seines Tempels eingraben ließ, als ein Wort, das alles in sich begreife, was er uns zu raten habe. Dunkelheiten und Schwierigkeiten jeder Wissenschaft werden dann erst bemerkbar, wenn man zu derselben Zutritt gewinnt. Denn es gehört doch immer ein gewisser Grad von Einsicht dazu, um wahrzunehmen, daß man nichts wisse; und man muß an eine Tür geklopft haben, um zu erkennen, daß selbige verschlossen sei. Daher entsteht die Platonische Spitzfindigkeit: Derjenige, der wisse, dürfe nicht fragen, weil er wisse; derjenige aber, der nicht wisse, dürfe nicht fragen, weil er, um fragen zu können, zuvor wissen müsse, wonach er zu fragen habe. Ebenso geht es mit der Selbstkenntnis. Damit ist jedermann fertig und im reinen, darauf glaubt sich jedermann hinlänglich zu verstehen und beweist eben dadurch, daß er nichts davon versteht. Ich, da ich keine andere Profession treibe, finde diese so unergründlich und mannigfaltig, daß alles mein Lernen mir keinen anderen Nutzen bringt, als mir fühlbar zu machen, wieviel ich noch zu lernen habe. Meiner oft eingestandenen Schwachheit verdanke ich meinen Hang zur Bescheidenheit, zum Gehorsam gegen den Glauben, der mir vorgeschrieben ist, zu einer beständigen Kaltblütigkeit und Mäßigung der Meinung und den Haß der beschwerlichen zänkischen Hoffart, die sich alles glaubt, auf sich allein vertraut und mit aller Zucht und Wahrheit in ewiger Feindschaft steht. Man höre nur, wie herrisch ihre Anhänger sich äußern. Eigensinn und halsstarriges Behaupten sind ausdrückliche Zeichen der Dummheit. Da ist ein Mensch in einem Tage hundertmal auf die Nase gefallen und besteht ebenso steifsinnig und unverrückt auf seinen Sätzen wie vorher. Scheint es nicht, als ob der Steifkopf meint, er nehme einen neuen Geist auf, wenn er einen neuen Wortkampf aufnimmt?

Es geschieht aus eigener Erfahrung, daß ich die menschliche Unwissenheit anklage. Sie ist nach meiner Meinung das Zuverlässigste, was man in der Schule der Welt kennenlernt.

Diese anhaltende Aufmerksamkeit, womit ich mich selbst betrachte, hat mich auch so ziemlich fähig gemacht, nicht ganz übel von anderen zu urteilen; und es gibt wenige Dinge, von denen ich glücklicher und erträglicher zu reden weiß. Es begegnet mir oft, daß ich die Gemütsfassung meiner Freunde genauer einsehe und unterscheide als sie selbst. Ich habe einige durch meine richtige Schilderung derselben in Verwunderung gesetzt und aufmerksam auf sich selbst gemacht. Weil ich mich von Kindesbeinen gewöhnt habe, mein Leben in anderen zu spiegeln, habe ich darin eine gelehrte Fertigkeit erlangt. Und die Wahrheit zu gestehen, lasse ich nichts dergleichen, Gesichtszüge, Launen und Ausdrücke, unbemerkt bei mir vorüberschlüpfen. Ich studiere alles, was ich zu vermeiden und was ich nachzuahmen habe. Also auch entdecke ich meinen Freunden durch ihr Tun und Lassen ihre innigsten Neigungen, bringe die unendliche Verschiedenheit und Mannigfaltigkeit der Handlungen unter gewisse Kapitel und mache Abteilungen und Unterabteilungen, nach bekannten Ordnungen und Gattungen.

Die Gelehrten sprechen und bezeichnen ihre Phantasien genauer und im einzelnen. Ich aber, der ich nicht weiter sehe, als was mir der Gebrauch an die Hand gibt, ich lege die meinigen im ganzen dar und wie sie mir aufstoßen. So verfahre ich auch in diesem Buche. Ich fälle mein Urteil in getrennten Sätzen. Ich weiß nicht alles auf einmal in Bausch und Bogen zu sagen. Zusammenhang und Gleichförmigkeit finden sich nicht bei so gemeinen Alltagsseelen wie den unsrigen. Die Weisheit ist ein festes, ganzes Gebäude, in dem jedes Stück seinen gehörigen Platz und seine eigene Nummer hat. Ich überlasse es den Künstlern und weiß nicht, ob sie mit einer so mannigfaltigen, kleinlich-verschiedenen und zufälligen Sache zustande kommen werden, die unendliche Verschiedenheit an Gesichtern aufzuschichten, unserer Unbeständigkeit Einhalt zu tun und sie in feste Ordnung zu bringen. Ich finde es nicht nur schwer, unsere Handlungen aneinander zu reihen, sondern ich finde es auch schwer, eine jede für sich selbst durch eine Haupteigenschaft zu bezeichnen. So zweideutig und vielfarbig erscheinen sie in verschiedenem Lichte. Was man an dem Könige Perseus von Mazedonien als etwas Seltenes bemerkt, daß sich sein Geist nie an etwas Gewisses binden ließ, sondern eine jede Lebensart durchirrte und so abweichende, unbeständige Sitten zeigte, daß weder andere noch er selbst wußten, was für ein Mensch er wäre, das dünkt mich ungefähr auf die ganze Welt zu passen. Besonders kenne ich einen seiner Art, von dem sich das, wie ich glaube, noch viel eigentlicher sagen ließe; der keine Mittelstraße kannte, immer von einem Extrem zum anderen überging, durch Veranlassungen, die sich nicht erraten ließen; keinen Weg einschlug, ohne wunderlich davon abzuschweifen und ihm entgegenzulaufen; keine Eigenschaft besaß, von der sich nicht das Widerspiel bei ihm gefunden hätte, so daß das Wahrscheinlichste, was man eines Tags von ihm wird denken können, darin besteht: Er affektierte und studierte, sich bekannt zu machen, um nie kennbar zu werden. Man muß ein gutes Gehör haben, um sich freimütig beurteilen zu hören. Und weil das wenige leiden können, ohne empfindlich zu werden, so beweisen diejenigen, die solches Wagestück gegen uns unternehmen, einen sonderbaren Freundschaftstrieb. Denn es heißt wirklich Liebe zeigen, wenn man unternimmt, jemanden zu beleidigen und zu verwunden, um ihn zu bessern! Ich finde es hart, jemanden zu beurteilen, bei dem die schlimmen Eigenschaften die guten übertreffen. Plato schreibt demjenigen, der die Seele eines anderen untersuchen will, dreierlei Eigenschaften vor: Verstand, Wohlwollen und Dreistigkeit.

Zuweilen fragte man mich: Wozu ich wohl dächte tauglich gewesen zu sein, sofern jemand bedacht gewesen wäre, sich meiner zu bedienen, während ich noch dazu in Jahren war? Zu nichts, erwiderte ich; und bedeute mich gern, daß ich zu nichts tauge, was mich einem anderen zum Sklaven machte. Aber ich hätte meinem Herrn seine Wahrheiten gesagt und seine Sitten beleuchtet, wenn er es gewollt hätte. Nicht im allgemeinen, durch Schulgeschwätz, worauf ich mich nicht verstehe und wodurch ich diejenigen, die solches verstehen, keine wahre Besserung hervorbringen sehe; sondern indem ich solche bei jeder Gelegenheit Schritt vor Schritt beobachtet und Stück vor Stück einfach und natürlich beurteilt hätte. Ich würde ihm gezeigt haben, wie er in der allgemeinen Meinung stände, und hätte mich seinen Schmeichlern widersetzt. Ich wüßte niemanden unter uns, der nicht weniger wert sein würde als die Könige, wenn er ebenso unaufhörlich von verworfenen Leuten verderbt würde wie sie. Ich hätte dazu Treue, Urteilskraft und Freimütigkeit genug besessen. Es wäre ein Amt ohne Titel: Sonst verlöre es seine Wirkung und Wohlanständigkeit. Auch ist es eine Rolle, die nicht jedem ohne Unterschied ausgetragen werden kann. Denn die Wahrheit selbst hat kein Vorrecht, zu jeder Stunde und bei allen Gelegenheiten gesagt zu werden. Ihre Anwendung, so edel sie ist, hat ihre Einschränkung und Grenzen. Wie die Welt beschaffen ist, ergibt sich's oft, daß man solche vor's Ohr der Fürsten bringt, nicht nur ohne Nutzen, sondern auch mit Schaden, und zwar von Rechts wegen. Und man wird mich nie überreden, daß keine heilsame Vorstellung zur unrechten Zeit gemacht werden könne, und daß der Vorteil der Sache nicht zuweilen dem Vorteile der Form nachstehen müsse.

Zu einem solchen Amte würde ich einen Menschen wählen, der mit seinen Glücksumständen zufrieden und in mittelmäßigern Range geboren wäre. Sonach würde er einerseits nicht fürchten, wenn es das Herz seines Herrn stark und kräftig angriffe, dadurch den Lauf seiner Beförderung zu unterbrechen, und andererseits durch diesen mittelmäßigen Rang desto besser imstande sein, mit allen Arten von Leuten Verkehr zu haben. Ich wollte ferner zu diesem Amte nur einen Mann. Denn wenn man das Vorrecht einer so offenherzigen Vertraulichkeit auf viele erstreckte, so würde solches eine schädliche Unehrerbietigkeit erzeugen. Auch würde ich diesem Manne die heiligste Treue des Stillschweigens auflegen.

Einem Könige ist nicht zu glauben, wenn er sich der Standhaftigkeit rühmt, womit er, seiner Ehre wegen, den Angriff des Feindes abwarten wolle, und doch, zu seinem Nutzen und seiner Besserung, die freimütigen Reden eines Freundes nicht ertragen kann, die weiter nichts tun als seine Ohren berühren, da das übrige ihrer Wirkung in seinen eigenen Händen steht. Es ist aber kein Stand des Menschen, der der wahren und freien Vorstellung so dürftig wäre wie der Stand der Fürsten. Sie führen ein öffentliches Leben und sollen die gute Meinung so vieler Zuschauer gewinnen. Weil man aber gewöhnt ist, ihnen alles zu verschweigen und sie von ihrem Wege abführt, so finden sie sich, ohne es zu wissen, mit dem Hasse und Abscheu des Volkes beladen, und zwar oft durch Veranlassungen, die sie hätten vermeiden können, ohne selbst dabei einmal ihren Vergnügungen Eintrag zu tun, wenn man sie nur zu rechter Zeit gewarnt und aufgerichtet hätte. Gewöhnlich sind ihre Günstlinge mehr auf sich selbst bedacht als auf ihren Herrn. Und dabei befinden sie sich wohl; weil doch, die Wahrheit zu sagen, die meisten Pflichten der wahren Freundschaft gegen einen Fürsten schwer und gefährlich auszuüben sind, so daß dazu notwendigerweise nicht nur viel Anhänglichkeit und Freimütigkeit, sondern auch Mut erfordert wird.

Diese ganze Pastete meines Gekritzels ist endlich weiter nichts als ein Register der Versuche meines Lebens, das der inneren Gesundheit Beispiele genug an die Hand gibt, wenn man die Lehre daraus zieht, das Gegenteil zu tun. Was aber die körperliche Gesundheit betrifft, so kann niemand nützlichere Erfahrungen aufstellen als ich, da ich solche rein zeige, weder durch Kunst oder Meinung verderbt noch geschwächt. Die Erfahrung ist in Ansehung der Arzneikunde eigentlich der Hahn auf seinem eigenen Miste, wo ihr die Vernunft die Herrschaft einräumt. Tiberius sagte: Jedermann, der dreißig Jahre gelebt habe, müsse selbst wissen, was ihm heilsam oder schädlich sei, und sich ohne Beistand des Arztes helfen können. Das konnte er vom Sokrates gelernt haben, der seinen Schülern riet, das Studium ihrer Gesundheit mit Sorgfalt und als ein Hauptstudium zu treiben, und hinzufügte, es sei unglaublich, daß ein Mensch von Verstande, der auf seine körperliche Bewegung, auf sein Essen und Trinken acht gäbe, nicht besser wissen sollte als jeder Arzt, was ihm gut oder schlecht bekomme. Daher behauptet auch die Heilkunde, sie habe von jeher die Erfahrung zum Prüfstein ihres Verfahrens gemacht. Also hatte Plato recht zu sagen, ein wahrer Arzt müßte notwendig erst alle Krankheiten, die er heilen wolle, selbst gehabt haben und alle Zufälle und Umstände durchgegangen sein, die seiner Beurteilung unterworfen werden. Es ist billig, daß er sich krätzig mache, wenn er die Krätze heilen will. Wirklich, nur einem solchen würde ich mich anvertrauen. Denn die anderen führen uns wie jener, der Meere, Klippen und Häfen auf den Tisch hinmalt, an dem er sitzt, und das Modell eines Schiffchens in aller Sicherheit herumspazieren läßt. Bringt ihn zur wirklichen Tat, so weiß er nicht, mit welcher Hand er angreifen soll. Sie machen eine Beschreibung von unseren Krankheiten wie der öffentliche Ausrufer einer Stadt. Er bezeichnet ein verlorenes

Pferd oder einen Hund von solch und solcher Farbe, solch und solcher Größe, die Ohren so und so gestaltet: Aber stellt ihm das Tier vor, so kennt er es doch nicht. Bei Gott! Laß mir die Heilkunde eines Tages eine merkliche sichtbare Hilfe leisten, und man soll sehen, wie treu und ehrlich ich ausrufen werde: Endlich gebe ich die Hand der wirksamen Wissenschaft!

Die Künste, die versprechen, unseren Körper und unsere Seele gesund zu erhalten, versprechen sehr viel. Dafür wüßte ich aber auch nichts, was weniger sein Versprechen hielte. Und zu unserer Zeit beweisen diejenigen, die von diesen Künsten bei uns Profession machen, weniger tätige Wirkung derselben als alle übrigen Menschen. Man kann höchstens von ihnen sagen, daß sie heilkräftige Kräuter und Tränke verkaufen; daß sie aber Arzte wären, kann man nicht sagen.

Jede Nation hat verschiedene Gewohnheiten und Gebräuche, die einer anderen Nation nicht nur unbekannt, sondern unerhört und barbarisch scheinen. Was sollen wir diesem Volke sagen, das keine anderen als gedruckte Zeugnisse annimmt, das den Menschen nichts glaubt, als was sie aus Büchern beweisen können, auch keine Wahrheit annimmt, wenn sie nicht von hinlänglichen Alter ist? Wir geben unseren Narrheiten eine Würde, wenn wir sie in Formen gießen. Es klingt viel wichtiger, wenn man sagt: Ich habe gelesen, als wenn man sagt: Ich habe sagen hören. Ich aber, weil ich gegen den Mund eines Menschen nicht leichtgläubiger bin als gegen seine Hand, weil ich weiß, daß man ebenso leichtsinnig schreibt wie spricht, und weil ich unsere Zeiten für so gut halte wie die vergangenen, führe ebenso lieb einen meiner Freunde an wie den Aulus Gellius oder Macrobius; und, was ich gesehen habe, ebensogern, wie was sie geschrieben haben. Und was man von der Tugend sagt, daß sie deswegen nicht größer sei, weil sie länger ist, das halte ich auch von der Wahrheit, daß sie deswegen, weil sie älter ist, nicht weiser sei. Ich sage oft, daß es platte Torheit ist, die uns nach fremden und schulgerechten Beispielen anjagt. Ihre Fruchtbarkeit ist zu dieser Stunde noch ebenso groß wie zu den Zeiten Homers und Platos. Aber suchen wir nicht vielleicht mehr die Ehre der Bekanntschaft mit anderen Schriftstellern als die Wahrheit eines Satzes? Als ob mehr daran läge, unsere Beweise aus dem Laden eines Buchhändlers zu entlehnen als von dem, was wir in unserem Dorfe sehen und haben können. Oder wir haben wenigstens nicht den erforderlichen Sinn, das, was vor uns liegt, gehörig zu untersuchen, ihm seinen Wert zu geben und solches richtig zu beurteilen, um es zum Beispiele aufzustellen. Sagen wir aber, es fehle uns an gehörigem Ansehen, um unserem Zeugnisse Glauben zu verschaffen, so sagen wir es mit Unrecht. Denn nach meiner Meinung können aus den gewöhnlichsten, gemeinsten und bekanntesten Dingen, wenn wir sie ins gehörige Licht zu stellen wissen, die größten Wunderwerke der Natur und die erhabensten Beispiele hergeleitet werden, besonders in Rücksicht auf menschliche Handlungen.

Ich habe lange genug gelebt, um von der Gewohnheit Rechenschaft ablegen zu können, die mich bis hierher gebracht hat, und weiß also einem Kranken nichts Besseres und mehr Sicheres anzuraten, als daß er sich ruhig bei der Lebensweise verhalte, worin er geboren und erzogen ist. Alle Veränderung, sie bestehe worin sie wolle, greift an und tut weh. Man bilde sich nur ein, daß die Kastanien einem Perigordiner oder einem Lucceser schädlich seien, oder Milch und Käse den Bergbewohnern, so wird man ihnen nicht nur eine neue, sondern eine höchst schädliche Diät vorschreiben, eine Veränderung, die selbst einem Gesunden übel bekommen müßte. Man verschreibe einem siebzigjährigen Bretagner Brunnenwasser; man sperre einen seefahrenden Mann ein in eine Badestube, man verbiete einem Bedienten aus Biskaya spazieren zu gehen, man raube ihnen Bewegung und endlich Luft und Licht – ist Leben so viel wert? Wenn man damit keinen anderen Nutzen schafft, so wird man so viel wenigstens bewirken, daß man die Kranken beizeiten auf den Tod vorbereitet und nach und nach den Gebrauch ihres Lebens untergräbt und abschneidet.

Gesund oder krank habe ich immer gern die Gelüste befolgt, wovon ich mich gedrungen fühlte. Ich räume meinen Begierden und Verlangen ein großes Recht ein. Ich mag nicht gern Übel durch Übel heilen. Ich hasse die Mittel, die beschwerlicher sind als die Krankheit. Wollte ich mich, weil ich mit Steinschmerzen geplagt bin, auch des Vergnügens berauben, Austern zu essen, so erlitte ich zwei Übel statt eines. Die Krankheit zwickt auf einer Seite und die Verordnung auf der anderen. Da wir einmal das Wagestück bestehen, uns zu verrechnen, so wagen wir einmal etwas für das Vergnügen. Die Welt tut das Gegenteil, hält nichts für nützlich, was nicht weh tut, und was leicht wird, ist ihr verdächtig. Mein Appetit in verschiedenen Dingen hat sich glücklicherweise von selbst gefügt und sorgt für die Gesundheit meines Magens. Alles, was ich mit Widerwillen zu mir nehme, ist mir schädlich, und nichts ist mir undienlich, was ich mit Hunger und Wohlgeschmack genieße. Ich habe niemals Nachteil von einer Handlung gespürt, die mir viel Wohlbehagen verursacht hatte; und deshalb habe ich auch meinem Vergnügen alle medizinischen Verordnungen bei weitem nachgesetzt und mich von Jugend an ebenso leichtsinnig und unbedachtsam meinen Begierden und Verlangen überlassen wie irgend jemand.

Die Ärzte beugen gewöhnlich mit Nutzen ihre Vorschriften

nach der Heftigkeit der Begierden, die ihrem Kranken aufstoßen. Die Begierde mag so befremdlich und tadelhaft sein, wie sich immer denken läßt, die Natur ist sicherlich im Spiele. Wie viel gewinnt man überdem dabei, wenn man die Einbildungskraft befriedigt! Nach meiner Meinung kommt alles darauf an, zum wenigsten mehr wie auf alles übrige. Die drückendsten und häufigsten Übel sind diejenigen, womit die Einbildungskraft uns belastet. Aus vielen Ursachen gefällt mir das spanische Sprichwort: Gott schütze mich vor mir selber. Bin ich krank, so tut mir's leid, wenn ich kein Gelüste habe, das nur das Vergnügen machen könnte, es zu befriedigen. Es wird den Ärzten schwer werden, mich davon abzuhalten. Ebenso geht mir's, wenn ich gesund bin. Ich kenne nichts besseres, als zu wollen und zu wünschen. Es ist Elend genug, wenn sogar die Wünsche schwach und matt werden.

Mit der Arzneikunst ist es noch nicht so weit gediehen, daß wir nicht bei all unserem Tun und Lassen noch Autoritäten voraushaben sollten. Sie ist anders nach den Himmelsgegenden, nach den Mondphasen und nach diesem oder jenem Arzte. Wenn der eurige nicht für gut findet, daß ihr schlafet, daß ihr Wein trinkt oder diese oder jene Speise eßt, so seid deswegen unbesorgt; ich will euch schon einen anderen zuführen, der nicht seiner Meinung sein soll. Die Verschiedenheit der medizinischen Gründe und Meinungen ist unermeßlich. Ich kannte einen elenden Kranken, der, um zu genesen, vor Durst fast verschmachtete und umkam und deswegen nachher von einem anderen Arzte ausgelacht wurde, der diese Vorschrift als schädlich verwarf. Hatte er seine große Enthaltsamkeit nicht sehr nützlich angewandt? Es ist neulich ein Mitglied dieses Ordens am Stein gestorben, der sich großer Enthaltsamkeit befliß, um seine Krankheit zu bekämpfen. Dahingegen sagen seine Kollegen, er habe sich durch seine Fasten ausgedörrt und den Gries in seinen Nieren gebrannt.

Die Erfahrung hat mich auch noch dies gelehrt, daß wir uns durch Ungeduld zugrunde richten. Jedes Ungemach hat sein Leben und seine Grenzen, seine Krankheit und seine Gesundheit. Die Beschaffenheit der Krankheiten richtet sich nach der Beschaffenheit des tierischen Körpers. Ihre Dauer und Tagezeit ist ihnen von ihrem Ursprunge an vorgeschrieben. Wer es darauf anlegt, sie gewaltsamer, herrsüchtigerweise abzukürzen und ihren Lauf zu hemmen, der verlängert, vervielfältigt und verbittert sie, anstatt sie zu beschwichtigen. Ich bin der Meinung, daß man sich den Übeln weder eigensinnig wie ein Wildfang widersetzen noch ihnen weichlich unterliegen, sondern ganz natürlich ihrer und unserer Beschaffenheit gemäß nachgeben müsse. Man muß den Krankheiten ihren Weg offen lassen; und ich finde, daß sie kürzer bei mir verweilen, weil ich sie ihren Gang gehen lasse. Ich habe einige von denen, die man für die hartnäckigsten hält, von selbst verloren, ohne Hilfe und Kunst und gegen die gewöhnliche Regel. Laß doch die Natur sich selbst helfen. Sie versteht ihre Sache besser zu machen als wir. Dieser oder jener ist daran gestorben. Nun, euch wird's nicht besser gehen, wo nicht an dieser, doch an einer anderen Krankheit. Wie viele sind nicht daran gestorben, ungeachtet sie drei Ärzte auf dem Halse hatten! Das Beispiel ist ein allgemeiner, trüglicher Spiegel, in dem man alles erblickt. Ist etwas eine angenehme Medizin, so gebraucht solche. Sie ist immer ein gegenwärtiges Gut. Ich werde mich nie beim Namen noch bei der Farbe aufhalten, wenn sie wohlschmeckend und appetitlich ist. Das Vergnügen ist immer der hauptsächlichste Vorteil. Ich habe bei mir alt werden und eines natürlichen Todes sterben lassen: Schnupfen, Flüsse, Gicht, Durchlauf, Herzklopfen, Kopfschmerzen und andere Zufälle, die ich verloren habe, als ich schon halb darauf gefaßt war, sie zu ernähren. Man beschwört sie besser durch Höflichkeit als durch Trotz. Man muß die Schmerzen, die uns nach den Gesetzen unseres Zustandes überkommen, geduldig ertragen. Wir sind einmal da, um alt, schwach und krank zu werden, trotz aller Arznei. Es ist die erste Lehre, welche die Mexikaner ihren Kindern geben, wenn sie solche beim Austritte aus ihrer Mutter Schoß folgendergestalt bewillkommen: Kind, du bist auf die Welt gekommen, um zu dulden; dulde, leide und schweig! Es ist ungerecht, sich zu beklagen, daß einen etwas überkommen sei, was jeden überkommen kann.

Man sehe doch den Alten, der sein Gebet darauf richtet, der liebe Gott solle ihn bei völliger kräftiger Gesundheit erhalten! Heißt das nicht soviel, er solle ihn wieder verjüngen? Ist es nicht Torheit? Seine Verhältnisse erlauben es ja nicht. Zipperlein, Steinschmerzen, Magenschwäche sind die Begleiter von langen Jahren; wie Hitze, Regen und Winde die Begleiter langer Reisen sind. Plato glaubt nicht, daß Äskulap sich sehr darum bekümmert habe, ob er durch seine Vorschriften die Lebensdauer verdorbenen, geschwächten Körpern erhalten könne, die ihrem Vaterlande unnütz, unnütz für ihre Berufsgeschäfte und unnütz waren, gesunde und starke Kinder auf die Welt zu setzen, und findet diese Sorge der göttlichen Gerechtigkeit und Weisheit gemäß, die alle Dinge zu nützlichen Zwecken leiten soll. Mein guter, alter Mann, es ist vorbei. Man kann dir nicht wieder auf die Füße helfen. Höchstens kann man dich ein wenig aufpflastern, von neuem anschienen und dein Elend um ein paar Minuten verlängern. Man muß ertragen lernen, was man nicht vermeiden kann. Unser Leben ist, wie die Harmonie der Welt aus widersprechenden Dingen, gleichfalls aus verschiedenen, langen und kurzen, hohen und tiefen, weichen und rauhen Tönen zusammengesetzt. Der Tonsetzer, dem nur einige Tonarten gefielen, würde mit seiner Kunst nicht viel ausrichten. Er muß sich ihrer insgesamt zu bedienen und solche zu vermischen wissen. So müssen wir das Gute und das Übel verbinden, aus denen die Wesenheit des Lebens besteht. Unser Dasein kann ohne diese Vermischung nicht bestehen, und eine Saite ist ebenso nötig dazu als die andere. Wider den Stachel der Notwendigkeit locken wollen, heißt die Torheit des Etesiphon teilen, der sich unterfing, sich mit seinem Maultiere auf den Huf zu schlagen.

Ich frage die Ärzte nicht gern um Rat, wenn mir etwas zustößt; denn diese Leute tun groß, wenn sie einen in die Klemme bekommen. Sie schlagen einem die Ohren voll mit ihren Vorherverkündigungen, und einmal, da sie mich überraschten, als mich die Krankheit schon abgemattet hatte, haben sie mich schändlich mit ihren Lehrsätzen und Doktormienen mißhandelt und bald mit großen Schmerzen, bald mit nahem Tode bedroht. Das schlug mich nicht nieder und brachte mich nicht aus meiner Fassung, aber es ärgerte und verdroß mich doch. Wenn es auch meinen Verstand nicht veränderte und verwirrte, so griff es solchen wenigstens doch an. Und das ist immer Mühe und Kampf.

Ich selbst aber behandle meine Einbildungskraft so sanft und milde, wie ich kann, und erließe ihr gern, wenn ich's vermöchte, allen Kummer und Widerspruch. Man muß ihr zu Hilfe kommen, sie streicheln und täuschen, soviel man vermag. Mein Geist ist dazu gemacht. Es fehlt ihr niemals an Schein und Vorwand. Wenn er so gut überzeugte, wie er predigt, so würde er mir sehr glücklich zu Hilfe kommen. Ist davon ein Beispiel gefällig? Er sagt, es ist zu meinem Besten, daß ich den Griesstein habe. Gebäude von meinem Alter, sagt er, leiden natürlicherweise hin und wieder von Dachtraufen. Es ist Zeit, daß sie anfangen zu wackeln und nachzugeben. Das sei eine allgemeine Notwendigkeit, und für mich habe man kein neues Wunderwerk gemacht. Hierdurch bezahlte ich den Mietzins, der dem Alter gebührt, und könne nicht wohlfeiler abkommen. Ich müsse mich damit trösten, daß es mir nicht allein so ginge, da ich in eine Schwachheit verfallen sei, die bei den Menschen meiner Zeit häufig stattfinde. Ich sähe ja deren überall, die an der nämlichen Krankheit litten. Auch machte mir die Gesellschaft Ehre, da sie meistenteils aus Großen dieser Erde bestünde. Adlige und Vornehme wären vorzüglich damit behaftet. Unter denen aber, die einmal damit befallen wären, kämen wenige besseren Kaufs davon; und dann koste es die Pein einer verdrießlichen Diät und ein ekelhaftes tägliches Einnehmen von Pulvern und Tränken; dahingegen ich mich bloß meinem guten Geschick überließe. Denn ein Paar gewöhnliche Dekokte von Mannstreu und Harnkraut, die ich zwei oder dreimal einigen Damen zu Gefallen, die viel liebreicher, als meine Krankheit schmerzhaft ist, ihre Portion mit mir teilten, verschluckt habe, wurden mir ebenso leicht einzunehmen wie unnütz in ihrer Wirkung. Jene aber bezahlten dem Äskulap tausend Gelübde und ihren Ärzten ebenso viele Taler, um den leichten und häufigen Abgang des Steingrieses hervorzubringen, den ich oftmals der wohltätigen Natur verdanke. Selbst die Wohlanständigkeit meiner Aufführung in Gesellschaft wird dadurch nicht beleidigt. Auch kann ich mein Wasser zehn Stunden lang halten und so lange wie ein gesunder Mensch. Die Furcht vor diesem Übel, sagt mein Geist, schreckte dich vormals, da du es noch nicht kanntest. Das Geschrei und die Verzweiflung derer, die es durch ihre Ungeduld vergrößern, flößte dir Abscheu dagegen ein. Es ist eine Krankheit, die dich an den Gliedmaßen bestraft, mit den du am meisten gesündigt hast. Du bist ein gewissenhafter Mensch! Betrachte diese Züchtigung. Sie ist sehr sanft, in Vergleichung mit anderen, und zeugt von väterlicher Liebe. Bedenke nur, wie spät sie über dich verhängt wurde. Sie beschwerte und befiel dich nicht eher als zu einer Zeit deines Lebens, die auf alle Fälle ohnehin verloren und verödet wäre, da sie den Vergnügungen und Ausschweifungen deiner Jugend gleichsam als durch ein Bündnis Platz und Raum ließ. Die Furcht und das Mitleiden, das dieses Übel der Welt einflößt, muß dich stolz machen. Denn läßt diese Krankheit gleich deinen Verstand frei und erwähnst du ihrer auch nicht, so erkennen deine Freunde dennoch eine Spur derselben in deiner Leibesbeschaffenheit. Es ist angenehm, wenn man von sich sagen hört: Welche Stärke der Seele! Welche Geduld! Man sieht dir den Schweiß von der Stirne träufeln, den die Qual dir auspreßt, sieht dich erbleichen, glühen, zittern, Blut speien, von Krämpfen und seltsamen Verzuckungen zusammengezogen, zuweilen dicke Tränen aus den Augen fallen, schleimigen, schwarzen, abscheulichen Urin lassen oder solchen durch einen großen, scharfeckigen Stein aufgehalten, der dir den Blasenhals zerschneidet und zerreißt, und dennoch deine Gesellschaft mit gewöhnlicher Heiterkeit unterhalten, zuweilen mit deinen Leuten scherzen oder Teil an einem anhaltenden Gespräche nehmen, hinter Worten deinen Schmerz verbergen und deine Leiden herabsetzen. Erinnerst du dich der Leute aus vergangenen Zeiten, die heißhungrig auf Leiden waren, um ihre Tugend in Atem und in Übung zu erhalten? Setze den Fall, daß die Natur dich zu dieser glorreichen Schule bestimmt und erhoben hat, in die du aus eigenem Antriebe niemals den Fuß gesetzt haben würdest. Wenn du mir sagtest, es ist eine gefährliche, tödliche Krankheit, so frage ich dich, die andere ist das nicht? Denn es ist ein Handwerksbetrug der Ärzte, einige davon auszunehmen und zu sagen, solche führen nicht geradeswegs zum Tode. Was tut das, wenn sie durch Zufall dahin führen oder wenn sie leichtlich nach dem Wege ausgleiten und hinglitschen, der dahin leitet? Aber du stirbst nicht, weil du krank bist; du stirbst, weil du lebendig bist. Hielten deine Schmerzen dir aber auch das Bild des nahen Todes vor, wäre das nicht für einen Mann von deinem Alter ein Liebesdienst, wenn sie ihn mit Todesgedanken beschäftigten? Das Schlimmste ist, du hast keine Ursache mehr, zu genesen. So oder so wird dich nächstens die allgemeine Notwendigkeit abrufen. Bedenke, wie sanft und künstlich sie dich des Lebens entwöhnen und dir die Welt gleichgültig machen.

Noch ein besonderes Gute hat meine Krankheit. Nämlich, sie treibt beinahe ihr Spiel für sich und läßt mich das meinige spielen, wobei es nur auf Mut ankommt. In ihrer größten Heftigkeit habe ich sie zehn Stunden zu Pferde ausgehalten. Man braucht nur zu dulden und bedarf keiner anderen Lebensvorschrift. Man spiele, esse, laufe, tue dieses, tue jenes, wenn man kann: Das Übermaß wird mehr helfen als schaden. Das sage man nur einmal einem Venerischen, einem Gichtbehasteten, einem Brüchigen. Andere Krankheiten lassen sich weit vornehmer bedienen und aufpassen, binden und hindern uns ganz anders in unseren Handlungen, stören unsere ganze Lebensordnung und bieten alles, was wir vom Leben übrig haben, zu ihrer Bedienung auf. Diese hier kneipt uns nur die Haut, läßt uns unseren Verstand und Willen so frei gebrauchen wie die Zunge, Hände und Füße. Sie erweckt vielmehr, als daß sie betäuben sollte. Die Seele wird angepackt von der Glut eines Fiebers, niedergeworfen von der fallenden Sucht, verrenkt von derben Kopfschmerzen und, mit einem Wort, geängstigt von jeder Krankheit, welche die Masse und die edleren Teile angreift und beleidigt. Hier wird die Seele nicht angegriffen. Geht's ihr übel, so ist es ihre eigene Schuld. Sie wird an sich selbst zur Verräterin, verläßt sich und spannt sich ab. Nur Narren können sich weis machen lassen, dieser dichte, harte Körper, der sich in unseren Nieren erzeugt, lasse sich durch Getränke auflösen. Darum, wenn er einmal in Bewegung ist, darf man ihm nur den Weg öffnen, den er auch von selbst zu finden weiß.

Ich bemerke noch diese besondere Bequemlichkeit dabei, daß es eine Krankheit ist, bei der es nicht viel zu erraten gibt. Wir werden mit der Mühe verschont, in die uns die anderen durch die Ungewißheit ihrer Ursachen, ihrer Beschaffenheit und ihres Fortgangs versetzen, was eine sehr peinliche Mühe ist. Wir bedürfen keiner Konsultation und Interpretation gelehrter Doktoren. Die Sinne zeigen uns, daß sie ist und wo sie ist. Durch solche starken und schwachen Schlüsse suche ich meine Einbildung einzuschläfern, ihr etwas vorzutändeln und Öl und Wein in ihre Wunden zu gießen. Sollten sie morgen schlimmer werden, so wollen wir morgen auf andere Linderungsmittel denken. Amen.

Seitdem ich dieses geschrieben habe, treibt neuerdings die kleinste Bewegung reines Blut aus meiner Blase. Aber was mehr? Ich bewege mich deswegen nicht weniger als vorher, reite hinter meinen Jagdhunden mit jugendlicher Hitze und Unbedachtsamkeit und finde, daß mich ein so wichtiger Zufall gar glimpflich behandelt und mich nichts weiter kostet als einen tauben Schmerz und eine kleine Hitze in jenen Teilen. Glaubet nur nicht, daß ich mich dabei aufhalten werde, meinen Puls zu befühlen und mein Wasser zu begucken, um daraus eine ängstliche Warnung zu schöpfen. Ich werde mein Übel früh genug fühlen, ohne es durch das Übel der Furcht zu verlängern. Wer sich fürchtet, zu leiden, der leidet schon durch die Furcht. Überdem muß der Zweifel und die Unwissenheit derjenigen, welche die Triebfedern der Natur und ihre inneren Wirkungen erklären wollen und dabei so viele falsche Prophezeiungen ihrer Kunst ausgehen lassen, uns überzeugen, daß die Natur völlig unbekannte Mittel besitzt. Es herrscht große Ungewißheit, Abwechslung und Dunkelheit in ihren Verheißungen und Drohungen. Das hohe Alter allein ausgenommen, das ein unzweifelhaftes Zeichen von der Annäherung des Todes ist, erteile ich in allen übrigen Zufällen wenige Hindeutungen auf die Zukunft, auf die wir unsere Wahrsagungen fußen könnten. Ich richte mich nicht anders als nach wahrem Gefühl, nicht nach Mutmaßung. Wozu auch das, weil ich nichts zu Hilfe rufen will als Harren und Gedulden. Will man wissen, wie viel ich dabei gewinne, so betrachte man nur diejenigen, die sich anders benehmen und von so vielerlei gutem Rate und Zureden abhängen. Wie oft macht sie schon die Einbildung krank, ohne daß es der Körper ist? Ich habe mir mehr als einmal das Vergnügen gemacht, wenn ich mich sicher wußte und den gefährlichen Zufällen entlaufen war, solche den Ärzten zu erzählen, als ob sie eben im Beginnen wären. Ich ertrug alsdann ihre schrecklichen Aussprüche ganz gemächlich und fühlte mich gegen den lieben Gott um so dankbarer für seine Gnade und um so erleuchteter über die Eitelkeit jener Kunst.

D Die Größe der Seele besteht nicht allein darin, weit vorwärts und bergan zu gehen, als sich in die Umstände zu schicken und einzuschränken. Sie hält alles für groß, was hinlänglich ist. Sie beweist ihren Stolz dadurch, daß sie lieber die Mittelstraße hält als alle Höhen erklettert. Nichts ist so schön und lobenswürdig, wie die Rolle des Menschen wohl und richtig zu spielen, noch eine Wissenschaft so schwer, wie das Leben richtig zu leben, und keine Krankheit ist so verheerend wie die Verachtung unseres eigenen Wesens.

Wer seine Seele von der Gemeinschaft seines Körpers lossagen will, der tue es kecklich, wenn er kann, während dem, daß der Körper sich übel befindet, damit er sie vor der Ansteckung bewahre. Sonst muß sie ihm im Gegenteil helfen, beistehen, ihn begünstigen und sich nicht weigern, an seinen natürlichen Vergnügungen teilzunehmen, solche als Ehehälfte fröhlich mitzugenießen und, wenn sie weiser ist, die Mäßigung derselben hinzuzufügen, damit sich solche nicht aus Unbesonnenheit mit dem Mißvergnügen vermische. Unmäßigkeit ist eine Pest des wahren Genusses, und Mäßigkeit nichts weniger als seine Plage. Sie ist vielmehr seine wahre Würze.

Ich befehle meiner Seele, Schmerz und Wollust mit gleich gehaltenem Blick zu betrachten. Und gleich unverwandt: nur den einen mit Freudigkeit und die andere mit Strenge; auch, soviel an ihr ist, den einen mit gleicher Sorgfalt zu entfernen wie die andere auszudehnen. Richtige Beurteilung des Guten zieht die richtige Beurteilung des Bösen nach sich. Der Schmerz hat ebensowohl etwas Unvermeidliches in seinem zartesten Beginnen wie die Lust etwas Vermeidliches in ihrer zu langen Dauer. Es sind zwei Quellen, aus denen jeder, der daraus schöpft, wo, wann und wieviel ihm nötig ist, er sei Stadt, Mensch oder Tier, glückselig wird. Die erste muß man als Arznei und aus Not kärglich genießen, die andere aus Durst, aber nicht bis zum Rausch. Schmerz, Lust, Liebe und Haß sind die ersten Empfindungen eines Kindes. Wenn hernach die Vernunft tätig wird, werden ihr solche untergeordnet, und das ist Tugend.

Ich habe mein Wörterbuch für mich allein. Ich vertreibe meine Zeit, wenn sie bös und lästig ist. Ist sie gut, so mag ich sie nicht vertreiben, sondern handhaben und an mich halten. Mit der bösen Zeit muß man fortlaufen, mit der guten sich hinsetzen. Die gewöhnlichen Redensarten: die Zeit vertreiben und seine Zeit hinbringen, schildern das Verfahren jener gescheiten Leute, die ihr Leben nicht besser loszuwerden wissen, als daß sie es hingleiten und fortlaufen, daß sie solches vorüberstreichen lassen, der Zeit ausweichen und, soviel bei ihnen steht, nichts mit ihr zu schaffen haben mögen, weil sie solche für eine lästige, beschwerliche Sache halten. Ich kenne das Leben von einer anderen Seite und halte es für eine Sache von großem Wert und Gemächlichkeit, besonders in seinem letzten Abflusse, wie bei mir der Fall ist. Die Natur hat es uns, mit so günstigen Umständen versehen, in die Hand gegeben, daß wir uns nur über uns selbst zu beklagen haben, wenn es uns drückt und unnützerweise entflieht. Gleichwohl mache ich mich darauf gefaßt, es ohne Murren zu verlieren, aber nur, weil ich es notwendigerweise verlieren muß, nicht weil es beschwerlich und lästig ist. Daher ziemt es auch nur denjenigen, nicht ungern zu sterben, die gern leben. Man kann haushälterisch leben. Ich lebe zwiefach in Vergleich mit anderen. Denn das Maß des Genusses hängt von der größeren oder geringeren Aufmerksamkeit ab, die man darauf verwendet. Vornehmlich aber jetzt, da ich gewahr werde, daß meine Lebenszeit immer abnimmt, will ich solche an Gewicht ausdehnen. Ich will die Schnelligkeit ihrer Flucht durch die Schnelligkeit meiner Ergreifung aufhalten und die Eile ihres Vorübergangs durch den Nachdruck ihres Gebrauchs ersetzen. Wie die Besitzzeit des Lebens kürzer wird, muß ich solche einträglicher und ergiebiger machen.

Andere Menschen fühlen die Süßigkeit eines Vergnügens und des Wohlergehens. Ich fühle solche so gut wie sie. Aber nicht bloß im Vorbeitreiben und Vorübergleiten. Man muß diese Süßigkeit sich recht bekannt machen, schmecken und nachschmecken, um dafür dem würdig zu danken, der uns solche beschert. Sie genießen der anderen Vergnügungen wie des Schlafes, ohne solche zu kennen. Damit selbst der Schlaf nicht bei mir ungefühlt herbergen möchte, habe ich es ehedem gern gesehen, daß man mich im Schlafe störte, um ihm etwas Kunde abzugewinnen. Ich gehe mit mir selbst über ein Vergnügen zu Rate. Ich schäume es nicht oben ab, ich fahre bis auf seine Tiefe und beuge meine schwürige und ekelgewordene Vernunft, solches aufzunehmen. Befinde ich mich eben in einer ruhigen Lage, zeigt sich mir ein Genuß, der mir Wohlbehagen verspricht, so lasse ich solchen nicht allein den Sinnen zum Raube, sondern bringe die Seele mit in Genossenschaft. Nicht auf beständig, sondern auf Maskopei, nicht daß sie sich darin verliere, sondern darin finde. Ich bediene mich ihrer Beihilfe, damit sie sich in diesem glücklichen Zustande spiegle und dessen Vorzüge abwiege, schätze und vermehre. Sie soll ermessen, wie viel sie Gott dafür zu danken hat, daß sie mit ihrem Gewissen und mit ihren inneren Leidenschaften in Ruhe lebt, daß sie einen Körper in seiner natürlichen Verfassung bewohnt, der gehörig und ordentlich sanfte und wohltätige Leibesbewegungen empfindet, wodurch es Gott nach seiner Gnade gefällt, die Schmerzen auszugleichen, mit denen seine Gerechtigkeit uns gleichfalls zu seiner Zeit heimsucht; wie viel es ihr wert ist, auf einen Punkt gestellt zu sein, von dem sie, wohin sie auch sieht, allenthalben den Himmel ruhig erblickt, keine Begierden, keine Furcht oder Zweifel, die ihr die Luft verfinstern, wo sie keine vergangene, gegenwärtige oder zukünftige Schwierigkeit gewahr wird, über die ihre Einbildungskraft nicht ungekränkt hinwegsieht! Diese Erwägung gewinnt viel durch die Vergleichung mit einem entgegengesetzten Zustande. Also stelle ich mir diejenigen unter tausenderlei Gestalten vor, die entweder das Schicksal oder auch ihr eigener Irrtum bestürmt; besonders diejenigen, die mir noch näher sind, die das Gute, was ihnen begegnet, so nachlässig und mit weniger Aufmerksamkeit empfangen. Das sind eigentlich die Leute, welche die Zeit vertreiben. Sie schreiten über die Gegenwart und das, was sie besitzen, hinweg, um der Hoffnung zu dienen und Schatten und Nebelbildern, die ihre Phantasie ihnen vorführt, und die dann in eben der Eile fliehen, wie man ihnen nachjagt. Der Nutzen und Zweck ihres Jagens ist Jagen. Ich aber liebe das Leben und pflege sein, wie es Gott gefallen hat, mich damit zu begaben. Ich gehe nicht so weit, zu wünschen, daß es des Bedürfnisses des Essens und Trinkens überhoben gewesen sein möchte. Auch, deucht mich's, würde ich mich ebenso schwer versündigen, wenn ich wünschte, es möchte diese Bedürfnisse zwiefach empfunden haben. Ebensowenig möchte ich, daß wir uns damit nährten, bloß ein Gränchen von dem Hungerpulver in den Mund zu nehmen, wodurch Epimenides sich den Hunger vertrieb und doch bei Kräften blieb. Ebensowenig wünschte ich, daß die Menschen, ohne Sinn und Gefühl, durch die Finger oder Fersen ihre Nachkommenschaft erzeugten; sondern wollte lieber, daß, mit Respekt zu sagen, diese Erzeugung durch die Finger oder Fersen mit innigem Behagen verbunden wäre. Auch wünschte ich keineswegs, daß der Körper frei wäre von allen Begierden und Kitzel. Dergleichen Wünsche sind undankbar und gottlos. Ich empfange mit frohem Herzen und Danksagung, was die Natur für mich getan hat, bin darüber fröhlich und preise solches. Man ist ungerecht gegen den großen und allmächtigen Geber, wenn man seine Gaben nicht achtet, sie vernichtet und entstellt. Der Allgütige hat alles gut gemacht.

Unter den philosophischen Meinungen halte ich mich am liebsten an diejenigen, welche die haltbarsten sind, das heißt, die sich am meisten mit uns und unserer Menschheit vertragen. Mein Gedankenflug ist, meinen Sitten gemäß, niedrig und doch mutig. Die Philosophie tut nach meiner Meinung sehr kindisch, wenn sie sich auf ihr metaphysisches Steckenpferd setzt, um uns vorzupredigen, es sei eine ungeheure Verbindung, das Göttliche mit dem Irdischen, das Vernünftige mit dem Unvernünftigen, die Strenge mit der Duldung, das Schickliche mit dem Unschicklichen zu paaren. Die Wollust sei eine tierische Eigenschaft und nicht würdig, daß der Weise davon koste; das einzige Vergnügen, das er aus dem Genusse einer jungen schönen Männin ziehe, sei die vergnügte Überzeugung seines Gewissens, daß er eine ebenso notwendige Handlung verrichte wie jemand, der seine Stiefel anzieht, wenn er einen ersprießlichen Ritt vor hat. Die Anhänger solcher Philosophie sollten billig bei der ersten Lösung des Gürtels ihrer Bräute nicht mehr Recht, Kraft und Saft haben als ihre Lehren.

Nicht also spricht Sokrates, ihr Meister und der unsrige. Er würdigt, wie er soll, die körperliche Wollust, gibt aber der Wollust des Geistes den Vorzug, weil solche mehr Stärke, Dauer, Leichtigkeit, Wechselung und Würde hat. Diese geht nach seiner Meinung keineswegs allein, solch ein Schwärmer ist er nicht, sondern nur den übrigen vor. Für ihn ist die Enthaltsamkeit eine Mäßigerin, aber keine Feindin der Wollust, die Natur eine gar sanfte Führerin, aber ebenso weise und gerecht wie sanft. Ich suche beständig ihre Spur auf. Wir haben solche mit künstlichen Fährten verwechselt. Geschieht es aus Irrtum, daß man einige Handlungen deswegen für niedriger schätzt, weil sie notwendig sind? Mir wird man dennoch nicht aus dem Kopfe bringen, daß es eine heilsame Verbindung zwischen Vergnügen und Bedürfnis sei, wodurch die Götter alles lenken. Wozu wollen wir ein Gebäude zertrümmern und niederreißen, das aus so wohlberechneten, brüderlichen Verhältnissen zusammengesetzt ist? Vielmehr laßt uns solches durch gegenseitige Dienste befestigen. Der Geist erleichtere und belebe die Schwerfälligkeit des Körpers, der Körper halte die Flüchtigkeit des Geistes ein und gebe ihr Festigkeit. In diesem Geschenke, das uns Gott gemacht hat, ist kein Teil unserer Aufmerksamkeit unwürdig; bis auf das kleinste Haar sind wir davon Rechenschaft schuldig. Auch ist es kein willkürlich übernommener Auftrag des Menschen, den Menschen nach seiner natürlichen Beschaffenheit zu leiten: sondern ausdrücklich, nachdrücklich und unerläßlich, und hat solchen uns der Schöpfer mit allem Ernst und Strenge auferlegt.

Wohlan! Laßt euch zum Beispiel einmal die Tändeleien und Grillenfängereien erzählen, die sich jener im Kopf herumgehen läßt, den zu Gefallen er seine Gedanken von einer guten Mahlzeit abwendet und die Stunde bedauert, die er auf seine Nahrung wendet: Ihr werdet finden, daß keine von allen euren Schüsseln so ungesalzen ist wie diese schöne Unterhaltung seiner Seele, und daß an allen seinen tiefen Gedanken nicht so viel ist wie an eurem Eingeschnittenen. Wären es die Verzückungen des Archimedes selbst, was wären sie denn? Ich meine hier nicht und vermische auch nicht mit diesem menschlichen Kinderhaufen, zu dem wir gehören, und mit dieser Eitelkeit von Gedanken und Wünschen, die uns belustigen, jene ehrwürdigen Seelen, die durch heiße Andacht und Religion zu einer beständigen und gewissenhaften Betrachtung göttlicher Dinge emporgehoben werden und durch die Kraft einer lebendigen und starken Hoffnung den Genuß der Speise des ewigen Lebens als den letzten und einzigen Zweck des Verlangens eines Christen und als einzig dauerhaftes und unvergängliches Vergnügen vorziehen, es nicht der Mühe wert halten, auf irdische Bedürfnisse, die so kurz und vergänglich sind, zu achten, und dem Körper gern die Sorge für zeitliche und sinnliche Nahrung überlassen. Das ist ein privilegiertes Studium. Unter uns gesagt, habe ich folgende beide Dinge gar sonderbar miteinander vereinigt gefunden: überhimmlische Meinungen und unterirdische Sitten.

Als Äsop, dieser große Mann, einst sah, daß sein Herr im Gehen sein Wasser abschlug, sagte er: Nun ja, jetzt werden wir wohl noch im Laufen den Leib erleichtern müssen! Wie sehr wir auch die Zeit aussparen bleibt uns immer noch genug übrig, die wir müßig hinbringen oder schlecht anwenden. Unser Geist hat ohnehin nicht gern der Stunden zuviel, seine Bedürfnisse zu verrichten, ohne die Gesellschaft des Körpers in dem geringeren Raum der Zeit zu verleugnen, die er zu seiner Notdurft gebraucht. Die Menschen wollen gern aus sich heraus gehen und dem Menschen entrinnen. Das ist Torheit. Anstatt sich in Engel zu verwandeln, verwandeln sie sich in Tiere und erniedrigen sich, anstatt sich zu erheben. Vor diesen Aufschraubereien wird mir's ebenso ängstlich wie vor schroffen, unersteiglichen Höhen. Nichts ist mir im Leben des Sokrates unverdaulich wie seine Verzückungen und seine Dämonie. Und unter unseren Wissenschaften scheinen mir diejenigen die irdischsten und niedrigsten, die am höchsten hinausgewunden sind.

Es ist eine unbedingte und gleichsam göttliche Vollkommenheit, in richtigem Maße seines Wesens zu genießen. Wir trachten nach einem anderen Zustande, weil wir den Gebrauch des unsrigen nicht verstehen, und verlassen uns selbst, weil wir nicht wissen, wozu wir fähig sind. Deswegen mögen wir auf noch so hohen Stelzen dahertreten, denn auch auf Stelzen müssen wir immer mit unseren Füßen stehen, und den höchsten Thron der Welt einnehmen, wir sitzen doch stets auf unserem Gesäß. Das Leben ist nach meinem Dafürhalten das schönste, das sich mit Ordnung unter das gemeine und menschliche Modell bringen läßt, ohne Wunderwerk und ohne Ausschweifung. Das hohe Alter bedarf freilich einer etwas zarteren Behandlung. Laß uns solches dem Schutzgotte der Gesundheit und der Weisheit empfehlen, daß er es froh und gesellig erhalten möge!

Übers Alter

Ich kann mich nicht in die Art finden, wie wir die Länge unseres Lebens bestimmen. Ich sehe, daß die Weisen solche um ein Merkliches, nach der gewöhnlichen Meinung, verkürzen. Wieso? sagte der jüngere Cato zu denen, die ihn hindern wollten, sich das Leben zu nehmen; bin ich etwa jetzt in einem Alter, worin man mir Schuld geben könnte, ich verließe das Leben zu früh? Und doch war er erst achtundvierzig Jahre alt. Er hielt dies Alter schon für sehr reif und hoch genug, in Rücksicht dessen, daß es nur wenige Menschen so hoch bringen. Und diejenigen, die sich mit ich weiß nicht was für einer Lebenslänge schmeicheln, die sie natürlich nennen und die ihnen einige Jahre mehr versprechen soll, könnten solche vollenden, wenn sie ein Privilegium hätten, das sie von einer so großen Menge von Zufällen befreite, denen jeder von uns von der Natur bloßgestellt ist, und die die Laufbahn unterbrechen können, die sie sich versprechen. Was für ein Traum ist es nicht, darauf zu rechnen, man werde erst an dem Abgange aller Kräfte sterben, der eine Wirkung des Alters ist, und sich dieses Ende noch dazu sicher zu versprechen, da es doch die seltenste Todesart ist, die nur vorkommt! Wir nennen diese Todesart allein natürlich, gleichsam als ob's gegen die Natur wäre, einen Menschen durch einen Sturz den Hals brechen oder im Schiffbruche ersaufen, von der Pest oder dem Seitenstiche überfallen zu sehen! Oder als ob unser gewöhnlicher Zustand uns nicht allen diesen Zufällen aussetzte. Das sind glatte Worte, mit denen wir uns nicht schmeicheln lassen dürfen. Es wäre besser, wir nennten das natürlich, was gewöhnlich, täglich und allgemein eintrifft.

Vor Alter und Abgang an Kräften sterben, ist eine ungewöhnliche, seltene Todesart und daher weniger natürlich als die übrigen. Es ist die Art, von der man eigentlich sagen könnte, es wäre aufhören zu leben. Aber sie ist so selten, daß man nicht darauf hoffen kann. Es ist der Grenzstein des Lebens, den die Natur gesetzt hat, und über den wir nicht hinaus schreiten sollen. Aber nur selten erteilt sie die Erlaubnis, bis so weit zu kommen. Es ist eine Ausnahme, die sie nicht oft macht, vielleicht in Zeit von zwei bis drei Jahrhunderten mit nur einem, dem sie die Hindernisse und Schwierigkeiten aus dem Wege räumt, die sie auf diesen langen Weg geworfen hat. Dieserhalb betrachte ich das Alter, zu dem wir gelangt sind, als eine Lebenslänge, zu der nicht viele Menschen gelangen. Weil, nach dem natürlichen Laufe, die Kräfte nicht so weit aushalten, so ist's ein Zeichen, daß wir schon weit vorgerückt sind. Und weil wir die gewöhnte Linie überschritten haben, die das ordentliche Maß unseres Lebens ist, so müssen wir nicht hoffen, wohl noch viel weiter zu gehen. Haben wir so viele Gelegenheiten zum Sterben umgangen, worüber wir die Welt straucheln und fallen sehen, so laß uns bekennen, daß ein so außerordentliches Glück wie dieses, das uns aufrecht hält, zu selten ist, um sehr lange anzuhalten.

Es ist ein Fehler der Gesetze selbst, daß sie die falsche Voraussetzung annehmen: Ein Mensch unter fünfundzwanzig Jahren sei unfähig, seine Güter selbst zu verwalten. Und kaum behält er bis dahin die Verwaltung seines Lebens. August strich fünf Jahre weg aus den alten römischen Verordnungen und erklärte, es sei hinlänglich für diejenigen, die richterliche Ämter übernähmen, wenn sie dreißig Jahre alt wären.

Servius Tullius befreite die Ritter, die das siebenundvierzigste

Jahr überlebt hatten, von der Dienstpflichtigkeit zum Kriege. Augustus setzte dies Alter auf fünfundvierzig herunter. Mich dünkt es nicht sonderlich ratsam zu sein, beamtete Personen vor ihrem fünfundfünfzigsten oder sechzigsten Jahre in Ruhe zu setzen. Nach meiner Meinung sollte man unsere Beschäftigung und Tätigkeit so weit ausdehnen, wie nur immer tunlich wäre, zum Besten des Allgemeinen; ich finde aber an der andern Seite den Fehler, daß man uns dazu nicht früh genug anstellt. Ein Mann, der in seinem neunzehnten Jahre Oberrichter der ganzen Welt war, machte die Verordnung, daß einer seine dreißig haben müsse, um der Richter über einen Taubenschlag zu werden!

Meinesteils glaube ich, daß unsere Seelen sich bereits mit zwanzig Jahren zu dem Grade entwickelt haben, wo sie sein sollen und wo sie alles das versprechen, was sie vermögen. Eine Seele, die in diesem Alter noch keine überzeugende Hoffnung von ihren Kräften blicken ließ, gab nachher nie davon Beweise. Die natürlichen Eigenschaften und Kräfte sind entweder in diesen Jahren sichtbar und wirksam oder niemals.

Unter allen schönen menschlichen Handlungen, die zu meiner Kenntnis gekommen sind, von welcher Gattung sie auch sind, dächte ich, sowohl in alten als neueren Zeiten, eine größere Menge von solchen aufzuzählen, die vor dem dreißigsten Jahre verrichtet worden als nachher. Ja selbst oft im Leben eines und desselben Menschen. Darf ich es nicht mit Zuverlässigkeit vom Hannibal sagen und ebenso von seinem großen Widersacher Scipio? Die schöne Hälfte ihres Lebens lebten sie in dem Ruhme, den sie in ihrer Jugend errungen hatten. Es waren nachher immer große Männer, im Vergleich mit allen übrigen, nur keineswegs im Vergleich mit sich selbst. In Rücksicht auf mein eignes Ich halte ich ganz gewiß dafür, daß ich seit jenem Alter an Leib und Geist mehr ab als zugenommen habe und mehr rückwärts als vorwärts gegangen bin. Es ist wohl möglich, daß bei Männern, die ihre Zeit gut nützen, Wissenschaft und Erfahrung mit dem Alter zunehmen; Lebhaftigkeit aber, Schnelligkeit in Entschlüssen, Festigkeit und andere solche Eigenschaften, die für uns wichtiger und wesentlicher sind, welken und schwinden dahin. Dann ist es der Körper, der zuerst das Alter empfindet, dann auch zuweilen ist es die Seele; und ich habe ihrer genug gesehen, bei denen das Gehirn eher schwach wurde als Magen und Beine. Dabei ist es ein um so gefährlicheres Übel, weil es diejenigen, die es trifft, eben nicht sehr fühlen, und weil man nicht gerne davon spricht.

Noch einmal, ich beschwere mich über die Gesetze! Nicht deswegen, weil sie uns zu lange in Geschäften halten, sondern deswegen, weil sie uns zu spät dazu anstellen. In Betracht der Schwachheit unseres Lebens und in Rücksicht auf die gewöhnlichen und natürlichen Klippen, denen es ausgesetzt ist, sollte man, deucht mich, davon nicht so viel auf die Geburt, den Müßiggang und die Lehrjahre verwenden.

Philosophieren heißt sterben lernen

Cicero sagt: Philosophieren sei nichts anderes, als sich auf den Tod bereiten; das heißt eben soviel als: Studieren und tiefe Betrachtungen versetzen gewissermaßen die Seele in eine höhere Sphäre und geben ihr eine unkörperliche Pflege, was eine Art von Schule und Ähnlichkeit des Todes ist; oder es heißt auch so viel, daß alles Nachdenken, alle Weisheit dieser Welt sich endlich in dem einen Punkte auflöst, uns zu lehren, den Tod nicht zu fürchten. In der Tat, wenn die Natur nicht ihren Spaß mit uns treibt, so muß sie nach unserer Zufriedenheit trachten und mit all ihrer Arbeit im ganzen dahin streben, daß wir ein gemächliches Leben führen mögen, in aller Ruhe und Ehrbarkeit, wie die Heilige Schrift sagt. Alle Meinungen von der ganzen Welt sind darin einstimmig, daß Vergnügen unser Zweck sei, obgleich man über die Mittel verschieden denkt; sonst brauchte es keines Suchens und Findens. Denn wer würde wohl denjenigen anhören, der Mißvergnügen und Schmerz für den Zweck unserer Arbeiten annähme? Die Uneinigkeiten der philosophischen Sekten über diesen Punkt liegen bloß in Worten. Sie hegen mehr Eigensinn und haberechten mehr, als es einer so heiligen Profession geziemt. Jedoch was für eine Rolle der Mensch auch übernimmt, er spielt immer ein wenig mit hinein von seinem eigenen Charakter.

Man sage, was man will: Selbst bei der Tugend ist der letzte Zweck, den wir bezielen, Wollust. Ich mache mir eine Freude daraus, den Herren dies Wort in die Ohren zu gellen, das ihnen so äußerst anstößig ist. Und wenn es den höchsten Grad des Vergnügens und den innigsten Selbstgenuß andeutet, so braucht man es besser von der Beiwirkung der Tugend als von irgendeiner anderen Beiwirkung. Diese Wollust ist dadurch, daß sie lebhaft, nervigt, stark und männlich ist, nur um so wollüstiger. Und ihr sollten wir den Namen des angenehmsten, süßesten und natürlichsten Vergnügens geben, nicht dem Vergnügen an der Kraft der Gesundheit, wofür wir es gebrauchen. Die bloße niedrige Wollust, wenn sie diese schöne Benennung verdiente, sollte nur als Mitwerberin der anderen so heißen, nicht ausschließenderweise. Ich halte die letztere für weniger frei von unbequemen Folgen und Querstrichen als die Tugend; und über dem noch, daß ihr Genuß sehr vorübergehend, flach und hinfällig ist, hat sie ebensowohl ihre Nachtwachen, ihr Fasten, ihre Arbeiten und ihren Schweiß bis aufs Blut; auch nebenher noch besonders so heftige Leiden und Schmerzen aller Art, und an ihrer Seite eine so schwerfällige Sattheit, daß man sie als Buße auflegen könnte. Wir haben sehr Unrecht, dafür zu halten, daß ihre Unbequemlichkeit ihr als ein Sporn dienen und als ein ihre Süßigkeit deckender Überzug (wie in der Natur an sich zwei widrige Sachen eine der anderen mehr Leben geben), und zu sagen, wenn wir auf die Tugend kommen, daß ähnliche Folgen und Schwierigkeiten solche belasten, sie streng und unzugänglich machen. Da solche doch hier weit eigentlicher als bei der niedrigen Wollust das göttliche und vollkommene Vergnügen, das sie uns gewährt, veredeln, verinnigen und erhöhen. Derjenige ist wahrlich ihrer Bekanntschaft unwürdig, der den Preis ihrer Früchte zu hoch hält und so wenig ihre Lieblichkeit wie ihren Nutzen kennt. Jene, die uns vorpredigen, ihre Erwerbung sei mühvoll und beschwerlich, ihr Genuß angenehm, was sagen sie uns dadurch anderes, als sie sei beständig unangenehm? Denn welches menschliche Mittel führt uns jemals zu ihrem Genusse? Die vollkommensten Menschen haben sich gern begnügt, danach zu ringen und sich ihr zu nähern, ohne zu ihrem Besitze zu gelangen. Aber sie betrügen sich, weil von allen Vergnügungen, die wir kennen, die Mühe, die sie uns kosten, selbst schon Vergnügen macht.

Ein Unternehmen führt schon etwas von der Eigenschaft der Sache bei sich, worauf es gerichtet ist; denn es ist ein wichtiger und wesentlicher Teil seiner Wirkung. Das Glück und Wohlbehagliche, was aus der Tugend hervorstrahlt, erfüllt ihren ganzen Tempel und all seine Zugänge bis zum ersten Schritt und den äußersten Schranken. Nun ist aber die größte Wohltat der Tugend die Verachtung des Todes: ein Mittel, das unserem Leben eine wohlbehagliche Ruhe verschafft und uns solches rein und behaglich genießen läßt, ein Genuß, ohne den keine Wollust stattfindet. Hier liegt der Grund, warum über diesen Artikel alle Regeln zusammentreffen und übereinstimmen; und wie sehr sie uns mit einhelligem Sinn dahin führen, Schmerz, Armut und andere zufällige Übel zu verachten, denen das menschliche Leben ausgesetzt ist: Gleichwohl ist das doch nicht die Hauptsache. Teils weil diese Zufälle nicht durchgängig und bei allen zutreffen, die meisten Menschen ihr Leben hinbringen, ohne in Armut zu geraten, und andere, ohne Schmerzen und Krankheiten zu empfinden; teils auch (und ebensowohl), weil, wenn das Ärgste zum Argen kommt, der Tod alles enden und den Faden, woran alle Widerwärtigkeiten hängen, durchschneiden kann, sobald wir nur wollen, der Tod selbst aber unvermeidlich ist und folglich, wenn er uns Furcht einjagt, dies eine Ursache unaufhörlicher Qual ist, die sich durch nichts lindern läßt. Der Tod lauert auf uns in allen Ekken. Wir mögen unseren Blick ohne Unterlaß hier hinwenden und dorthin, wie in einem verdächtigen Lande. Unsere Kriminalrichter senden oft die Armensünder an den Ort, wo sie das Verbrechen verübt haben, um daselbst abgetan zu werden: Man führt sie auf dem Wege dahin durch die prächtigsten Städte, durch die lieblichsten Gefilde, und gibt ihnen das leckerste Essen und Trinken. Meint ihr, daß sie sich darüber freuen werden, und daß die endliche Absicht ihrer Reise, die ihnen immerdar vor Augen liegt, ihnen nicht den Geschmack an allen den Herrlichkeiten verderben und verleiden werde?

Das Ziel unserer Laufbahn ist der Tod: Er ist das unvermeidliche Mal unserer Richtung; wenn wir davor erschrecken, wie ist es möglich, einen Schritt weiter zu tun ohne Fehler? Das Mittel des einfältigen Haufens ist, nicht daran zu denken. Welche viehische Dummheit kann ihn in diese grobe Blindheit versetzen? Man muß ihn den Esel am Sturz aufzäumen lassen. Es ist kein Wunder, wenn er so oft in die Schlinge fällt. Man jagt diese Leutchen ins Bockshorn, wenn man den Tod nur nennt; und die meisten kreuzen und segnen sich davor, wie vorm leidigen Satan. Und weil in den Testamenten seiner Erwähnung geschieht, so wartet nur nicht darauf, daß sie früher Hand daran legen, als bis ihnen der Arzt den letzten Ausspruch tut. Und dann weiß es der liebe Gott, was sie, unter Schmerz und Angst, für einen vernünftigen letzten Willen zusammenkneten.

Weil diese Silbe dem Ohr der Römer zu rauh klang, und sie das Wort von unglücklicher Vorbedeutung deuchte, so hatten sie gelernt, es zu verflößen oder in Umschreibungen zu recken. Anstatt zu sagen: Er ist tot, sagen sie: Er hat aufgehört zu leben, er hat gelebt. Wenn's nur wie Leben klingt, ob's gleich dahin ist, so sind sie schon zufrieden. Wir, die wir den Tod so gut scheuen wie andere, tun gleichwohl so, als ob wir den Verstorbenen glücklich preisen; daher unser *»seliger«* Johann! Das ist ungefähr so viel, als wenn man sprichwörtlich sagt: Wasch mir den Pelz, aber mach ihn nicht naß!

Ich wurde geboren zwischen elf und zwölf Uhr, des Mittags, den letzten Februar 1533, nach unserer jetzigen Zeitrechnung, da wir das Jahr mit dem Jänner beginnen. Es sind gerade fünfzehn Tage her, daß ich mein neununddreißigstes Jahr zurückgelegt habe, und mir gebühren also wenigstens noch ebenso viele. Indessen wäre es doch töricht, sich zu entbrechen, an eine so entfernte Sache überhaupt zu denken. Wieso? Junge und Alte verlassen das Leben, die einen wie die anderen. Keiner geht anders hinaus, als ob er soeben hinein getreten wäre; dazu kommt noch, daß jeder Mensch – er sei noch so hinfällig –, solang er nicht den Methusalem eingeholt hat, nicht denken sollte, die nächsten zwanzig Jahre geht's noch! Noch mehr! Wer hat dir armem Narren die Länge deines Lebens versichert? Du verläßt dich auf die Märchen der Ärzte: Sieh vielmehr auf Tat und Erfahrung. Nach dem ordentlichen Gang der Dinge ist's ein großer Glücksfall, daß du noch einen Fuß vor den anderen setzest. Du hast die Grenzsteine des Lebens überschritten. Meinst du nicht? Nun, so zähle, wie viele unter deinen Bekannten mehr waren, die vor deinem Alter starben, als derer, die es erreichten. Und selbst wenn du ein Verzeichnis von allen denen aufnehmen willst, die ihr Leben durch rühmliche Taten verherrlicht haben, so will ich eine Wette eingehen, daß sich mehr darunter finden werden, die vor, als derer, die nach fünfunddreißig Jahren gestorben sind.

Es ist der Vernunft wie der Frömmigkeit höchst angemessen, von der menschlichen Natur Jesu Christi selbst ein Beispiel zu nehmen. Wohl! Er starb mit dreiunddreißig Jahren. Der größte unter den Menschen, in bloßer Rücksicht als Mensch, Alexander, starb ebenfalls in demselben Alter.

Wie unzählbarerweise verändert der Tod die Art seines Überfalles! Ich tue der Fieber und Seitenstiche keine Erwähnung. Nur, wer hätte je gedacht, daß der Herzog von Bretagne im Gedränge erstickt werden würde, wie es ihm beim Einzug des Papstes Clemens in Lyon widerfuhr? Hast du nicht einen unserer Könige beim Spiel töten sehen? Und starb nicht einer seiner Vorfahren davon, daß ihn ein Schwein umrannte? Äschylus war wahrsagerisch gewarnt worden, sich vor dem Einsturz eines Hauses zu hüten; was half's ihm, daß er sich vor jedem alten Hause in acht nahm? Ein Schildkrötenhaus erschlug ihn, das ein Adler aus der Luft fallen ließ. Anakreon starb an einem Weinbeerkern. Ein Kaiser schrammt sich mit einem Zahn vom Kamm, da er sein Haar scheitelt, und stirbt daran; Ämilius Lepidus daran, daß er sich mit dem Fuß gegen die Schwelle seines Zimmers gestoßen; und Aufidius, daß er an die Tür des Saales anrannte, worin er geheimen Rat hielt. Während der Erkennung einer Männin starben Cornelius Gallus, Prätor, und Tigellinus, Hauptmann der Scharwache in Rom; Ludwig, des Guy de Gonzaga, Marquis von Mantua, Sohn und Speusippus, ein Platoniker, wie auch einer unserer Päpste gaben noch skandalösere Beispiele. Der arme Bebius, ein Richter, während er einer Partei eine achttägige Frist bewilligt, wird ergriffen und seine Lebensfrist war verstrichen; und Caius Julius, der Arzt: Als er eben die Augen eines Kranken salbte, kommt der Tod und drückt ihm die seinigen zu. Und wenn ich einen meiner Brüder, den Kapitän St. Martin mit in die Reihe stellen darf, der dreiundzwanzig Jahre alt war und schon manchen Beweis von Tapferkeit abgelegt hatte: Ihm flog beim Ballspiel ein Ball an den Kopf, der ihn ein wenig über dem rechten Ohre traf, ohne daß das mindeste Zeichen von Wunde oder Quetschung zu sehen war, und hörte auch nicht einmal darum auf zu spielen. Fünf oder sechs Stunden nachher aber starb er am Schlage, der eine Folge des Wurfes war.

Da so häufige und gewöhnliche Exempel vor unseren Augen vorfallen, wie ist es dann möglich, daß man sich der Gedanken an den Tod entschlagen kann, und daß es nicht alle Augenblicke scheint, als habe er uns beim Kragen gepackt! Was tut's, sagt ihr, ob's so oder anders zugehe, genug, wenn man sich damit nur nicht peinigt. Ihr habt recht, sag' ich, und auf welche Weise man sich vor Streichen in Sicherheit setzen kann, sollte man auch in eine Kalbshaut kriechen, so bin ich der Mann nicht, der sich lange bedenken würde, denn ich mag gern in heiler Haut schlafen, und das beste Spiel, das ich mir geben kann, nehme ich; laß übrigens mein Leben so wenig rühmlich und exemplarisch sein, wie man will. Aber Torheit wär's zu denken, damit frei durchzukommen! Man geht, man kommt, man springt, man tanzt, vom Tode hört man kein Wort. Alles recht gut! Aber kommt er dann auch zu ihnen selbst oder zu ihren Weibern, Kindern und Freunden und überrascht sie, unter der Gestalt er mag, was setzt es da nicht für Not und Elend, was für ein Geheule, was für Wut, welche Verzweiflung! Habt ihr jemals etwas so Niedergeschlagenes, so Verändertes, so Verwirrtes gesehen?

Man muß sich früher darauf gefaßt machen: Diese viehische Sorglosigkeit, wenn sie sich in den Kopf eines denkenden Menschen nisten könnte, was ich doch für ganz unmöglich halte, verkauft uns ihre Ware viel zu teuer. Wär's ein Feind, dem man ausweichen könnte, ich würde anraten, einer alten Memme ihre Waffen abzuborgen. Weil das aber nicht tunlich ist, weil er euch erhascht, ihr möget feig sein oder fliehn oder tapfer sein und Fuß halten, und weil auch das bestgehärtete Brustschild nicht deckt, so laßt uns lernen, ihm Fuß halten und nicht Reißaus nehmen. Und, um damit anzufangen, ihm seinen großen Vorteil über uns abzugewinnen, müssen wir eine der gewöhnlichen ganz entgegengesetzte Methode einschlagen. Nehmen wir ihm das Fremde, machen wir seine Bekanntschaft, halten wir mit ihm Umgang und lassen uns nichts so oft vor den Gedanken vorbeieilen wie den Tod. Halten wir ihn alle Augenblicke unserer Einbildung vor, und zwar unter allen seinen Gestalten.

Beim Stolpern eines Pferdes, beim Sturz eines Dachziegels, beim geringsten Stich einer Stecknadel laß uns gleich denken: Je nun, wenn's jetzt der Tod selbst wäre? Und dann laß uns flugs die Zähne zusammenbeißen und die Sehnen straff anziehen! An fröhlichen Festen, bei den lautesten Freuden laß uns den Sinnspruch nicht aus dem Gedächtnis fallen, der uns an unser Ziel erinnert; und kein Genuß müsse uns so hinreißen, daß uns nicht zuweilen dabei einfallen sollte, auf wie mancherlei Art diese unsere Fröhlichkeit dem Tode bloßgestellt ist. So machten's die Ägypter, die mitten bei ihren Gastmahlen und Schmäusen ein Knochengerippe herbeibringen ließen, um den Gästen zur Erinnerung zu dienen.

Es ist ungewiß, wo uns der Tod erwartet; erwarten wir ihn also allenthalben! Sinnen auf den Tod ist sinnen auf Freiheit. Wer sterben gelernt hat, versteht das Dienen nicht mehr. Für den hat das Leben kein Übel mehr, der die Wahrheit einsieht; das Leben aufgeben ist kein Übel. Zu sterben wissen, das befreit uns von aller Lebenspflicht und von jedem Zwange. In der Tat, wenn in allen Dingen die Natur nicht ein wenig forthilft, so werden Kunst und Fleiß es schwerlich allein ausmachen und fortkommen. Ich bin von Haus aus nicht melancholisch, sondern nur Grübler; mit nichts habe ich mich in meinem Leben mehr abgegeben als mit dem Nachdenken über den Tod, selbst in meinem ausgelassensten, flüchtigsten Alter, beim schönen Geschlecht und beim Spiel. Mancher glaubte, ich beschäftige mich mit eifersüchtigen Grillen oder mit der Ungewißheit irgendeiner Hoffnung, unterdessen ich, ich weiß nicht an wen, dachte, der in den vergangenen Tagen mit einem hitzigen Fieber befallen oder aus der

Welt gegangen war, da er eben eine ähnliche Lustbarkeit verlassen hatte, den Kopf angefüllt von Müßiggang, Liebe und fröhlichen Tagen, wie ich; und daß mir eben solche Zufälle um die Ohren schwebten.

Dieser Gedanke wirkte nicht mehr Falten auf meine Stirne als ein anderer. Es ist nicht anders möglich; anfangs müssen die Stiche einer solchen Einbildung ein wenig prickeln; in der Länge aber macht man sie durch Streicheln und Patscheln gewiß klein; sonst müßte ich für meinen Teil in ewiger Angst und ewigem Wahnsinn leben; denn kein Mensch traut seinem Leben weniger, kein Mensch rechnet weniger auf seine Dauer als ich. Ebensowenig läßt mich die Gesundheit, deren ich bis jetzt eine sehr feste und wenig unterbrochene genossen habe, auf ein langes Leben hoffen, als mich meine Krankheiten ein kurzes fürchten lassen. Jede Minute deucht mich, meine Stunde schlage. Und ich sage und singe mir beständig vor: Alles, was eines Tages geschehen kann, kann noch heute geschehen. Wirklich bringen Zufälle und Gefahren uns dem Tode um wenig oder gar nichts näher; und wenn wir bedenken, wie viele Millionen anderer, außer dem einen Zufalle, der uns am meisten zu drohen scheint, noch über unserem Haupte schweben, so werden wir finden, daß uns der Tod gleich nahe ist, im Tanzsaal oder auf dem Krankenlager, auf dem Meere oder in unserem Hause, in der Feldschlacht oder auf dem Ruhebett. Zu allem, was ich noch vor meinem Tode zu beschicken habe, scheint mir's, als ob ich wenig Muße übrig habe, und erforderte es auch nur eine Stunde Zeit.

Jemand, der vor einigen Tagen in meiner Schreibtafel blätterte, fand eine Note über eine Sache, die ich nach meinem Tode bestellt haben wollte. Ich sagte ihm, wie es denn auch wahr war: obgleich ich nur eine halbe Meile von meinem Hause entfernt sei und mich munter und wohl befinde, habe ich doch geeilt, da auf der Stelle meinen Willen niederzuschreiben, da ich nicht sicher wisse, ob ich wieder nach Hause kommen werde. Wie jemand, der seine Gedanken unaufhörlich mit sich herumträgt und beständig darüber brütet, bin ich jede Stunde darauf vorbereitet, wie's mit mir werden kann, und der Besuch des Todes soll mich an nichts Neues erinnern. Man muß beständig, so viel an uns liegt, gestiefelt und zur Abreise gerüstet sein und vor allen Dingen sich hüten, daß man alsdann an nichts anderes zu denken habe als an sich selbst.

Denn daran werden wir, ohne andere Weitläufigkeiten, genug zu tun haben. Der eine beklagt sich darüber mehr als über den Tod selbst, daß er ihn im Laufe eines glorreichen Weges unterbricht; der andere, daß er davon muß, bevor er seine Tochter verheiratet oder die Erziehung seiner Kinder vollendet habe; dieser hier beklagt den Verlust des Umgangs mit seiner Gattin, der dort mit seinem Sohne, als Dinge, die hauptsächlich zu seinem Wesen gehörten. Ich bin, Gott sei Dank, für jetzt in solchen Umständen, daß ich meine sterbliche Hülle verlassen kann, wann es ihm gefällt, ohne irgend etwas zu bedauern. Ich mache mich los von allen Banden; mit meinem Abschiede von allem ist es bald getan, ausgenommen von mir selbst. Kein Mensch hat sich mehr darauf bereitet, die Welt reiner und williger zu verlassen, und hat sich völliger derselben entschlagen, als ich nach meiner Erwartung tun werde. Die totesten aller Toten sind die gesundesten.

Man muß sich kein Werk von so langer Dauer vorsetzen, oder wenigstens nicht mit dem leidenschaftlichen Wunsche, es zu Ende gebracht zu sehen. Wir sind dazu geboren, wirksam zu sein. Ich will wohl, daß man tätig sei, daß man die Pflichten des Lebens so weit ausdehne, als man kann; und daß der Tod mich dabei antreffe, wie ich meinen Kohl pflanze, aber gleichgültig über seinen Zuspruch und noch mehr darüber, daß mein Garten nicht völlig in Ordnung ist. Ich sah jemand sterben, der in seinen letzten Zügen sehr kläglich darüber tat, daß sein Schicksal beim fünfzehnten oder sechzehnten unserer Könige den Faden der Geschichte abriß, die er unter Händen hatte. Dieser gemeinen und schädlichen Laune muß man müßig gehen. Gerade so, wie man unsere Kirchhöfe dicht bei den Kirchen angelegt hat und an die Örter der Stadt, wo das meiste Gehen ist: um das gemeine Volk, Weiber und Kinder, zu gewöhnen, vor dem Anblick eines toten Menschen nicht zu erschrecken, und damit die immerwährende Schau von Beinhäusern, Grabstätten und Leichenzügen uns an unseren Zustand erinnere. Und wie die Ägypter bei ihren Gastmahlen den Gästen ein großes Bild des Todes zeigen ließen, wobei jemand ausrief: Trink und sei fröhlich, denn einst bist du wie dieser.

Ebenso habe ich mir's zur Gewohnheit gemacht, nicht nur den Tod beständig in Gedanken, sondern auch auf der Zunge zu haben. Und nach keiner Sache erkundige ich mich so gern wie danach, wie ein Mensch gestorben ist: nach seinen letzten Worten, Mienen und Gebärden, die er dabei gemacht hat. Kein Zug in einer Geschichte zieht meine Aufmerksamkeit mehr auf sich, und die häufigen Beispiele, womit ich dies Kapitel spicke, zeigen, wie sehr ich dieser Materie gewogen bin.

Wäre ich ein Büchermacher, ich machte ein Register mit Noten von den verschiedenen Arten zu sterben, welche die Menschen sterben und damit leben lehren sollten. Man wird mir sagen, die Wirklichkeit lasse den Vorsatz weit hinter sich zurück, und der beste Kontrafechter vergesse den Gebrauch des Rapiers, wenn's mit der Spitze gilt; aber laßt sie sagen! Es ist dennoch gut Ding um die Schule; sie gibt eben wohl große Vorteile. Denn ist es nicht schon viel, daß man wenigstens seinem Gegner ohne

Scheu und ohne Fieberwallung unter die Augen tritt? Das ist's aber nicht allein; die Natur selbst reicht uns die Hand und gibt uns Mut. Ist's ein schneller und gewaltsamer Tod, so haben wir keine Zeit, ihn zu fürchten; ist er anders, so merke ich, daß, so wie ich nach und nach mit der Krankheit ringe, ich natürlicherweise gleichgültiger gegen das Leben werde. Ich finde, daß ich mehr Mühe habe, den Entschluß, zu sterben, in Saft und Blut zu verdauen, wenn ich gesund bin, als dann, wenn mich das Fieber schüttelt. Je weniger ich an den Gütern des Lebens klebe, weil ich den Gebrauch davon zu verlieren anfange und sie mir kein Vergnügen mehr gewähren, um so weniger schreckhaft wird mir der Anblick des Todes. Das läßt mich hoffen, daß ich, je mehr ich mich von jenem entferne und diesem nähere, um so leichter mit dem Tauschhandel zurecht kommen werde.

Ebenso wie ich bei vielen anderen Gelegenheiten versucht habe, was Cäsar sagt, daß ein Ding von weitem so viel größer aussieht als in der Nähe: So hab' ich auch gemerkt, daß ich bei gesunden Tagen viel größere Scheu vor Krankheiten gehabt habe, als wenn ich an einer oder der anderen darnieder lag. Meines Lebens Fröhlichkeit, Vergnügen und Kräfte lassen mich den entgegengesetzten Zustand so überwiegend bös finden, daß meine Einbildung mir die Ungemächlichkeiten um die Hälfte vergrößert und ich solche für schwerer halte, als ich sie wirklich fühle, wenn ich sie einmal auf den Schultern habe; mit dem Tode, hoffe ich, soll es mir ebenso begegnen. Aus den gewöhnlichen Veränderungen und Abwechslungen, die mit uns vorgehen, laßt uns wahrnehmen, wie die Natur uns unsere Abnahme und unser Hinschwinden verbirgt. Was bleibt einem Greise von seinen Jugendkräften und seinem vergangenen Leben übrig?

Cäsar antwortete einem Soldaten von seiner Leibwache, der ganz alt und stumpf war und ihn auf der Gasse um seinen Abschied bat, um sich zum Tode anzuschicken, scherzhafterweise, indem er sein kümmerliches Wesen betrachtete: Wähnst du denn, daß du noch lebst? – Wenn man auf einmal hinein verfiele, so glaube ich nicht, daß man vermögend wäre, eine solche Veränderung auszuhalten; allmählich aber, an ihrer Hand von einer sanften und fast unmerklich abschüssigen Höhe geführt, setzt uns die Natur in diesen elenden Zustand und macht ihn uns heimlich; so daß wir keinen Stoß spüren, wenn die Jugend in uns erstirbt, was im wesentlichen und in Wahrheit ein härterer Tod ist als der völlige Tod eines siechen Lebens oder des grauen Alters. Um ebensoviel, wie der Sprung vom Übelsein zum Nichtsein leichter ist als vom Behaglich- und Blühendsein zum Sein voll Pein und Schmerzen. Der gebeugte und erschlaffte Körper hat weniger Stärke, eine Last zu tragen; ebenso ist's mit unserer Seele. Man muß sie gewöhnen und abrichten gegen die Anfälle dieses Gegners. Denn weil es unmöglich ist, daß sie sich in Ruhe setze, solange sie sich vor ihm fürchtet, so kann sie auch, wenn sie ihm beherzt entgegentritt, sich rühmen (was gleichsam über die Kräfte der Menschheit geht), es sei unmöglich, daß weder Unruh, Qual und Furcht noch das geringste Mißvergnügen bei ihr Herberge finde. Sie ist erhoben zur Herrscherin über ihre Leidenschaften und Begierden, zur Herrin über Dürftigkeit, Schande, Armut und alle übrigen Faustschläge des Glücks. Jage diesen Vorteilen nach, wer nur immer kann! Hierin liegt die wahre und höchste Freiheit, die uns in Stand setzt, der Gewalt und dem Unrecht ein Schnippchen zu schlagen und über Gefängnis und Fesseln zu hohnlachen. Unsere Religion hat sich auf keinen sichereren menschlichen Grund gestützt als auf die Verachtung des Todes. Nicht bloß, daß uns vernünftiges Nachdenken und Schließen darauf hinführt; denn warum sollten wir eine Sache zu verlieren fürchten, die verloren nicht bedauert werden kann? Sondern auch, weil wir von so mancherlei Art des Todes bedräut werden, fahren wir denn nicht ärger dabei, alle zu fürchten als nur eine zu leiden? Was kümmert uns das Wann, da es nicht zu vermeiden steht? Als man zu Sokrates sagte: Du bist von den dreißig Tyrannen zum Tode verdammt, versetzte er: Und sie von der Natur!

Welche Dummheit, uns zu plagen über den Punkt des Übergangs zur Befreiung von aller Plage. Wie unsere Geburt die Geburt aller Dinge für uns war, so wird der Tod aller Dinge für uns unser Tod sein. Deswegen ist es gleiche Torheit, darüber zu weinen, daß wir in hundert Jahren nicht mehr leben werden, wie darüber, daß wir vor hundert Jahren noch nicht lebten. Der Tod ist Anfang eines neuen Lebens: Ebenso weinten wir, ebenso war es uns peinlich, in dieses unser gegenwärtiges Leben zu treten, und ebenso legten wir unsere alte Hülle ab, als wir eintraten. Einmal keinmal, sagt das Sprichwort. Ist es also vernünftig, sich so lange vor einer Sache zu fürchten, die so kurz dauert? Lange Zeit leben und kurze Zeit leben wird durch den Tod ganz einerlei. Denn lang und kurz mißt keine Dinge, die nicht mehr sind.

Aristoteles sagt, es befinden sich am Flusse Hispanis kleine Insekten, die nur einen Tag leben. Dasjenige, das vor acht Uhr morgens stirbt, stirbt in seiner Jugend; das abends fünf Uhr stirbt, stirbt vor Altersschwachheit. Wer von uns spottet nicht, wenn er ein Gewicht von Glück oder Unglück auf den Unterschied dieser Lebenslängen legen hört? Das Mehr oder Weniger in dem unsrigen, verglichen mit der Ewigkeit oder auch mit der Dauer der Berge, der Flüsse, der Gestirne, der Bäume oder selbst nur mit einigen Tieren, ist nicht minder lächerlich. Aber, sagt ihr, die Natur zwingt uns dazu! Geht aus dieser Welt, sagt sie, wie ihr hineingekommen seid. Den nämlichen Weg, auf dem ihr vom Tode zum Leben wandeltet, wandelt ihr wieder, ohne Furcht und Grauen, zurück vom Leben zum Tode. Euer Tod ist ein Stück aus der Ordnung des Weltalls, er ist ein Stück von dem Leben der Welt. Soll ich etwa, euch zu gefallen, den herrlichen Zusammenhang der Dinge stören? Der Tod ist Bedingung euerer Schöpfung; ist ein Teil eueres eigenen Wesens; ihr flieht vor euch selbst. Das Dasein, das ihr genießt, ist ein gemeinschaftliches Eigentum des Todes und des Lebens; der Augenblick eurer Geburt ist der Anfang eures Weges, der sowohl zum Sterben leitet wie zum Leben.

Alles, was ihr euch vom Leben zueignet, das entwendet ihr der allgemeinen Masse des Lebens und nehmt's auf allgemeine Kosten. Das Werk eures Lebens ist, euren Tod zu bauen. Ihr seid im Tode, während ihr im Leben seid; oder, wenn ihr's lieber so wollt, ihr seid tot nach dem Leben. Während des Lebens aber seid ihr im Sterben begriffen; und das Sterben fällt dem Sterbenden unendlich schwerer, ist ihm wesentlicher hart und drückend, als dem Toten. Habt ihr euer Leben genutzt, so seid ihr gesättigt: steht zufrieden auf und wandelt heim! Habt ihr nicht verstanden, es zu gebrauchen, so war es euch unnütz. Was kümmert's euch dann, es verloren zu haben? Wozu wollt ihr es ferner behalten? Das Leben ist an sich weder ein Gut noch ein Übel. Es ist der Raum des Guten und des Übels, je nach dem, was ihr hineinlegt. Und wenn ihr einen Tag gelebt habt, so habt ihr alles gesehen; ein Tag ist gleich allen übrigen Tagen. Es gibt keine andere Tageshelle, kein anderes Nachtdunkel. Diese Sonne, dieser Mond, diese Gestirne, diese Einrichtung ist alles gerade noch so, wie es eure Großväter genossen und wie es eure Enkel befinden werden. Und wollt ihr's ja scharf nehmen, so gehen doch alle Akte und Auftritte meines Schauspiels nicht über ein Jahr hinaus. Wofern ihr auf den Reihentanz meiner vier Jahreszeiten acht gegeben habt, so habt ihr gesehen, daß sie die Kindheit, die Jünglingsjahre, das männliche Alter und das höchste Alter umfassen. Der Tanz hat die Reihe rund gemacht, und bleibt nichts übrig, als wieder von vorn anfangen. So geht's immer seinen schlichten Gang fort. Ich bin nicht gesonnen, auf neuen Zeitvertreib für euch zu denken. Macht auch ihr anderen Platz, wie andere euch Platz gemacht haben. Gleichheit ist eine Hauptstütze der Billigkeit. Wer hat sich zu beklagen, wenn gleichen Brüdern gleiche Kappen zugeschnitten sind? Übrigens lebt, so lange ihr wollt, ihr werdet doch von der Zeit nichts abdingen, die ihr tot, das heißt, nicht sein müßt; in diesem Zustand, den ihr scheut, werdet ihr ebenso lang bleiben, als ob ihr schon in der Wiege gestorben wäret. Und ich will euch auf einen solchen Punkt stellen, da ihr kein Mißbehagen fühlen sollt noch das Leben zurückwünschen, dessen Verlust ihr so beseufzt. Der Tod ist weniger zu fürchten als nichts, wenn es etwas gäbe, das weniger wäre denn nichts. Ihr habt euch weder tot noch lebend um ihn zu bekümmern. Lebend, weil ihr seid; tot, weil ihr nicht mehr seid. Noch mehr! Niemand stirbt, bevor nicht seine Stunde gekommen ist. Was ihr an Zeit hinter euch laßt, war ebensowenig euer wie die Zeit, die vor eurer Geburt verfloß, und geht euch ebensowenig an! Oder, wenn euer Leben endigt, so ist es ganz vollendet.

Die Nützlichkeit des Lebens liegt nicht in seiner Länge, sondern in seiner Anwendung. Mancher zählt viele Jahre und hat doch nur kurz gelebt. Darauf seid achtsam, so lange ihr da seid! Es liegt in eurem Willen, nicht in der Anzahl der Jahre, daß ihr hinlänglich gelebt habt. Dachtet ihr denn, ihr würdet nie da ankommen, worauf ihr beständig zugingt? Wißt ihr einen Weg, der nicht irgendwo hinführte? Und, wenn euch Gesellschaft behagt, geht die ganze Welt nicht eben den Gang, den ihr geht? Tanzt ihr nicht alle in einem Kreise und nach einem Takte? Gibt es eine Sache in der Welt, die nicht ebensowohl altert wie ihr? Tausende von Menschen, Tausende von Tieren und Tausende von anderen Geschöpfen sterben in demselbigen Augenblick, da ihr sterbt. Was soll es vorstellen, daß ihr nicht vorwärts wollt, da ihr nicht zurück könnt? Ihr habt Menschen genug gesehen, die sich ganz wohl dabei befanden, indem sie dadurch großem Elend ein Ende machten. Habt ihr aber wohl jemand gesehen, der sich übel dabei befunden hätte? Nun ist es doch gar einfältig, etwas zu verdammen, das ihr weder durch eigene Erfahrung noch durch Hörensagen kennt. Warum also, Mensch, beschwerst du dich über mich und über dein Schicksal? Tun wir dir unrecht? Bist du Herr über uns oder wir über dich? Wenn auch dein Alter noch nicht vollendet wäre, dein Leben ist es. Ein kleiner Mensch ist völliger Mensch wie ein großer. Weder der Mensch selbst noch sein Leben wird nach Ellenmaß gemessen.

Stellet euch der Wahrheit gemäß vor, wie sehr ein immerwährendes Leben dem Menschen unerträglicher und lästiger sein müßte, als dasjenige ist, das ich ihm gegeben habe! Hättet ihr Menschen den Tod nicht, ihr würdet mir ohne Unterlaß fluchen, daß ich euch desselben beraubt hätte. Mit gutem Bedacht habe ich ein wenig Bitterkeit hinzugemischt, um zu verhindern, daß ihr nicht, wenn ihr inne würdet, wie lieblich sein Genuß sei, demselben zu gierig und unbedachtsam nachjagen möchtet. Um euch in diese Mäßigung zu versetzen – wie ich von euch fordere, weder das Leben noch den Tod zu fliehen –, habe ich beides, das Süße und das Sauere, eins durch's andere gemildert. Ich lehrte Thales, den ersten eurer Weisen, daß das Leben und das Sterben gleichgültig sind. Daher er demjenigen, der ihn fragte, warum er denn nicht sterbe, mit vieler Weisheit antwortete: Gerade darum nicht, weil es gleichgültig ist. Wasser, Erde, Luft und Feuer nebst anderen Bestandteilen meines Baues sind ebensogute Werkzeuge deines Todes wie deines Lebens. Warum fürchtest du den letzten

Tag deines Lebens? Es liegt kein Gränchen mehr in der Wagschale des Todes als in jeder der übrigen. Der letzte Schritt verursacht nicht die Müdigkeit, er macht sie bloß kund. Alle Tage gehen zum Tode, der letzte langt bei ihm an. Seht, Menschen, so lauten die Lehren und Weisungen unserer Mutter Natur!

Bei alledem habe ich oft nachgedacht, woher es komme, daß im Krieg der Anblick des Todes, wir mögen ihn an uns selbst oder an anderen gewahr werden, uns ohne allen Vergleich weniger schrecklich vorkommt als in unseren Wohnungen: Sonst wären unsere Heere nur Haufen von Ärzten und Klageweibern. Und, da der Tod doch immer und allenthalben dasselbe Ding ist, dennoch die Landleute und sonstige vom niedrigsten Stande ihm durchgängig mit größerer Dreistigkeit entgegengehen als andere. Ich halte in der Tat dafür, es müssen die trostlosen Gesichter und die schauderhaften Anstalten sein, womit wir ihn umgeben, die uns mehr ängstigen als er selbst. Eine ganz neue Lebensweise; das Geweine der Mütter, der Gattinnen, der Kinder; die Besuche von gerührten, niedergeschlagenen Personen; zur Hand stehende blasse, trostlose Bediente; dunkles Zimmer; brennende Kerzen; ein von Ärzten und Priestern umzingeltes Bett vereinigen um uns her alles, was furchtbar und schrecklich ist. Wir sehen uns schon im Sarge, im Grabe. Die Kinder fürchten sich sogar vor ihren Günstlingen, wenn sie solche entlarvt sehen. Ebenso mit uns! Man muß sowohl den Sachen als den Personen die Larve abnehmen. Ist solche weg, so finden wir dahinter nichts mehr und nichts weniger als gerade denselben Tod, dem letzthin ein Hausknecht oder eine einfältige Zofe ohne Furcht entgegengingen. Gesegnet sei der Tod, der zu allen diesen Zurüstungen und Anstalten keine Zeit läßt!

Von der Eitelkeit

Vielleicht gibt es keine so auffallende, als so eitel darüber zu schreiben. Das, was die Gottheit uns deshalb so Göttliches lehrt (vanitas vanitatum, et omnia vatitas), sollte von allen verständigen Menschen und unaufhörlich überlegt werden.

Wer sieht nicht, daß ich hier einen Weg eingeschlagen habe, auf dem ich ohne Aufhören und ohne Mühseligkeit so lange fortwandeln werde, wie noch Tinte und Feder in der Welt zu haben sind. Ich kann kein Register führen über mein Leben durch meine Handlungen; die hat das Glück zu niedrig gesetzt; ich führe es durch meine Grillen. Auch habe ich einen Edelmann gekannt, der sein Leben nicht anders mitteilte als durch die Öffnungen seines Leibes. Man sah in seinem Zimmer eine Reihe von Leibstühlen seit sieben bis acht Tagen in Parade stehen. Das war sein Studium; darüber unterhielt er sich. Jedes andere Gespräch war ihm stinkend. Dies sind hier mit etwas mehr Reverenz Exkremente eines alternden Geistes, zuweilen hartleibig, zuweilen dünnleibig; immer unverdaut. Und wann werde ich damit zu Ende sein, eine unaufhörliche Unruhe und Abwechslung meiner Gedanken, auf was für Materien sie auch fallen mögen, darzustellen, da Diomedes mit dem einzigen Inhalte der Grammatik sechstausend Bücher anfüllte? Was muß nicht erst die Geschwätzigkeit tun, wenn schon das Lallen und das Lösen der Zunge die Welt mit einer so entsetzlichen Last von Bänden erstickte! So viel Worte über bloße Worte!

Aber es sollte den Gesetzen eine gewisse Zwangkraft gegeben werden, gegen schale und unnütze Schriftsteller sowohl wie gegen Landfahrer und Faulenzer. Dadurch würde man mich und hundert andere aus den Händen des Volkes reißen. Ich scherze wirklich nicht. Das Kritzeln und Schmieren kommt mir als ein Zeichen eines verderbten Jahrhunderts vor. Wann haben wir wohl mehr geschrieben, als seitdem es bei uns so unruhig hergeht? Und wann die Römer mehr, als da sie am Rande ihres Unterganges standen? Überdem daß Geisteskultur in einem Staate nicht gerade Kultur der Lebensweisheit ist, so entsteht dieser geschäftige Müßiggang daher, weil sich jeder mit den Pflichten seines Berufs nur nebenher abgibt und solche nur liederlich treibt. Zur Verderbnis unserer Zeiten trägt ein jeder von uns für das Sämige bei. Einige durch Verrat, andere durch Ungerechtigkeit, Religionsverachtung, Tyrannei, Geiz, Grausamkeit, nachdem sie mehr oder minder mächtig sind. Die Schwächsten durch Narreteien, Eitelkeit und Müßiggang, zu denen zu gehören ich die Ehre habe. Es scheint, als wäre das die Zeit der Eitelkeit, wenn wir unter Nachteil und Unheil erliegen. Zu einer Zeit, wo gottlos Tun und Wesen so gemein ist, handelt der beinahe löblich, der nur unnütz handelt. Ich tröste mich damit, daß ich einer von den letzten sein werde, an die man die Hand legen muß. Derweil man gegen diejenigen verfährt, die noch beschwerlicher sind, werde ich Zeit haben, mich zu bessern. Denn mich deucht doch, es wäre unbillig, wenn man auf kleine Unordnungen Jagd machte, so lange uns die größeren auf dem Halse liegen. Der Arzt Philotimus, dem jemand den Finger zum Verbinden hinhielt und dem er am Gesicht ansah, daß er ein Lungengeschwür hatte, erwiderte: Mein Freund, es ist jetzt gar nicht Zeit, daß du an deinen Nägeln kauest.

Ich erinnere mich gleichwohl bei dieser Gelegenheit, daß vor einigen Jahren ein Mann, dessen Andenken mir unvergeßlich ist, gerade damals, als das größte Elend über uns erging, als wir weder Gesetze noch Gesetzpflege hatten und unsere Magistratspersonen so wenig wie jetzt ihre Pflicht taten, darauf verfiel, gewisse unbedeutende Veränderungen und Verbesserungen der Kleidertrachten, der Küche und der Prozeßordnung öffentlich bekannt zu machen. Das sind Kinderklappern, womit man ein übelgeleitetes Volk hinhält und solchem soviel sagen will, man habe es noch nicht ganz und gar aus den Augen gelassen. Die machen es ebenso, die sich dabei aushalten, alle Augenblicke die Redensarten, Tänze und Spiele einem Volke zu untersagen, das sich allen Arten vermaledeiter Laster preisgegeben hat. Es ist nicht Zeit, sich zu waschen und durch Baden den Schmutz von der Haut zu schaffen, wenn uns ein starkes Fieber überfallen hat.

Für mein Teil, ich habe noch die schlimmere Gewohnheit, daß, wenn mir ein Schuh schief geschnallt ist, ich gleichfalls Hemd und Kappe schief sitzen lasse. Ich mag mich nicht halb bessern. Wenn ich mich einmal übel befinde, so mag es vollends ganz schlecht werden. Ich ergebe mich der Verzweiflung, lasse mich immer tiefer fallen und werfe, wie man zu sagen pflegt, wenn das Beil abfällt, den Stiel hinterher. Ich beharre darauf, daß es schlimmer werden soll, und halte mich der Sorge für mich selbst nicht mehr wert. Entweder völlig gut oder völlig schlecht. Es ist mir schon recht, daß die Verwüstung dieses Staates mit der Verwüstung meines Alters zusammentrifft. Ich erdulde es viel leichter, daß die Übel auf mein dürres Ende fallen, als wenn sie meinen grünen Anfang betroffen hätten. Die Worte, die mir im Unglück entfahren, sind Worte des Trotzes. Mein Mut kehrt das Rauhe auswendig, anstatt sich zu schmiegen. Und gerade im Gegensatz zu anderen bin ich andächtiger und frommer im Wohlergehen als im Unglück, zufolge der Vorschrift, wenn auch nicht zufolge der Gründe des Xenophon; und blicke lieber freundlich gen Himmel, um ihm zu danken, als um etwas von ihm zu erbitten. Ich trage mehr Sorge dafür, meine Gesundheit zu vermehren, wenn ich mich eben gut mit ihr stehe, als sie wieder herzustellen, wenn sie einmal zugrunde gegangen ist. Wohlstand und Glück dienen mir zur Lehre und Warnung gegen Widerwärtigkeiten und Trübsal. Gleichsam als ob Wohlsein und Glück mit einem guten Gewissen unverträglich wären, werden gemeiniglich die Leute erst durch Not und Elend rechtschaffene Menschen. Das Glück ist mir ein sonderbarer Sporn zur Mäßigkeit und Bescheidenheit. Bitten überwindet mich, Drohung macht mich widerspenstig. Wohlsein macht mich geschmeidig, Furcht macht mich hart.

Eine ziemlich gewöhnliche Eigenschaft der Menschen ist es, daß wir mehr Gefallen an Dingen finden, die anderen zustehen, als an den unsrigen, und daß wir gern unseren Platz verrücken und die Veränderung lieben. Ich habe davon mein beschieden Teil. Diejenigen, die auf der anderen Spitze stehen, sich in sich selbst zu gefallen, was sie besitzen höher als alles übrige zu schätzen und die Form, die ihnen vorschwebt, für die schönste zu halten: Wenn die nicht gescheiter sind als wir, so sind sie doch wenigstens glücklicher dran. Ihre Weisheit beneide ich ihnen nicht, wohl aber ihre Behaglichkeit. Dieses Treiben und Haschen nach neuen und unbekannten Dingen trägt viel dazu bei, in mir die Lust zum Reisen zu unterhalten; doch tun auch noch viele andere Umstände das ihrige. Ich entschlage mich gern der Führung meiner häuslichen Geschäfte. Es hat freilich sein Bequemes, wenn man befehlen kann, wäre es auch nur in einer Scheuer, und die Seinigen gehorchen sieht; aber es ist ein zu einfaches und schläfriges Vergnügen, und dann ist es auch notwendigerweise mit vielen verdrießlichen Gedanken verknüpft. Bald betrübt einen die Armut und der Druck, unter dem seine Leute stehen; bald Zank und Zwist mit seinen Nachbarn; bald die Eingriffe, die sie sich erlauben. Kaum schickt Gott in sechs Monaten eine solche Witterung, womit der Verwalter völlig zufrieden und die, wenn sie dem Weinberg vorteilhaft ist, nicht dem Wieswachs schädlich wäre. Immer gibt es hier oder da ein Rad, das nicht recht einhakt. Bald geht in einem Hause, bald in einem anderen etwas vor, das einen zerrt. Dort sieht man auf eine Sache zu genau. Hier erweckt die zu große Scharfsichtigkeit Verdruß, so wie sie fast nirgends Freude macht. Ich erspare mir gern die Gelegenheit, mich zu ärgern, und gucke lieber nicht hin, wo die Sachen quer gehen, und bei alledem kann ich es nicht vermeiden, daß ich nicht stündlich, wenn ich zu Hause bin, auf Dinge stoße, die mir mißfallen. Die Veruntreuungen, die man mir am meisten verbirgt, weiß ich am besten. Es gibt darunter einige, die man selbst verbergen helfen muß, damit es nicht zu arg hergehe. Die Ärgernisse sind gering; zuweilen gering, aber immer Ärgernis. Kleine Stiche, die oft wiederholt werden, tun am wehesten. Und wie kleine Buchstaben die Augen am ehesten ermüden, so plagen auch die kleinen Angelegenheiten am meisten. Ein Haufen geringer Widerwärtigkeiten peinigt mehr als die Heftigkeit einer einzigen, mag sie noch so groß sein. Je dürrer und spitziger häusliche Dornen sind, desto ärger stechen sie und ohne vorherige Warnung. Sie stecken uns zuweilen schon im Fleische, ehe wir sie gewahr worden sind. Ich bin kein Philosoph. Die Übel drücken mich nach ihrem Gewicht und erhalten ihre Schwere von der Form ebensogut wie von der Materie, und zuweilen mehr von der Form. Bin ich geduldiger als der gemeine Haufen, so sehe ich auch schärfer als er. Kurz, wenn sie auch nicht schinden, so kratzen sie mich doch. Es ist ein zartes Ding um das Leben und sehr leicht zu beunruhigen, und diese täglichen Dachtraufen verzehren und vergrellen mich.

Ich wünschte, mein Vater hätte mir statt eines anderen Stücks seiner Erbschaft die leidenschaftliche Wärme hinterlassen, womit er in seinen letzten Jahren seine Wirtschaft besorgte. Er war sehr glücklich, daß er seine Wünsche nach seinen Glücksumständen einschränkte und sich mit dem zu begnügen wußte, was er hatte. Die politische Philosophie mag mich immer der Niedrigkeit und Fruchtlosigkeit solcher Beschäftigungen zeihen, wenn ich's nur dahin bringen kann, soviel Geschmack daran zu finden wie er. Ich bin allerdings der Meinung, das ehrenhafteste Geschäft sei, dem gemeinen Wesen dienen und vielen nützlich sein, halte das aber nicht meines Tuns, teils aus Gewissenhaftigkeit, teils aus Faulheit. Ich begnüge mich damit, die Welt zu genießen, ohne sie in ihren Angeln zu halten; und ein bloß schuldloses Leben zu führen, das so wenig mir wie anderen lästig fällt.

Mir ist seit der ersten Ausgabe meines Werkes manches weiße Haar gewachsen, ob aber viel mehr weise darunter gekommen sind, weiß ich nicht. Ich von heute und ich vor einigen Jahren sind zwei ganz verschiedene Personen. Wann die bessere, darüber kann ich nichts sagen. Wohl wäre es gut Ding ums Altwerden, wenn wir mit jedem Jahre der Vollkommenheit näher rückten. Es ist aber vielmehr ein regelloses Taumeln und Schwindeln wie eines Betrunkenen oder des Flaumes vom Löwenzahn, den die Luft schüttelt, wie sie will. Nachdem ein System des Zweifels aufgestellt worden ist, ein System der Gewißheit menschlicher Meinungen aufstellen wollen, hieße das nicht vielmehr den Zweifel aufstellen als die Gewißheit, und versprechen, wenn mir jemand noch ein Menschenalter zu leben gäbe, daß ich allezeit fertig sein würde, eine neue Umwandlung und nicht sowohl eine bessere als vielmehr eine andere zu beginnen?

Ich möchte weit lieber die Erwartung spannen als ermüden, wie ein gelehrter Mann meiner Zeit getan hat. Das Lob ist immer ein fein angenehm Ding, von wem und worüber es komme; nur muß man, um mit Fug und Recht sich gütlich damit zu tun, von dem Warum unterrichtet sein. Auch Mängel haben ihre Wege, sich Empfehlung zu verschaffen. Das Urteil der gemeinen Menge ist in seiner Taxe selten glücklich, und irrte ich mich nicht sehr, so segelten zu meiner Zeit die schlechtesten Schriften gerade am stärksten mit dem Winde des großen Haufens.

Nicht weil es Sokrates gesagt hat, sondern weil es in Wahrheit meine Sinnesart ist, vielleicht nicht ganz ohne Schwärmerei, achte ich alle Menschen für meine Mitbürger und umarme einen Polen so innig wie einen Franzosen, indem ich dieses Nationalband dem großen und allgemeinen Bande der Menschheit nachsetze. Ich halte gar nicht meinen Himmel für den blauesten. Die ganz neuen, mir ganz gehörigen Bekanntschaften scheinen mir wohl so viel wert zu sein wie die alltäglichen und zufälligen Bekanntschaften meiner Nachbarschaft. Die reinen Freundschaften unseres eigenen Erwerbs lassen in der Regel diejenigen hinter sich zurück, welche die Gemeinschaft des Klimas oder des Blutes stiftet. Die Natur hat uns frei und ungebunden auf die Welt gesetzt; wir kerkern uns ein in ein kleines Stück Land. Was Sokrates bei seinem Ende tat, da er ein Urteil der Landesverweisung für sich schlimmer erachtete als ein Todesurteil, das würde ich nimmer tun und wäre ich noch so sehr ein Stubenkriecher und säße noch so fest im Lande. Menschen von diesem Himmelswandel sind Heiligenbilder für mich, die ich zwar mit Bewunderung, aber nicht mit Liebe umfasse, und es gibt deren etliche, die so hoch über Menschentum erhaben sind, daß ich sie nicht einmal mit Bewunderung umfassen kann, weil ich sie in meinen Sinnen nicht begreife. Es ist wahr, er gab aufs Reisen nichts und setzte nie einen Fuß aus dem attischen Gebiete. Dennoch hielt er das Geld für weggeworfen, womit seine Freunde sein Leben loskaufen wollten, und weigerte sich, durch fremde Vermittelung aus dem Gefängnisse zu gehen, um nicht ungehorsam gegen die Gesetze zu sein, die gleichwohl so verdorben waren.

Außer diesen Gründen scheint mir das Reisen eine nützliche Übung zu sein. Die Seele dabei in beständiger Tätigkeit, neue und unbekannte Gegenstände zu bemerken. Und ich weiß keine bessere Schule, wie ich schon oft gesagt habe, das Leben zu bilden, als unablässig eine große Verschiedenheit anderer Lebensweisen, Sinnesarten und Gebräuche vor Augen zu haben und sie eine so ununterbrochene Mannigfaltigkeit von Formen unserer Natur kosten zu lassen.

Einige werfen mir vor, wie ich es doch in meinen alten Tagen und beweibt übers Herz bringen könne, diese Übung noch fortzusetzen. Sie haben unrecht. Es ist eine weit gelegenere Zeit, sein Haus zu verlassen, wenn man es auf einen solchen Fuß gesetzt hat, daß es ohne uns bestehen kann, und wenn man darin eine solche Ordnung gemacht hat, daß sie einen Tag wie den anderen fortgeht. Freilich ist es sehr unklug getan, wenn man die Hausschlüssel in den Händen einer Person zurückläßt, die weniger treu und sorgsam als wir selbst das Nötige im Hause beschickt.

Die nützlichste und rühmlichste Wissenschaft und Beschäftigung für eine Hausmutter ist die Wissenschaft der Haushaltung. Geizhälse kenne ich wohl, aber wenig gute Wirtinnen. Das ist ihre Haupttugend, die man vor allen anderen aufsuchen muß, als die einzige Mitgift, ohne die unser Haus bankerott macht, mit der es in Aufnahme kommt. Man rede mir nichts ein. So viel ich aus Erfahrung gelernt habe, fordere ich von einer Ehefrau vor allen andern Tugenden die Tugend der Wirtschaftlichkeit. Ich gebe ihr

Gelegenheit, solche zu üben, da ich ihr in meiner Abwesenheit das ganze Hausregiment in den Händen lasse. Ich sehe mit Verdruß in manchen Haushaltungen den Herrn Ehegemahl ganz beschmutzt und abgeäschert von dem Wirrwarr der Geschäfte um Mittag erscheinen, indes die gnädige Fran Gemahlin noch in ihrem Kabinett sich putzt und glättet. Das gehört für die Königinnen, und vielleicht selbst nicht für sie. Es ist lächerlich und ungerecht, daß unsere Weiber auf Kosten unseres Schweißes und unserer Arbeit faulenzen sollen. Ich möchte den wohl sehen, der mit der Nutzung seiner Güter mehr im klaren, der in ruhigerem, freierem und ledigerem Besitze wäre als ich. Wenn der Mann das Wesen herbeischafft, so verlangt selbst die Natur, daß die Frau die Gestalt gebe.

Daß den Pflichten der ehelichen Freundschaft durch diese Abwesenheit ein Abbruch geschehe, glaube ich nicht. Im Gegenteil ist's ein Verständnis, das durch zu langes Beieinandersein erkaltet und durch das ewige Zusammenhocken verletzt wird. Jede fremde Frau dünkt uns eine wackere Frau, und jedermann fühlt aus Erfahrung, daß ununterbrochene Gegenwart bei weitem nicht das Vergnügen vertritt, das man bei wechselseitigem Scheiden und Wiederzusammenkommen empfindet. Diese Unterbrechungen erfüllen mich mit neuer Liebe gegen die Meinigen und machen mir das Wiederdaheimsein süßer; und dieser Wechsel erwärmt mein Verlangen bald nach diesem, bald nach jenem Teile meines Hauses. Ich weiß, daß die Arme der Freundschaft lang genug sind, um von einem Winkel der Erde zum anderen einander zu fassen und zu umarmen; und besonders dieser Freundschaft, wo beständig kleine Gefälligkeiten Verbindlichkeit und Andenken erwecken. Wir haben bei unserer Verheiratung nicht den Kauf geschlossen, daß wir beständig Hand in Hand gehen wollen oder so unzertrennlich wie gewisse kleine Tiere, die wir sehen, oder auf eine hündische Weise. Und muß eine Ehefrau nie so gierig ihre Augen auf den Vorderteil ihres Mannes heften, daß sie nicht, im Fall der Not, ihm auch den Hintern besehen könnte.

In der wahren Freundschaft, von der ich Erfahrungen habe, gebe ich mehr meinem Freunde, als ich ihn zu mir ziehe. Mir ist es nicht nur lieber, daß ich ihm Gutes erzeige, als daß ich welches von ihm annehme, sondern ich habe es auch lieber, daß er sich selbst mehr wohltue als mir; denn dadurch erweist er mir die größte Wohltat. Und wenn die Abwesenheit ihm entweder behaglich oder nützlich ist, so ist mir solche angenehmer als seine Gegenwart; auch ist es ja eigentlich nicht einmal Abwesenheit, wenn man einander Nachricht von sich geben kann. Ich habe ehedem Nutzen und Vergnügen aus unserer Entfernung gezogen, wir dehnten den Besitz unseres Lebens weiter aus und genossen seiner besser, indem wir uns trennten: Er lebte, er genoß und sah für mich und ich für ihn ebenso innig, als wären wir einander gegenwärtig gewesen. Die eine Hälfte von uns blieb müßig, wenn wir beisammen waren; wir ergossen uns einer in den anderen. Die Trennung durch den Raum machte die Vereinigung unseres Willens noch stärker. Dieser unersättliche Hunger nach körperlicher Gegenwart scheint ein wenig Schwäche des Seelengenusses anzudeuten.

Was das Alter anbetrifft, das man gegen meine Reiselustigkeit anführen will, so sage ich gerade umgekehrt: Der Jugend geziemt es, sich nach der allgemeinen Meinung zu richten und sich anderer Menschen wegen Zwang anzutun. Sie kann es beiden recht machen, dem Volke sowohl als sich selbst; wir Alten haben genug mit uns allein zu tun. Laß uns, so wie nach und nach die natürlichen Bequemlichkeiten abgehn, uns an die künstlichen halten. Es ist Ungerechtigkeit, die Jugend zu entschuldigen, wenn sie ihren

Vergnügungen nachgeht, und dem Alter zu verbieten, solche zu suchen. Als ich noch jung war, bedeckte ich meine lustigen Leidenschaften mit Klugheit: Nun, da ich alt bin, enthalte ich mich der traurigen durch Wohlleben.

Wenn ich mich fürchtete, an einem anderen als an meinem Geburtsorte zu sterben; wenn ich dächte, ich würde entfernt von den Meinigen nicht so gemächlich sterben, so würde ich kaum außer Frankreich gehen; nicht einmal mein Kirchspiel würde ich ohne Grausen verlassen. Ich fühle, daß der Tod mich beständig am Halse oder an den Hüften gepackt hat; aber ich bin nicht so wie andere Leute: Er ist mir allenthalben einerlei. Wenn ich unterdessen freie Wahl hätte, so würde er, glaube ich, mir lieber sein zu Pferde als im Bette, außer meinem Hause und fern von den Meinigen. Es ist mehr Herzensangst als Trost dabei, von seinen Freunden Abschied zu nehmen. Ich mag gern diese Pflicht der Höflichkeit vergessen. Denn von allen Pflichten der Freundschaft ist mir diese allein unangenehm, und so möchte ich gern Umgang nehmen, das große ewige Lebewohl zu sagen. Wenn man auch einige Bequemlichkeiten aus diesem Beistande zieht, so sind dagegen hundert Unbequemlichkeiten dabei. Ich habe verschiedene Sterbende von einem großen Haufen Umstehender gar jämmerlich belagert gesehen. Die vielen Menschen fallen ihnen sehr zur Last. Es ist gegen die Pflicht, es ist ein Beweis von weniger Liebe und Zuneigung und von geringer Sorgfalt, einen Kranken in Ruhe sterben zu lassen. Der eine martert ihm die Augen, der andere die Ohren, noch ein anderer den Mund; kein Sinn, kein Glied des Leibes, dem man nicht aus liebevoller Sorgfalt wehe täte. Das Herz des Kranken möchte vor Erbarmen zerspringen, wenn es so die Klagen der Freunde anhören muß, und vielleicht vor Ärger dazu, beim Anhören falscher und verstellter Seufzer und Klagen. Wer vorher schon weich und zart gewöhnt ist, der ist es auf diesem Lager noch mehr. Er bedarf in einer so großen Not einer sanften Hand, die sich nach seinen Gefühlen bequemt, um ihn gerade da zu krauen, wo es ihn juckt; oder ihn auch ganz und gar nicht zu krauen, um nicht zu kratzen. Wenn wir einer Geburtshelferin bedürfen, um uns auf die Welt zu setzen, so bedürfen wir noch mehr eines noch geschickteren Mannes, der uns wieder hinaushelfe. Einen solchen, der auch unser Freund wäre, sollten wir um einen großen Preis erkaufen, um uns bei dieser Gelegenheit seine Dienste zu leisten. Ich bin noch nicht bis zu dieser gleichgültigen Standhaftigkeit gelangt, die ihre Stärke in sich selbst findet, keinen Beistand wünscht und durch nichts beunruhigt wird. Ich stehe um eine Stufe niedriger. Ich ducke mich gern und suche dem bösen Stündlein auszuweichen, nicht aus Furcht, sondern aus Grundsätzen. Es ist nicht meine Absicht, mich in diesem Kampfe als ein tapferer Held zu beweisen. Wozu das? In der Stunde wird alles Recht und aller Anteil, den ich am Rufe nehme, dahinschwinden. Ich begnüge mich mit gelassener Fassung, ruhig und einsam, ganz in mich gesammelt zu sterben, wie es sich für mein einsames, eingezogenes Leben geziemt. Ich habe genug damit zu tun, mich selbst zu trösten, ohne noch andere trösten zu müssen. Mir laufen ohnehin schon Gedanken durch den Kopf, ohne daß die Umstehenden mir noch welche hineinpfropfen dürften, und ich habe Stoff genug, mich zu unterhalten, ohne dergleichen erborgen zu müssen. Hier gilt kein gesellschaftliches Spiel mehr; dieses ist die Handlung für eine einzelne Person. Unter den Unsrigen laß uns leben und lachen; unter Fremden und Unbekannten stirbt und grämelt es sich besser. Für Geld und bare Zahlung findet man immer jemand, der einem den Kopf zurechtlegt und die Füße reibt und nicht härter drückt, als man es verlangt, der dabei eine gleichgültige Miene macht und den Kranken so viel ächzen und stöhnen läßt, als ihm gut deucht.

Ein offenes, freies Bekenntnis erschlafft die Vorwürfe und entwaffnet die Schmachrede. Alles richtig berechnet, dünkt mich doch, daß man mich ebensooft über die Grenze hinaus lobe als tadle; sowie mich auch dünkt, daß man auch in Rücksicht auf Stand und Ehre mich von Kindheit an viel mehr höher als niedriger setzt, als mir zukommt. Ich würde mich in einem Lande, wo der Unterschied der Stände besser geregelt oder ganz verachtet wäre, besser befinden. Wo unter Mannspersonen der Streit über den Vorrang im Gehen oder Sitzen weiter als bis drei Widerreden geht, wird er zur Unhöflichkeit. Ich stehe nicht an, unziemlich nachzugehen oder voranzutreten, um nur einem solchen lästigen Streite auszuweichen, und niemals hat noch ein Mensch Lust gehabt, sich über mich zu setzen oder zu stellen, dem ich den Rang nicht willig gelassen hätte. Außer dem Vorteil, den ich davon habe, über mich und von mir zu schreiben, habe ich davon noch den verhofft, daß, wenn es sich zutragen sollte, daß meine Gemüts- und Gesinnungsart irgendeinem Biedermanne anständig wäre und ihm gefiele, er noch vor meinem Ende suchen könnte, mit mir zusammenzutreffen. Ich habe ihm einen großen Vorsprung eingeräumt. Denn alles, was eine lange Bekanntschaft und ein vertrauter Umgang von vielen Jahren ihn über mich gelehrt haben könnte, kann er hier in diesem Verzeichnisse in Zeit von drei Tagen, und zwar genauer und sicherer, erfahren. Es ist eine sonderbare Grille, daß ich verschiedene Dinge, die ich einem einzelnen Manne nicht ins Ohr sagen möchte, hier der Welt ganz laut und öffentlich sage und meine treuesten Freunde wegen meiner gehäuften Gedanken und Kenntnisse nach einem Buchladen schicke.

Hätte ich ebenso zuverlässig jemand zu finden gewußt, der meinen Wünschen entspräche, ich wäre gewiß sehr weit gegangen, um ihn auszusuchen. Denn, meiner Meinung nach, kann man die Fremde und das Vergnügen eines angenehmen und trauten Gesellschafters nicht zu teuer erkaufen. Wieviel gilt ein Freund? Wie sehr wahr ist der alte Spruch, daß sein Gebrauch notwendiger und erquickender ist als die Elemente des Feuers und Wassers.

Ich lasse von mir nichts zu verlangen oder zu erraten übrig. Wenn man sich von mir unterhalten soll, so will ich, daß es der Wahrheit und Gerechtigkeit gemäß sei. Gern kehrte ich zurück aus der anderen Welt, um denjenigen zurechtzuweisen, der mich anders vorstellen wollte als ich war, täte er es auch, um mir Ehre zu erweisen. Ich werde selbst gewahr, daß man von Lebenden stets anders spricht als sie sind, und wenn ich nicht mit aller Gewalt einen Freund, den ich verloren habe, bei seiner wahren Gestalt erhalten hätte, so hätte man ihn mir wirklich in tausend Gestalten verzerrt.

Meine Leibesbeschaffenheit ist so frei, mein Geschmack so wenig einseitig, als ihn irgend jemand nur haben kann. Die Verschiedenheit der Gebräuche und Weisen einer Nation vor der andern fällt mir nicht weiter auf als durch das Vergnügen ihrer Verschiedenheit. Jede Sitte hat ihren Grund. Ob man mir zinnerne, hölzerne oder irdene Teller auflegt, Gekochtes oder Gebratenes vorsetzt, mit Butter oder mit Öl, mit Nuß oder Olivenöl, warm oder kalt, alles gilt mir gleich. Und so gleich, daß ich bei zunehmendem Alter diese gleichmütige Denkungsart fast tadle und lieber wünschte, daß ein verzärtelter und mehr wählender Geschmack meiner unbesonnenen Eßlust Einhalt täte und meinem Magen zu Hilfe käme. Wenn ich außerhalb Frankreichs gereist bin und man mich, um mir recht höflich zu begegnen, gefragt hat, ob ich auf französische Art bedient sein wollte, habe ich allemal darüber gespottet und mich immer an den Tisch gesetzt, woran sich die meisten Ausländer befanden. Ich schäme mich immer, wenn ich unsere Landsleute sehe, die in ihre eigene Sitte so verliebt sind, daß sie über alles stutzig werden, was damit nicht übereinkommt. Sie scheinen außer ihrem Elemente zu sein, wenn sie über die Grenzen ihres Dörfleins hinausgehen. Wo sie hinreisen, halten sie sich an ihre Gebräuche und Weisen und verabscheuen die fremden. Finden sie einen Landsmann in Ungarn, so tun sie entsetzlich fröhlich über den Fund, einigen und heften sich auf das innigste aneinander und verdammen dreistweg die barbarischen Sitten, die sie sehen. Warum sollten sie nicht barbarisch sein, sie sind ja nicht französisch? Und noch sind die die geschicktesten, die dergleichen kennengelernt haben und böse davon zu reden wissen. Denn die meisten reisen nur aus, um wieder heimzukehren; reisen mit einsilbiger und ungesprächiger Klugheit bedeckt und verwahrt, und beschützen sich vor der Ansteckung einer unbekannten Lust. Was ich von ihnen sage, erinnert mich an etwas Ähnliches, das ich zuweilen an unseren jungen Hofleuten bemerkte. Sie halten sich nur zu Leuten ihres Gelichters. Sie betrachten uns, als Menschen von der anderen Welt, mit Geringschätzung oder Mitleid. Man nehme ihnen ihr Gespräch über die Mysterien des Hofes, so sind sie wie Fische außer dem Wasser. Ebenso unwissend und unanstellig für uns, als wir es für sie sind. Man sagt sehr wahr, daß ein Biedermann allenthalben daheim ist. Ich hingegen wallfahrte, weil ich unserer Sitten und Gewohnheiten übersatt bin. Nicht um Gaskogner in Sizilien zu suchen; ich lasse deren genug in meiner Heimat zurück. Ich suche vielmehr Griechen und Perser; an die schließe ich mich an; sie betrachte ich; darauf gehe ich aus, und darauf lege ich mich. Noch mehr! Mich deucht, daß ich wenig Sitten angetroffen hätte, die schlechter wären als die unsrigen. Ich bette mich mit wenigem, denn kaum habe ich meine Wetterfahnen aus dem Gesichte verloren.

Haben Sie keinen gemächlichen Zeitvertreib? Woran fehlt's Ihnen? Liegt Ihr Haus nicht in einer schönen gesunden Gegend? Ist es nicht hinlänglich genug versehen? Nicht mehr als hinlänglich versehen? Hat nicht Seine Königliche Majestät in aller ihrer Pracht und Herrlichkeit mehr als einmal darin geherbergt? Läßt Ihre Familie in der Rangordnung nicht viel mehr unter sich als sie über sich hat? Haben Sie etwa ein heimliches Hühnerauge in Ihrem Schuh, das Sie drückt, und das Sie zu Hause nicht loswerden können? Wo meinen Sie wohl ganz ohne Sorgen und Unruhe leben zu können? Merken Sie es doch nur, daß nur Sie selbst sich zur Last fallen, daß Sie sich allenthalben folgen und allenthalben Ursache zu klagen finden werden; denn hienieden gibt es keine Zufriedenheit, nur für Engel- oder Tierseelen. Wer mit so günstigen Umständen kein Genügen hat, wo denkt er es zu finden? Wie vieler tausend Menschen Wünsche reichen nicht einmal so weit, wie ihr wahrer Besitz geht? Bessern Sie sich nur selbst, denn das steht ganz bei Ihnen; wohingegen Sie wider das Schicksal kein anderes Recht haben als sich zu bescheiden.«

Ich sehe die Richtigkeit dieser Weisung und sehe sie sehr wohl. Aber man hätte kürzer und noch treffender mit einem Worte zu mir sagen können: Sei weise! Dieser Entschluß liegt außer den Grenzen der Weisheit. Er ist ihr Werk und ihr Erzeugnis. So macht's der Arzt, wenn er einem armen Kranken zuschreit, er solle fröhlich sein! Er würde ihm einen etwas vernünftigern Rat geben, wenn er zu ihm sagte: Sei gesund! Ich meinesteils bin nur ein Mensch von gemeinem Schlage. Es ist eine heilsame, untrügliche und leichtbegreifliche Vorschrift: Begnüge dich mit dem, was dein ist! Das heißt, mit der Vernunft. Die Ausführung aber wird mir schwer, wie dem Weisen. Es ist eine Alltagslehre, aber von einem fürchterlich großen Umfange. Was liegt nicht alles darin? Jedes

Ding hat sein Maß und Ziel. Ich weiß wohl, daß, wenn man es buchstäblich nehmen will, dieses Vergnügen am Reisen von einer gewissen Unruhe und Unstetigkeit zeugt. Auch sind dieses eigentlich unsere vornehmsten und herrschendsten Eigenschaften. Ja, ich gestehe es, ich sehe nicht einmal im Traume oder in meinen Wünschen, woran ich mich festhalten könnte; die einzige Abwechslung und der Besitz der Veränderlichkeit lohnen mir, wenn anders etwas mir Lohn gewähren kann. Beim Reisen gewährt mir das an sich selbst schon Vergnügen, daß ich mich ohne Nachteil und Vorteil aushalte, wo ich will, und daß selbst das Reisen in meiner freien Willkür steht. Ich liebe das eingezogene Leben, weil ich es aus eigener freier Wahl liebe; nicht deswegen, weil mir Talente und Fähigkeiten zum öffentlichen Leben fehlten, für das ich vielleicht ebensogut geschaffen wäre. Ich diene meinem Fürsten um so freudiger, weil es aus freier Überzeugung meines Verstandes und nicht aus besonderer Verbindlichkeit geschieht, und weil ich dazu weder genötigt noch davon ausgeschlossen bin, so daß ich etwa als Übelgesinnter zu keinem Posten tauglich erfunden würde; und so im übrigen. Ich mag keinen Bissen, den mir die Not zuschneidet. Jeder Vorzug würde mir die Kehle zuschnüren, wenn ich davon allein abhängen sollte.

Ich muß mehr als eine Sehne an meinem Bogen haben. Bei diesem Zeitvertreibe, sagen Sie, waltet Eitelkeit vor. Wo waltet die nicht? Selbst Ihre schönen Lehren sind eitel, und eitel alle Weisheit. Der Herr weiß der Weisen Gedanken, daß sie eitel sind. Dergleichen feine Spitzfindigkeiten schicken sich nur auf die Kanzel als Beweisgründe, die uns gestiefelt und gespornt in die künftige Welt schicken sollen. Das Leben besteht in einer materiellen und körperlichen Bewegung, in unvollkommenen, unregelmäßigen Handlungen besteht sein Wesen. Ich bemühe mich, solchem Wesen zu genügen. Wozu diese hohen Spitzen der Philosophie, auf die sich kein menschliches Wesen erheben kann? Wozu die Regeln, die unsere Kräfte und unser Vermögen übersteigen?

Es wäre sehr zu wünschen, daß ein besseres Verhältnis zwischen den Geboten und dem Gehorsam obwalten möchte, und das Ziel scheint ungerecht zu sein, das so weit hinaus gestellt ist, daß niemand es erreichen kann. Auch der ehrlichste Mensch, wenn er alle seine Handlungen und Gedanken nach den Gesetzen genau untersucht, wird finden, daß er in seinem Leben wenigstens zehnmal den Galgen verdient hat. Ja sogar solche Menschen, um die es äußerst schade und äußerst ungerecht wäre, wenn sie diese Strafe erleiden sollten. Wogegen andere kein Gesetz beleidigen und deswegen doch von keinem tugendhaften Manne das geringste Lob verdienen, so daß ihnen die Philosophie mit allem Recht die Staupe geben lassen könnte. So ungleich und verschroben ist dieses Verhältnis. Wir sind bei weitem noch keine rechtschaffenen Menschen in den Augen Gottes. Wir können es nicht einmal in unseren eigenen sein. Die menschliche Weisheit hat noch niemals alle Pflichten erfüllt, die sie sich selbst auferlegt hat; und wenn sie dahin gelangt wäre, so würde sie sich wieder andere vorschreiben, die noch weiter hinauslägen und nach deren Erfüllung sie beständig trachten würde. So sehr ist unser Zustand ein Feind aller festen Bestimmung. Der Mensch macht sich selbst solche Vorschriften, nach den er notwendigerweise in Vergehungen fallen muß. Es ist eben nicht sehr klüglich gehandelt, seine Verbindlichkeiten nach dem Maße eines anderen und nicht nach seinem eigenen auszumessen. Warum gibt er Gesetze, von denen er vorher weiß, daß niemand sie halten wird? Deucht es ihm ungerecht, wenn einer das nicht tut, was ihm unmöglich ist zu tun? Die Gesetze, die uns zu Dingen verbinden, die wir nicht vermögen, bestrafen uns für unser Unvermögen.

Dieses Gemengsel liegt ein wenig außer meinem Text. Ich verirre mich, aber viel mehr aus Mutwillen als aus Vergessenheit. Meine Einfälle hängen zusammen, aber zuweilen ein wenig locker. Sie verlieren einander nicht aus den Augen; nur ist der Gesichtspunkt manchmal ein wenig verrückt. Ich habe wohl meine Augen auf ein gewisses Gespräch des Plato geworfen, das ziemlich bunt und scheckig ist, mit der Liebe beginnt und hinterher von der Redekunst handelt. Meine Art zu denken fürchtet diese Wandelbarkeit nicht und mag sich gar gerne vom Winde herumkehren lassen oder wenigstens so scheinen. Die Überschrift meiner Kapitel erschöpft nicht allemal ihren Inhalt. Zuweilen deutet sie solchen nur durch ein kleines Zeichen an. Ich mag den hüpfenden, springenden Gang der Poesie wohl leiden. Es ist eine leichte, flüchtige, dämonische Kunst. Unter den Werken des Plutarch befinden sich einige, wo er sein Thema vergißt, wo sich seine angekündigte Materie nur nebenher befindet und ganz unter fremdem Stoffe versteckt liegt. Himmel, welche Anmut und Schönheit zwischen diesen Variationen und Ausweichungen! Und am meisten da, wo sie das Ansehen von Nachlässigkeit und Zufall haben. Der unaufmerksame Leser ist es, der meinen Hauptgegenstand aus den Augen läßt, nicht ich. Es wird sich immer in irgendeinem Winkel ein Wort darüber finden, das demungeachtet hinreichend bleibt, ob es gleich kurz und gedrängt ist. Ohne Zwang und tiefes Überlegen gehe ich der Veränderung nach. Ebenso schweifen auch meine Schreibart und mein Witz umher. Besser ein Quentlein Torheit als ein Pfund Narrheit, sagen die Vorschriften unserer Meister und noch deutlicher ihre Beispiele. Tausend Poeten kriechen und schleppen sich ganz prosaisch fort; aber die bessere Prosa der Alten glänzt allenthalben von poetischer Kühnheit und Stärke und verrät einen Teil ihrer Begeisterung. Der Dichter, sagt Plato, spritzt, wenn er auf dem Dreifuß der Muse sitzt, wütend alles heraus, was ihm auf die Zunge kommt, wie die Röhre eines Springbrunnens, ohne es vorher zu sichten und zu erwägen, und es entfahren ihm Sachen von ganz verschiedenen Farben, von widersinnigem Gehalt und mit unterbrochenem Fluß. Und die alte Theologie ist durchaus Poesie und die erste Philosophie. Es ist die Ursprache der Götter. Ich will, daß die Materie sich selbst unterscheide. Sie zeigt hinlänglich an, wo sie sich ändert, wo sie schließt, wo sie anfängt, wo sie wieder anknüpft, ohne die Worte durch Nähte und Hefte ineinander zu verschlingen, wie es zum Vorteil schwacher oder nachlässiger Ohren eingeführt ist, und ohne mich selbst zu kommentieren. Wer wollte nicht lieber ganz ungelesen bleiben, als schlafend oder flüchtig gelesen werden? Wenn Bücher in die Hand bringen ebensoviel hieße wie sie in den Kopf bringen; wenn in Bücher sehen soviel hieße wie in den Inhalt hineingehen; wenn das Kauen einer Materie soviel hieße wie das Verdauen, so hätte ich unrecht, mich für ganz so unwissend auszugeben, wie ich mich nenne. Weil ich die Aufmerksamkeit des Lesers nicht durch die Wichtigkeit des Inhalts fesseln kann, so kann es sich vielleicht gebühren, daß ich ihn durch mein Gewirre aufmerksam mache. Was tut's nachher, wenn's ihn gereut, sich darauf eingelassen zu haben? Die Schuld ist zwar mein; doch hat er immer Zeitvertreib dabei gehabt. Und am Ende gibt es Leute, die sich aus der Verständlichkeit eines Buches nichts machen, die mich desto höher schätzen werden, je weniger sie wissen, was ich habe sagen wollen. Aus der Dunkelheit meiner Gedanken werden sie auf die Tiefe ihres Inhalts schließen; die Dunkelheit, die Wahrheit zu sagen, ich nur gar nicht liebe und vermeiden würde, wenn ich es nur recht anzufangen wüßte.

Die weitläufigen Projekte, die das Leben sauer machen, und die haarscharfen Meinungen, wenn sie auch wahr sind, finde ich zu teuer im Preise und zu lästig. Meines Tuns ist vielmehr, der Eitelkeit Raum zu geben und selbst der Eselei, wenn sie mir Vergnügen macht. Ich will meinen natürlichen Neigungen nachschlendern, ohne ihnen alle Augenblicke Zwang anzutun.

Wenn andere Menschen sich ebenso betrachteten, wie ich mich betrachte, so würden sie sich ebenso befinden, wie ich mich finde: voller Eitelkeit und Torheit. Davon weiß ich mich nicht loszumachen, ohne mich von mir selbst zu trennen. Wir alle fühlen uns von ähnlichen Empfindungen durchdrungen; diejenigen, die sich genau kennen, wissen sich am besten zu schätzen. Vielleicht ist aber auch das nicht wahr.

Jene Meinung und Gewohnheit, die so gewöhnlich ist, mehr außer sich als in sich zu sehen, tut unserer eigenen Sache sehr wohl. Was wir erblicken, mißfällt uns. Wir treffen auf nichts als auf Elend und Eitelkeit. Um uns zu trösten, hat die Natur gar zu gelegener Zeit die Übung unserer Sehkraft außer uns gerichtet. Wir lassen uns mit dem Strome hinreißen; gegen uns selbst aber, gegen den Strom anschwimmen, wäre peinlich. So trübt und hemmt sich das Meer, wenn es in seine Grenzen zurückgetrieben wird. Seht nur, sagt jedermann, wie sich der Himmel bewegt, seht auf die Welt, auf das Gezanke dieses oder jenes, faßt den Puls jenes Mannes, erwägt den letzten Willen dieses Mannes; kurz, betrachtet beständig die Höhe oder Tiefe, seht hinaus zur Rechten, zur Linken, vor oder hinter euch.

Es war ein gar sonderlicher Befehl, den uns ehedem der Gott von Delphi gab: Schauet in euch selbst, erkennet euch selbst, haltet euch an euch selbst. Euren Verstand und euren Willen, die sich anderwärts verzehren und zerschmelzen, sammelt und erspart sie für euch selbst. Ihr ergießt euch, ihr verbreitet euch; haltet euch zusammen, drängt euch ineinander, daß man euch nicht verrate, zerstreue, euch selbst entführe. Seht ihr nicht, daß die ganze Welt ihr Gesicht auf sich selbst heftet und ihre Augen offen hält, um sich selbst zu beschauen? Allenthalben findest du Eitelkeit, in dir und außer dir. Aber die Eitelkeit ist immer geringer, je weniger sie sich ausdehnt. Dich ausgenommen, o Mensch, sprach der Gott, studiert jedes Wesen zuerst sich selbst und hat nach seinem Bedürfnis seiner Arbeit und seinem Verlangen ein Ziel gesetzt. Nichts ist so leer und hat so viele Bedürfnisse wie du, der du das ganze Weltall umfassen willst. Du bist der Forscher ohne Kenntnis, der Richter ohne Gerichtssprengel und alles in allem der Hanswurst im Possenspiel!